中国矿业大学辅导员工作室建设项目:“智行”辅导员工作室

中国矿业大学社科基金A类项目(中央高校基本科研业务费资助项目):国家助学贷款中的过度需求及其风险管理研究(项目编号:2018WA01)

江苏省教育科学“十三五”规划学生资助专项重点资助项目:取消贫困证明背景下防范大学生对国家助学贷款过度需求的精准资助策略研究(项目编号:X—a/2020/01)

江苏高校哲学社会科学研究重大项目:新时代提升资助育人效能的教育对策研究(项目编号:2021SJZDA071)

大学生国家助学贷款的过度需求及其违约风险防范研究

于基伯　著

中国矿业大学出版社
·徐州·

图书在版编目(CIP)数据

大学生国家助学贷款的过度需求及其违约风险防范研究 / 于基伯著. —徐州 : 中国矿业大学出版社, 2021.11

ISBN 978-7-5646-5139-8

Ⅰ. ①大… Ⅱ. ①于… Ⅲ. ①高等教育—贷款—研究—中国 Ⅳ. ①F832.479

中国版本图书馆 CIP 数据核字(2021)第 194290 号

书　　名　大学生国家助学贷款的过度需求及其违约风险防范研究
著　　者　于基伯
责任编辑　史凤萍
出版发行　中国矿业大学出版社有限责任公司
（江苏省徐州市解放南路　邮编 221008）
营销热线　(0516)83885370　83884103
出版服务　(0516)83995789　83884920
网　　址　http://www.cumtp.com　**E-mail**:cumtpvip@cumtp.com
印　　刷　徐州中矿大印发科技有限公司
开　　本　710 mm×1000 mm　1/16　**印张** 15　**字数** 234 千字
版次印次　2021 年 11 月第 1 版　2021 年 11 月第 1 次印刷
定　　价　48.00 元

前　　言

20世纪90年代后期，我国大学开始“并轨”全面收费，高等学校大规模扩招，高等教育开始了大众化进程。高等教育大众化的一个衍生问题就是校园开始出现贫困生问题，高校的贫困生在绝对数量上大幅增加。1999年5月，国务院办公厅转发了中国人民银行、教育部、财政部等部门联合下发的《关于国家助学贷款的管理规定（试行）》的通知，选择北京、重庆、上海等8个城市试点，我国开始实施国家助学贷款政策。国家助学贷款涉及学生、银行、高校、政府四大利益主体。就大学生而言，可以解决贫困大学生缴纳学费和住宿费困难的问题，支持其接受高等教育，顺利完成智力资本投资，实现人力资本的增值。因此，国家助学贷款一经推出就深受大学生的欢迎。

16年前，笔者在担任学生辅导员进行大学生资助工作时，每季度都要从学校大学生资助管理中心拿到经办银行反馈的校园地国家助学贷款违约名单，并对毕业生进行还款提醒，同时，梳理学生违约的不同情况，分析原因。除了普遍认为的学生疏忽还款日期、诚信因素、还款方式的便捷因素、就业后的还款能力因素之外，学生反馈的原因中，获批的国家助学贷款使用方向未用于缴纳学费和住宿费而转作它用，导致学生申请过多的国家助学贷款而带来的还贷问题，值得进一步的调查研究并应合理地进行规范。笔者认为，随着我国贫困大学生资助体系的不断健全、资助力度的不断增大、国家助学贷款申请额度提高和还款期限延长，大学生对国家助学贷款的需求有可能超出了缴纳学费和住宿费的用途约束，形成过度需求。这部分国家助学贷款过度需求如何产生？怎样识别、防范？对国家助学贷款违约风险有什么影响？该如何进行预警和管理？研究这些问题具有理论和现实意义。

基于这一思考，笔者在攻读金融工程与风险管理博士学位的过程中，将大学生的国家助学贷款过度需求作为研究对象，进行了系统的研究。在博士求学及毕业后一段时期内，进行了大量的调查研究，先后获批江苏省普通高校研究生科研创新计划资助项目：基于学生行为视角的国家助学贷款违约风险研究(2011)、江苏高校哲学社会科学基金指导项目：国家助学贷款中大学生的诚信教育及其有效性研究(2015)、江苏省教育科学“十三五”规划学生资助专项重点资助项目：取消贫困证明背景下防范大学生对国家助学贷款过度需求的精准资助策略研究(2020)、江苏高校哲学社会科学研究重大项目：新时代提升资助育人效能的教育对策研究(2021)及中央高校基本科研业务费资助的中国矿业大学社科基金A类项目：国家助学贷款中的过度需求及其风险管理研究(2018)。同时，在学校的支持下，2018年笔者组建团队，成立了中国矿业大学“智行”辅导员工作室，专注于学生资助管理和诚信教育的研究和教育设计。在此基础上，形成了本书。

本书在需求理论、过度自信理论、从众理论、计划行为理论、行为决策理论和信息不对称理论的基础上，对国家助学贷款过度需求的内涵进行了界定，从国家助学贷款“政策认知—产生申请意愿—形成申请需求—确定额度期限—发生申请行为—续贷申请确认—还款”的全过程综合分析了其表现、特征、产生原因、影响因素、对违约风险的影响等，初步建构了国家助学贷款过度需求研究的理论框架，并运用江苏省8所高校来自全国25个省级行政区域的大学生样本的调查数据，对国家助学贷款过度需求的存在情况进行了测度。

本书撰写的过程中，部分研究成果陆续获得较好的社会评价。《国家助学贷款诚信教育与经济理性教育的共生性探讨》获中国高等教育学会辅导员工作研究分会2019年度“全国高校思想政治工作优秀论文一等奖”、《国家助学贷款中的过度需求及精准防控研究——基于江苏省8所高校的调查》获中国高等教育学会辅导员工作研究分会2017年度“全国高校辅导员工作优秀论文一等奖”、《贫困大学生国家助学贷款需求与贷款行为实证研究》获中国高等教育学会辅导员工作研究分会2016年度“全国高校辅导员工作优秀论文二等奖”、《国家助学贷款高违约率下高校的风险管理策略》获中国高等教育学会学生工作研究分会2014年度“全国高校学生工作优秀学术成果二等奖”。资助育人的相关做法在2020年被江苏省学生资助管理中心联合“学习强国”江苏学习平台、中国江苏网·新江苏客户端以《中国矿业大学于基伯:“资助+”五个维度提升资助育人实效》为题进行了专题报导。

国家助学贷款过度需求是国家助学贷款政策执行中显露出的新问题:一是部分家庭经济困难学生对政策认知不正确，部分获得国家助学金、减免学费、勤工助学等资助的学生在获得较高奖学金后继续满额申请国家助学贷款，形成超出学费和住宿费用途约束的过高需求。二是部分学生未仔细考虑毕业后的收入和支出，尤其是购房和结婚等大额支出，高估了还款能力。三是学生申请国家助学贷款决策易受他人影响，有从众行为。这些问题的背后，体现大学生对国家助学贷款及经济社会生活实际缺乏理性的思考。解决上述问题，是落实党的十九大报告提出的“健全学生资助制度”、“坚持精准扶贫”的必然要求。教育引导学生做出科学合理的国家助学贷款决策，是落实习近平总书记“阻断贫困代际传递”“让每一个孩子都对自己有信心、对未来有希望”的必然行动。

不可避免，书中提出的某些观点可能存在这样那样的问题，恳请读者批评指正。笔者愿意与大家一起讨论、继续研究，为实现国家助学贷款“精准资助”和“发展型资助”、设计并通过资助相关活动提高大学生的综合素质尽绵薄之力！

于基伯

2021年11月10日

目　　录

1 绪　　论

1.1 国家助学贷款政策介绍

20 世纪 90 年代后期，我国大学开始“并轨”全面收费，高等学校大规模扩招，高等教育开始了大众化进程。高等教育大众化的一个衍生问题就是校园开始出现贫困生问题，高校的贫困生在绝对数量上大幅增加。1999 年 5 月，国务院办公厅转发了中国人民银行、教育部、财政部等部门联合下发的《关于国家助学贷款的管理规定(试行)》的通知，选择北京、重庆、上海等 8 个城市试点，我国开始实施国家助学贷款政策。在整个国家助学贷款合同期内，对学生贷款的利息给予 50%的财政补贴，还款方式为自学生毕业之日起即开始偿还助学贷款本息，4 年内还清。国家助学贷款涉及学生、银行、高校、政府四大利益主体。对学生而言，可以足额缴纳学费、住宿费，顺利完成学业；对银行而言，有财政贴息、营业税减免、风险补偿金、独立的呆坏账核销等优惠政策，可以较快较好地实现利息收入，同时，有利于扩大优质客户群体；对学校而言，可以实现学费收缴到位，减少学生欠费额度，缓解由于国家财政经费投入不足带来的财务困难；对政府而言，可以实现高等教育的大众化，解决贫困学生上学难的社会问题，收获高等教育规模扩大带来的人力资本增值收益。因此，国家助学贷款一经推出就深受欢迎。

2004 年 6 月，教育部、财政部、中国人民银行、银监会联合下发了《关于进一步完善国家助学贷款工作的若干意见》，对助学贷款政策进行了规范和调整。该意见改革了国家助学贷款的还款方式，实行借款学生在毕业后第 1 至 2 年后开始还贷、6 年内还清的做法；改革了财政贴息的方式，实行借款学生在校期间的利息全部由财政补贴，毕业后本息全部自己承担的办法；进一步明确了银行与高校的责任义务；按照“风险分担”原则，建立国家助学贷款风险补偿机制，风险补偿专项资金由财政和高校各承担 50%，每所高校承担的部分与该校毕业学生的还款情况挂钩。风险补偿专项资金由各级国家助学贷款管理中心负责管理。财政部门每年将应承担的资金及时足额安排预算；各普通高校承担的资金，按照普通高校隶属关系和财政部门有关规定，在每年向普通高校返还按“收支两条线”管理的学费收入时，由财政部门直接拨给教育主管部门。各级国家助学贷款管理中心在确认经办银行年度贷款实际发放额后，将风险补偿资金统一支付给经办银行。

从 2005 年开始，国家试点实施了助学贷款代偿制度，鼓励学生到西部边远和基层地区就业，并于 2006 年 9 月颁布了《高等学校毕业生国家助学贷款代偿资助暂行办法》。办法规定，部属高校毕业生到西部地区、艰苦边远地区的基层单位就业，服务期高于 3 年(含 3 年)的，其在校期间申请的国家助学贷款本金及其全部偿还之前产生的利息，由中央财政代为偿还，同时要求各省、自治区、直辖市参照该办法制定吸引和鼓励毕业生到本辖区艰苦边远地区基层单位就业的国家助学贷款代偿资助办法。

2007 年 8 月，财政部、教育部、国家开发银行联合在江苏、重庆、甘肃、湖北、陕西 5 省市开展生源地助学贷款业务的试点工作。2008 年 9 月，财政部、教育部、银监会联合下发了《关于大力开展生源地信用助学贷款的通知》，全面推行生源地信用助学贷款政策。学生和家长(或其他法定监护人)为共同借款人，共同承担还款责任。贷款期限为学制加 10 年，最长不超过 14 年，贷款利率为中国人民银行同期公布的同档次基准利率。生源地信用助学贷款利息按年计收。学生在校期间的利息由财政全额贴息，毕业后的利息由学生和家长(或其他法定监护人)共同负担。学生在校及毕业后两年期间为宽限期，宽限期后由学生和家长（或其他法定监护人）按借款合同约定，按年度分期偿还贷款本息。建立生源地信用助学贷款风险补偿专项资金，风险补偿金比例按当年贷款发生额的15%确定。风险补偿金若超出生源地信用助学贷款损失，超出部分由经办银行奖励给县级学生资助管理中心；若低于生源地信用助学贷款损失，不足部分由经办银行和县级财政部门各分担50%。

2014年7月18日，财政部、教育部、中国人民银行和银监会联合下发《关于调整完善国家助学贷款相关政策措施的通知》，调整国家助学贷款额度：本专科学生申请贷款额度不超过8 000元/年，学费和住宿费总和低于8000元/年的，贷款额度可按照学费和住宿费总和确定；研究生申请贷款额度不超过12 000元/年，学费和住宿费总和低于12 000元/年的，贷款额度可按照学费和住宿费总和确定。用途规定的内容也与之前贷款用于学费、住宿费和生活费的要求不同，明确了贷款用于学费和住宿费的用途。

2015年7月8日，国务院总理李克强主持召开国务院常务会议，决定将国家助学贷款最长期限由原先的10年、14年，统一延长至20年。国家助学贷款分为校园地国家助学贷款和生源地国家助学贷款。学生在同一年度内，只能申请其中一种类型的国家助学贷款。

2020年7月14日，教育部、财政部、中国人民银行、银保监会等四部门联合印发《关于调整完善国家助学贷款有关政策的通知》（教财〔2020〕4号），从三个方面对助学贷款有关政策做出调整：一是助学贷款还本宽限期从3年延长至5年。二是助学贷款期限从学制加13年、最长不超过20年调整为学制加15年、最长不超过22年。三是2020年1月1日起，新签订合同的助学贷款利率按照同期同档次贷款市场报价利率（LPR）减30个基点执行。

2021年9月1日，国务院常务会议决定强化国家助学贷款支持，继续完善国家助学贷款政策，提高国家助学贷款额度。一是自2021年秋季学期起提高助学贷款额度，将本专科生每生每年最高贷款额度由8 000元提高至12 000元，研究生由12 000元提高至16 000元，学生在校期间的贷款利息继续由财政实行全额补贴。二是财政对国家助学贷款承办银行继续给予一定比例的风险补偿并合理调低补偿比例。三是引导学生勤俭节约,努力向学,学以致用,增强就业和报效国家、服务社会的能力。学校也要努力为学生提供更多勤工助学的机会。

目前,国家助学贷款的运行机制如图 1-1 所示。

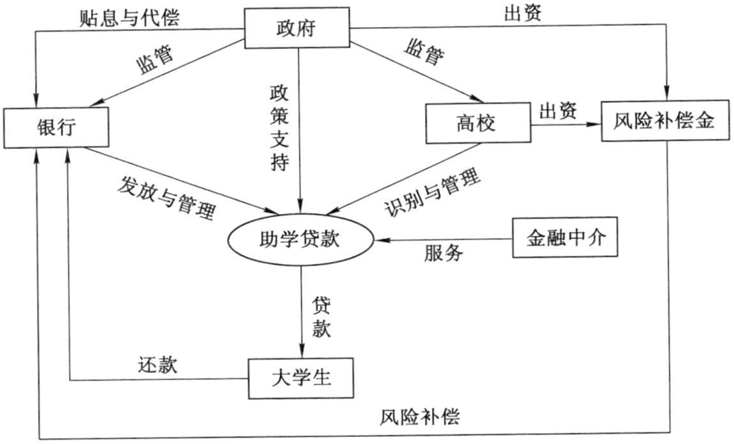

图 1-1　国家助学贷款的运行机制

1.2　问题的提出

1.2.1　国家助学贷款违约率一直较高

违约率一直较高是国家助学贷款实施以来一直存在的主要问题。在国家助学贷款政策的试点中,由于对国家助学贷款业务涉及的经办银行、政府、高校等主体的权利和义务规定不明确,经办银行不同程度存在一些顾虑,加之我国信用体系尚不健全,国家助学贷款政策执行不良,助学贷款发放进展比较缓慢。部分经办银行存在惜贷的现象,导致部分非重点的地方大学的贫困学生得不到贷款。为此,2000 年 8 月国务院办公厅转发中国人民银行等部门《关于助学贷款管理的补充意见》,同时印发《中国人民银行助学贷款管理办法》。此后,国家助学贷款工作取得了明显成效。

然而,到2002年,首批发放的国家助学贷款进入还款期后,大量违约的现象出现,使国家助学贷款工作跌入深谷①。因违约率高达50%,西安交通大学成为第一所被银行叫停国家助学贷款业务的高校。中国人民银行、教育部和财政部联合下发了《关于切实推进国家助学贷款工作有关问题的通知》,教育部也配套下发了《关于高等学校切实配合经办银行做好国家助学贷款工作的通知》,要求各高校做好助学贷款相关工作。到2004年4月底,我国100余所高校被银行暂停发放贷款。银行和高校的积极性受挫。为了推动贷款银行继续参与国家助学贷款工作、防范由违约产生的风险、调动经办银行的积极性,2004年6月,教育部、中国人民银行、财政部、银监会联合下发《关于进一步完善国家助学贷款工作的若干意见》,对国家助学贷款工作进行了规范和完善后,尤其是生源地国家助学贷款开办以后,申请贷款学生的违约率逐渐下降。但国家助学贷款执行的实际情况仍有差别,很多省份出现了国家助学贷款违约率较高的现象,个别省份国家助学贷款的违约率很高。部分媒体报道的助学贷款违约情况如表1-1所示。

表1-1 2008—2015年部分媒体报道的助学贷款违约情况统计表

序号	时间	地区	学校	违约信息	报道媒体
1	2008.5	北京	各高校	公布1 200余名违约学生信息	京报网
2	2008.6	浙江	温州部分高校	406笔违约,涉及金额175万	浙江在线
3	2008.7	广西	各高校	违约率近50%	中国新闻网
4	2008.9	辽宁	25所高校	违约3 222笔,违约率为23.17%	辽宁教育科研网
5	2008.9	甘肃	兰州部分高校	73名学生的贷款违约信息	云南网

① 学术界与银行业界对违约的界定并非完全一致。本书把违约视为一种行为,对其进行研究和分析,并不具体计量违约的损失。因此,本书采用彼得·纽曼等人编著,由北京经济科学出版社出版的《货币金融学大辞典》(第一卷)中的违约的定义,即"合同要求债务人必须在未来的某个日子里无条件地偿还其债务,如果该债务没有被偿还,债务人就被认为是违约了"。

表 1-1(续)

序号	时间	地区	所在学校	违约信息	报道媒体
6	2009.1	河南	部分高校	223 名学生违约,勒令 30 日归还	大河网
7	2009.1	江西	部分高校	违约率高达 40.29%	大江网
8	2009.12	广东	各高校	2 118 笔违约,违约率 13.59%	金羊网
9	2009.12	广东	某外贸大学	2009 届毕业生违约率高达 84%	新华校园
10	2010.1	广东	部分高校	个别高校违约率达 70%~80%	南方日报
11	2010.4	河南	7 所高校	7 所高校毕业违约率居高不下	大河网
12	2010.7	上海	复旦大学、同济大学等十几所高校	2008 年,杨浦区共受理违约案件 201 件;2009 年杨浦区共受理 828 件,同比上升 312%	中国经济网
13	2010.9	湖北	部分高校	助学贷款违约率居高不下	荆楚网
14	2012.7	云南	云南昆明学院	92 名学生违约	云南网
15	2012.9	贵州	各高校	校园地违约率 27%,生源地违约率 18%	工人日报
16	2013.2	贵州	各高校	2012 年违约率 29.84%,其中 10 所高校违约率超 60%	金黔在线
17	2013.3	贵州	7 所高校	发布公告,涉及 7 所高校 380 人	贵州都市网
18	2013.4	河北	衡水籍毕业生	2011 年和 2012 年,衡水生源地违约率分别为 20.2%和 24.4%	金融时报

表 1-1(续)

序号	时间	地区	所在学校	违约信息	报道媒体
19	2013.8	河北	邢台部分高校	部分违约率甚至高达 70%	河北新闻网
20	2013.9	全国	部分高校	国内校园助学贷款部分学生违约	人民日报
21	2014.2	西南某省	各高校	违约率达 24%。其中校园地助学贷款违约率在 40%以上的高校有 24 所,7 所高校的违约率超过 80%;生源地信用助学贷款违约率超过 15%的县有 18 个	半月谈网
22	2015.07	重庆	某经办银行	不良贷款率为 11.47%	腾讯网

数据来源:根据各媒体报道情况整理。

2015 年以后,媒体中基本没有学生助学贷款违约的新闻报道,这是多方催收后的结果。

一方面,国家和高校继续加强了贷款回收管理。教育部原副部长杜玉波指出[①],教育部通过四项举措提高了国家助学贷款回收率:一是加强信用体系建设与应用,在制度上约束借款学生的还款行为;二是广泛开展诚信教育和征信宣传,增强贷款学生的诚实守信意识;三是实行了国家助学贷款代偿制度,帮助赴基层就业和服兵役的贷款学生偿还助学贷款;四是建立国家助学贷款的救助机制,帮助有特殊困难的借款学生偿还贷款。绝大多数学生能按照合同的约定还款,即使有极小一部分人不还款,风险补偿金完全能够弥补。

另一方面,经办银行的助学贷款催收和风险管理实践水平不断提升。为了满足考核要求,银行通过高校提醒违约学生还款,通过专门的贷款催收公司帮助收回贷款。在还款方式上,银行与支付宝联合,通过支付宝回

① 2015 年 7 月 10 日,国务院新闻办公室举行完善国家助学贷款等情况政策吹风会。

收贷款，提高了毕业生按时还款的便捷性。

从金融风险管理的角度，教育部的四项措施和经办银行的贷款回收新措施，加强了国家助学贷款风险管理，部分避免或者减少了风险损失。但在需求侧，导致申请国家助学贷款违约的风险因素依然存在，应该在需求侧采取措施提高助学贷款的回收率。

1.2.2 国家助学贷款申请中的新问题

我国的国家助学贷款政策历经多次调整，管理政策不断完善。随着经济的发展，历次调整均扩大供给，提高资助规模，特别是2014年提高了国家助学贷款的申请额度，2015年延长了还款期限，2020年和2021年国家又继续延长助学贷款还款年限、提高助学贷款年度申请额度。

这些调整解决了贫困大学生资金需求不足和还款负担重两个最主要问题。而且，由国家开发银行经办的生源地国家助学贷款增加了申请人父母（或其他法定监护人）担保，有效地降低了还款风险。目前，国家助学贷款已经形成了以生源地国家助学贷款为主、以校园地国家助学贷款为辅的特征，这些因素综合起来促使国家助学贷款政策运行基本处于相对稳定状态。

随着资助力度的不断增大和贫困大学生资助体系的不断健全，目前，高校中的贫困生可以申请国家奖学金，可以申请国家助学金，可以申请勤工助学，可以申请减免学费，可以申请临时困难补助；每年每个贫困生所接受的资助最低为2 300元，最高可超过10 000元。因此，高校对贫困大学生认定的标准比较苛刻。随着贫困生资助力度的不断增大、申请额度提高和还款期限延长，国家助学贷款的申请中越来越显露出了新的问题。

一是学生对国家助学贷款的需求越来越多，这种需求加上贫困生获得的奖学金、助学金和其他补助，有可能超出了学生缴纳学费和住宿费的需求。随着经济的发展、金融服务水平及金融信用建设的不断提高，大学生对从银行贷款完成学业的认识程度不断提高。有些学生家庭条件较差，又不符合学校认定贫困生的标准，但学生自立意识过强，他们认为完全可以自力更生上学，给家庭减轻负担，倾向于申请助学贷款。一般情况下，这些申请能够获得学校初审通过，出现了大学生对国家助学贷款需求增多的趋势。另外,现行学生资助政策对贫困生的资助力度较大,如只要是贫困生,平均每人每年就可以获得国家助学金 3 000 元,优秀的同学可以获得国家励志奖学金每人每年 5 000 元,还有勤工助学收入每人每月至少 150 元,各高校还有不同额度的学费减免。如果贫困生的学习成绩良好,除了获得以上相应额度的资助外,还有可能获得各类面向全体学生设立的奖学金。因此对于大部分学习成绩良好以上的学生,即使在大学一年级时申请了每年 6 000(或 8 000)元的国家助学贷款,在接下来的二、三、四年级由于获得各类资助和奖学金,对于国家助学贷款可能不再有每年满额 6 000(或 8 000)元的需求。此种情况下,在下一年度国家助学贷款续贷申请额度确认时,若该生的助学贷款续贷确认额度没有调整,依然是满额度的申请,就会存在对国家助学贷款的过度需求。

二是申请了高额度的国家助学贷款的学生还款额度较大。由于受后经济危机与贸易保护的影响,我国经济发展速度放缓,大学生就业困难成为近几年来突出的问题。大学生面临着较大的就业竞争压力。但学生在申请国家助学贷款时,大部分没有考虑自己毕业后将会从事何种职业、大约的收入是多少,也没有考虑到毕业前找工作时的困难因素,或者更没有考虑到毕业后自己将面对突然增多的各项生活支出,尤其是这些学生继续攻读硕士学位毕业后两三年内即面临购买住房和结婚的现实,以为自己毕业后几年内的收入足够偿还助学贷款本息。加之贷款后至完成学业之前的利息由国家支付,有的学生甚至误认为银行的钱不用白不用,这些大学生认为国家助学贷款有很大的福利,往往倾向于把申请额度用到最大值。

1.2.3 国家助学贷款申请中新问题的不利影响

国家助学贷款申请中新出现的超出学费和住宿费的助学贷款需求和申请了高额度的国家助学贷款的学生还款额度较大的问题,容易增加因为贷款学生毕业后实际收入不高导致的国家助学贷款违约现象。

高校中的贫困大学生申请国家助学贷款人数占全国在校大学生总数

的比例(即获贷比例)接近15%[①],较高助学贷款违约现象的出现,不仅给大学生本身留下了信用不良的污点,影响到大学生资助工作的正常运行,影响到贫困大学生顺利完成学业,也极大地增加了高校和经办银行的贷后管理负担。

高校相继成立学生资助管理中心,设置专人负责国家助学贷款相关工作,占用部分资金成立风险补偿专项资金,并且在学生教育和管理中专门增加国家助学贷款相关的工作任务,即搜寻已经毕业学生的信息,对已经违约的学生进行提醒和贷款催还工作。由此影响到高校的正常的教学秩序,给高校带来了财务损失的风险、校友关系不良的风险、学生工作管理者工作倦怠和教育资源被分化的风险,甚至影响到高校的声誉和毕业学生的社会评价。高违约率也影响到提供助学贷款的商业银行的利润及风险管理。据金融专家分析,只有当违约率不超过4%时,银行才能做到不赔本。由于大学生毕业后工作调动频繁,毕业两三年后,很多学生失去了联系。高校的学生工作队伍更新速度也比较快,原来的辅导员岗位调动以后,新的辅导员更是难以联系到已经毕业多年的违约学生。大量的无法联系的信息反馈给银行后,银行也束手无策,只能向法院寻求帮助,这导致近几年来银行向法院提起诉讼的案件较多。部分媒体报道的银行起诉申请助学贷款学生违约案件如表1-2所示。

表1-2　2008—2017年部分媒体报道的银行起诉贷款学生违约案件统计表

序号	时间	起诉银行	被告情况	被告就读学校或地区	案件情况
1	2008.4	某银行	151人	上海杨浦区	151名毕业生成被告
2	2008.4	某银行	421人	重庆大学等	涉案金额496万元
3	2008.6	建设银行	14人	安徽农业大学等	涉案金额70 000元
4	2008.8	某银行	31人	郑州	31名大学生被起诉
5	2008.8	某银行	22人	郑州	法院审理了22起案件
6	2008.12	温州银行	张某	温州大学	涉案金额873.51元
7	2008.12	某银行	302	贵州贵阳	受理案件302件

① 教育部《国家助学贷款发展报告(1999—2013)》显示,2013年全国大学生助学贷款获贷比例(获得贷款学生占在校学生总数的比例,下同)为13.23%。笔者根据教育部《2017年中国学生资助发展报告》数据测算,2017年全国大学生助学贷款获贷比例为14.4%。

表 1-2(续)

序号	时间	起诉银行	被告情况	被告就读学校或地区	案件情况
8	2009.3	中国银行	4 人	浙江大学	涉案金额 13 300 元
9	2009.9	广发银行	13 人	江门市	法院受理 13 起案件
10	2009.11	某银行	60 人	贵州贵阳	60 多名大学生成被告
11	2010.1	某银行	170 人	上海市	法院化解 170 起案件
12	2010.3	某银行	19 人	宁波市	不详
13	2010.8	某银行	小张	集美大学	涉案金额 5 656.9 元
14	2010.8	某银行	小王	集美大学	涉案金额 7 135 元
15	2010.10	某银行	5 人	集美大学	不详
16	2012.5	建设银行	吴某	安徽省	涉案金额 8 000 元
17	2012.7	某银行	韩某	福州某大学	涉案金额 6 947.73 元
18	2012.7	某银行	130 余人	福州市	3 年受理 100 多起案件
19	2012.7	某银行	吴某	广东省	法官协调学生还款
20	2012.12	某银行	10 人	北京市	昌平法院受理 10 起案件
21	2014.8	多家银行	770	复旦大学、同济大学、上海财经大学等	1—7 月，某法院受理助学贷款纠纷案件 770 起
22	2014.6	某银行	1 人	天津市	被判不能坐飞机等高消费
23	2015.8	某银行	1 人	威海市	接到传票后，偿还了贷款、利息，支付银行违约金及诉讼费
24	2017.3	某银行	1 人	西安市	无力偿还，收到法院传票
25	2017.4	某银行	14 人	宁波市	被起诉
26	2017.8	某银行	张某	天津某高校	天津西青区法院判决，支持了银行的诉讼请求

资料来源：根据相关媒体报道情况整理。

1.2.4　解决国家助学贷款申请中新问题的理论需求

与侧重于关注贷款发放后学生助学贷款的违约风险评估与管理的已有国家助学贷款风险管理理论不同，面对学生对国家助学贷款的过度需求，需要把学生申请国家助学贷款的决策过程作为研究重点。在研究视角上，研究的侧重点应关注于国家助学贷款获批之前，在学校、家庭等学习成长环境的影响下，学生在国家助学贷款申请决策过程中的贷款需求意愿与贷款行为的系统研究。在风险管理体系中，不仅要注重对存量国家助学贷款违约风险的管理，更需要防范新增国家助学贷款中的过度需求。由此带来管理过程需要前置，即需要更多的措施对贷款审批前的过度需求进行识别，在学生形成国家助学贷款需求前进行过度需求的防范和教育。因此，学生对国家助学贷款的过度需求，对国家助学贷款风险管理提出了新的理论需求。

对大学生而言，做出是否申请国家助学贷款、申请多少额度的国家助学贷款的决策，可能是其人生中做出的最早的重大经济决策行为，这个决策过程受到学生家长、家庭、生活环境、个人认知与思维过程等诸多因素的影响。不同的大学生对这些因素的考虑是不一样的，其考虑因素和决策过程是否合理、决策过程与决策结果差异性的大小，将直接影响到贷款申请决策的结果，并对国家助学贷款的违约风险产生不同影响。在当前我国的教育形势下，学生在高中时期的学习和生活中，考高分上好大学是实际上的唯一教育与教学目标，其他的很多行为受到约束，很多决策由家长和家庭代为做出，因此，对于刚入大学的新生而言，做出是否申请国家助学贷款、申请多少额度的国家助学贷款决策的合理性与科学性就更值得研究。

进入新时代，随着资助体系的健全和力度的增大，贫困生申请多少国家助学贷款是合适的、申请国家助学贷款决策要做哪些准备，不仅是学生面临的问题，也是国家助学贷款咨询、管理和服务基层工作者不能回避的问题。突破传统理论限制，修正、拓展管理方法，是国家助学贷款微观管理改革的迫切需要，也给相关研究带来了机遇和紧迫性。随着行为经济学、心理学及金融风险管理理论的进一步发展，对于申请国家助学贷款的大学生而言，聚焦于学生的行为特征、心理特性和异质性行为对国家助学贷款需求与国家助学贷款违约风险影响的研究，恰逢其时。

综合以上的分析，大学生在申请国家助学贷款过程中表现出了对国家助学贷款的过度需求，容易助推国家助学贷款违约现象的发生。这部分助学贷款过度需求的形成机制是什么，如何识别，对国家助学贷款政策实施有何影响，过度需求暴露的国家助学贷款违约风险应该如何进行预警和管理，这些问题都值得深入研究。因此，研究国家助学贷款中的过度需求及其违约风险管理这一命题具有理论和现实意义。

1.3 研究意义

1.3.1 理论意义

传统经济学说假定个人为理性经济人，市场通过自由的竞争，能够极大程度地解决体制运行的低效率问题。本书基于行为经济学关于人的有限理性为假设前提，探索大学生在国家助学贷款申请中存在的过度需求问题及其解决途径。考虑到信息不对称和不完全竞争的市场，探讨在体制和监管不健全的条件下，贫困大学生申请国家助学贷款意愿及发生申请国家助学贷款行为的特征与影响因素。对国家助学贷款中的过度需求进行度量，分析其影响因素和对国家助学贷款违约风险的影响，理清政府、高校、经办银行等国家助学贷款行为主体在助学贷款风险管理中的利益博弈，探索防范国家助学贷款过度需求违约风险的体系与措施，有助于规范国家助学贷款申请中大学生的特定行为，进一步加强国家助学贷款的违约风险管理。因此，本书的研究对丰富国家助学贷款风险管理理论体系具有一定的理论意义。

从学生教育管理的角度看，大学生是国家助学贷款政策实施中的核心。大学生申请国家助学贷款的制度安排和政策实践深受一定的行为科学理论和价值偏好的影响，考察国家助学贷款中大学生的过度需求行为有助于加深我们对助学贷款政策实施实践的认识，进而更加清楚地认识国家助学贷款政策中贫困大学生行为的本质和规律，拓宽学生资助与成长辅导的研究内容，丰富学生思想政治教育与学生行为管理理论。

1.3.2 应用价值

国家助学贷款违约率较高，这在业界是一个共识。学生在申请助学贷款时是否存有异质行为？这些行为是否导致了贫困大学生对助学贷款的过度需求？如何进行判断和引导？如何理清银行、高校、大学生在应对学生异质行为带来的国家助学贷款违约风险管理中的责任？如何更加有效地对国家助学贷款进行贷前、贷中和贷后的管理？各相关主体都在不断地探索。本书的研究将为国家助学贷款管理部门和高校完善相关操作管理规定，为经办银行加强国家助学贷款风险管理提供借鉴。

同时，本书的研究将为高校进一步开展申请助学贷款学生的日常教育、诚信教育、行为管理等工作提供借鉴和指导。本书探讨通过教育管理和助学贷款申请咨询活动，引导规范学生的行为，降低对国家助学贷款的过度需求，探讨提高学生助学贷款行为引导和诚信教育针对性及有效性的新途径，减少助学贷款违约现象的发生。

1.4 国内外研究述评

1.4.1 国外研究

对经济困难学生资助的研究是高等教育经济研究的一个热点问题，联合国教科文组织、国家教育部和财政部、美国福特基金等多个机构提供资助对其开展相关研究，相关文章发表在高等教育、经济学、社会学和金融学等相关领域的国际期刊中。

1.4.1.1 助学贷款运行机制相关研究

美国联邦政府自 1965 年开始为接受高等教育的学生提供帮助，一开始采用的是拨款补助的方式，后来由于财政约束，在 20 世纪 70 年代，资助政策逐渐转为提供贷款，即联邦助学贷款。里根时期，1980 年的《高等教育法案》(HEA)实施了家长贷款(parent loans for undergraduate students,

PLUS)，使助学贷款成为向中低收入家庭学生完成高等教育提供帮助的主要方式。为了弥补政府补助项目（联邦助学贷款）资金的不足，同时培育整个社会的慈善捐赠氛围，美国政府鼓励民间机构参与助学贷款还款，政府会采取一些措施鼓励民间机构和个人进行慈善捐赠，其中包括个人的助学贷款项目。早期的研究，从资助方式、贷款管理主体、贷款条件、贷款对象、贷款额度、偿还期限、偿还方式、学生还贷压力等十个方面结合学生贷款实践进行了详尽分析。美国政府鼓励民间机构参与慈善捐赠的举措主要包括税收减免和财政匹配，鼓励雇主帮助雇员归还助学贷款，采取的是税收减免的激励方式（Woodhall，1983）。由 Nellie Mae 贷款公司组织的历时四年的美国全国学生助学贷款调查报告，从学生的债务和影响学生还贷的因素两个方面分析和研究了贷款学生的具体情况，在学生还贷方面设置了学费增长和家庭收入、学校的类型、学生个人特征、学生贷款资格和贷款上限、家庭的支持、奖学金的情况六个因素，在学生还贷方面设置了债务负担率、信用卡债务、职业选择、劳动力市场、工资的稳定性、教育的经济价值和家庭的经济地位七个因素（Baum et al.，1997）。

2015 年 10 月，伊利诺伊州的共和党众议员提出了《雇主参与助学贷款援助法案》（Employer Participation in Student Loan Assistance Act），希望将雇主为雇员支付的助学贷款，如果每年不超过 5 250 美元，无论是支付给雇员本人还是直接支付给贷款人，都可以视作对教育事业的慈善捐赠，从而获得税收减免，以此刺激雇主为自己的雇员归还部分助学贷款。民间机构参与助学贷款还款，减轻雇员的负担，让他们更好地为其工作，同时还可以获得一个较好的声誉（Pisani，2016）。同时，有学者建立了一个包含未保险特质风险的大学期间学生生命周期投资模型，在助学贷款政府项目和私人市场共同存在的美国，对助学贷款政府贴息贷款项目和私人项目的违约风险进行了评估，研究发现，较高的政府助学贷款限制增加了私人市场学生贷款更多的违约，学费补贴增加则降低私人市场上学生贷款的违约率（Ionescu et al.，2016）。

英国的国家助学贷款分为三部分：学费贷款（tuition fee loan）、生活费贷款（maintenance loan）和生活费补助金（maintenance grant，无须偿还），助学贷款和学生的 NI 号（国家社会保险号）捆绑在一起。学生毕业有了收入后开始偿还学费贷款和生活费贷款，税务局以征税的方式自动从学生的纳税额中扣除，如果一直没有工作无收入或者毕业后未就业可以先不偿还。部分学者认为，英国的学生贷款应该覆盖学费和生活费，并且人人都可以贷款，与此相匹配的是取消即时付费制度，实施按收入比例还款(Lucas，2001)。目前英国的高等教育收费的实施与资助制度的运行也大体体现了其研究思想。随着英国每年申请助学贷款的新生越来越多，迫切需要一个健康、便利和高效的还贷系统来确保学生财务体系的可持续性和货币等值，生活费补助金可由不需偿还变为助学贷款，并加大对未按时偿还学生的起诉(Johnson，2016)。

在更多的助学贷款国别政策的研究中，加拿大学生贷款自 1964 年开始实施，在持续 40 余年间的发展演变中，联邦政府和地方政府对学生贷款的管理责任划分，政府与金融机构对学生贷款管理、学生贷款的借贷与偿还等均进行了一系列的调整(Barr et al.，1998)。另有学者对加纳和匈牙利的国家助学贷款体系进行了研究，重点介绍了匈牙利助学贷款计划的资金来源中的企业捐赠和现行助学贷款体系中对大学生信用的总体评估方法(Atuahene，2008；Berlinger，2009)。巴西为推进高等教育公平而实行助学贷款政策，为了解决公共体系中教师和医护人员缺少的问题，鼓励大学生毕业后到公共体系中服务。巴西政府针对师范院校和医学院校学生提供了一种新型的助学贷款，学生可以申请最高与学费等值的助学金。学生毕业后如果进入公共体系中工作，每工作 1 个月，应还贷款自动减少 1%。服务满 100 个月则助学金贷款就可以全部还清(Mccowan，2007)。尽管对助学贷款需求的人越来越多，但巴西助学贷款的审查却越来越严格。巴西高等教育协会发布的数据显示，2014 年，共有 73 万名巴西贫困学生通过了助学贷款申请，而 2016 年，收到助学贷款的学生人数已经下降到 15 万人(ABMES，2017)。智利建立了高等教育中新的助学贷款体系，有 72%的智利大学生为完成学业需承担不同程度的债务，教育费用太高已成为智利大学生不能承受之重(Larrain et al.，2008)。

针对很多国家实行的按收入比例还贷型学生贷款(income contingent student loans，ICLs)，澳大利亚学者研究认为，违约是商业银行不愿意发放学生助学贷款的原因，对 ICLs 进行了较为深入的研究。他们认为这种贷款方案在澳大利亚也取得了较好的效果，是对即时支付学费方式的一种替代形式（Chapman et al.，2006）。另有部分学者运用动态收入模型进行了研究，认为在存在风险厌恶、逆向选择和道德风险的情况下，收入比例助学贷款是理论上最优最公平的助学贷款形式（Higgins et al.，2013）。工资很大程度上是由学生个体的教育成本的内生性决定的，运用经验驱动模型对美国学生贷款进行的研究发现，政府为学生提供教育贷款的综合教育和税收制度，加上毕业生的收入，应付还款总是可以设计帕累托最优的方式，大学贷款的最优还款方案可以很好地近似参照收入线性增长的时间表，来自收入可能还款的福利收益是显著的（Findeisen et al.，2016）。

可以看出，国外对助学贷款机制的相关研究侧重于不同国家对助学贷款实施规则、资金的来源方式、对申请人的要求、还款方式、还款期限等方面。研究方法多为叙述性的描述和简单调查统计。多数国家对学生贷款采取了不同形式的财政或税收补贴。在还款方式上，通过运用新的经济模型的研究，较多的学者认为按照收入比例还款是一种高效的还款方式。

1.4.1.2 学生成长环境与违约关系的相关研究

20 世纪 80 年代，尤其是美国 1986 年通过《高等教育法案》及 1989 年美国国会通过对高违约率的教育机构强制进行惩罚的法案后，学生贷款违约率一直是理论界研究的主题。Woodhall（1987）对当时世界上实施学生贷款的许多国家，尤其是对加勒比海地区与拉丁美洲国家的学生贷款进行了深入的研究，出版了两部研究学生贷款的著作。他认为，高违约率是学生助学贷款面临的问题和挑战之一，也是学生贷款存在的争议之一，并且认为，发展中国家实施的助学贷款中存在问题的一个重要原因就是奇高的违约率。后续相关的研究主要关注于分析学生的种族情况、家长受教育及家庭子女数量、学校类型等成长环境因素与违约的相关性。

种族、族群和性别在可能性上的差异违约是贷款违约文献中研究最多的话题之一。一些研究显示男性比女性更可能拖欠贷款（Flint，1997；Podgursky et al.，2002；Woo，2002a）。在运用美国全国范围的数据进行的助学贷款违约风险致因实证分析中，研究发现学生贷款的违约是性别、专业、贷款余额、贷款宽限期和还款期等的函数，年龄和婚姻状况对助学贷款的影响不显著(Han et al.,2015)。

Volkwein等(1995)研究发现,家庭收入越高,学生违约的可能性就越低;家属人数越多的学生,贷款违约的可能性就越大,违约概率随受抚养子女的增加而增大4.5%,更多的孩子需要更多分享一个人的有限的资源供应,从而降低多子女家庭学生偿还贷款的能力;单亲家庭的学生贷款违约风险更高,父母分居、离婚使学生贷款违约概率增大超过7%。父母受教育程度的高低与子女助学贷款的违约呈积极的关系(Choy et al.,2006;Volkwein et al.,1998a),母亲和父亲的教育水平都是如此(Steiner et al.,2005)。

学生上大学前的个性特征、大学期间的行为经历和毕业后的状况都是个人特征中与违约相关性较大的影响因素,学生就读院校的目标和使命、学生的规模、学校的资产、学校学生的多样化、学校的教学质量等因素是影响学生贷款违约的重要因素(Volkwein et al.,1998;Hert et al.,2004)。研究发现,入读少于两年的专科学校或社区学院的学生,产生了助学贷款借贷行为后,他们的背景特征、就读学校资源等因素的影响差异性不显著(Volkwein et al.,1998c;Volkwein et al.,1998a),其违约率要高于入读4年或更多的学校里的同龄人(Woo,2002b),即使将计算违约的时间跨度延长至8年也是如此(Kesterman,2005)。Choy等(2006)利用48个月的时间代替通常用12至24个月作为计算违约率的时间框架,研究发现一些学校的违约率提升了6个百分点。Lederman(2008)研究发现,有的学校的违约率甚至提高了60个百分点。Baum等(2003a)研究发现,贷款还款开始后,低收入学生会感觉负担沉重。Woo(2002a)通过对违约和学校特征的描述性分析同时发现,加州入读上市公司背景高校的学生毕业后的收入较高,其违约的可能性比入读其他职业学校的学生要小,入读资金雄厚高校的学生能够获得较多的经济和社会资本,其违约的可能性也较低。Goodell(2016)的研究也发现,受毕业率、低收入学生比例等影响,盈利性大学的毕业生的助学贷款的违约率比非盈利性大学高5～9个百分点。Ionescu等(2016)通过生命周期模型评估了不确定因素的助学贷款风险,发现较高的政府助学贷款信贷限制增大了私人市场的学生助学贷款风险,学费补贴有助于降低学生的助学贷款违约率,增加学生的总体福利。

在将其他重要因素如收入考虑在内的情况下，无论是入学还是在还款期开始时，随着贷款学生年龄的增加，贷款违约的可能性也会增加。Herr等(2005)认为年长的学生可能有更多的财务义务(比如家庭支出)，可能与贷款偿还相抵触，从而阻碍了贷款还款，而年轻学生的财务承诺相对较少。Harrast(2004)认为贷款违约可能与偿还开始后学生面临的整体债务负担有关。Choy等(2006)测算的结果显示，每个年龄段的学生平均增加312美元累计债务负担。

可以看出，不同种族的环境影响、家庭人数与收入情况、父母的受教育程度、就读学校的性质及教学情况等因素是学生成长环境中与助学贷款违约相关性较显著的因素。

1.4.1.3 学生个体行为与违约关系的相关研究

研究发现，学生在校期间的表现、注册方式、学习时间、学分完成情况、学术流动、学位取得情况成为贷款违约的预测因素。

美国学者用判别分析法对影响大学生还贷的因素进行了实证研究。他们认为，贷款的数量、学生的成绩、学生自身的能力和学生的个性特征成为影响学生还款的因素，学生的平均绩点、入学考试的成绩(ACT)、多项性格量表等级测试中的焦虑水平(the OPI anxiety level scale)和学生贷款的总额度4个因素与学生的违约相关性最强(Stockham et al.,1979)。研究进一步发现，持续注册、注册更多而不是更少的学分、完成他们的尝试课程和在8个学期内毕业的学生的助学贷款违约率整体上较低(Christman,2000;Steiner et al.,2005)。Volkwein等(1998)发现转学和转换学分与较低违约可能性之间存在正相关关系；Woo(2002b)也发现，参加一个以上机构的学生(包括研究生)比仍留在同一机构的学生较少可能违约；而Herr等(2005)研究单一机构学生学分转换时发现，转移学分的学生更有可能违约。退学或者获得GED(美国高中同等学历证书)的学生比获得普通文凭的学生更容易违约(Dynarski,1994;Wilms et al.,1987)。通常情况下，完成一个高等教育课程是非违约的最强预测指标，不管学校类型如何(California Postsecondary,2006)。Steiner等(2005)通过研究估算，顺利毕业的学生中有2%的人有可能违约，而未能顺利毕业的学生中可能违约的比例则为 14%。Herr 等(2005)研究发现,获得学位的进展程度与违约的可能性相关,高年级贷款的学生比低年级贷款的学生违约可能性低。标准化考试成绩和 GPA(平均学分绩点)较高的学生通常情况下违约可能性较低。Lochner 等(2004)研究认为,违约与学生的标准测试成绩呈"U 形"关系,低分和高分的学生更可能违约。攻读学位的项目与学生贷款违约也有相关性。Harrast(2004)通过对一个学校的学生研究发现,学习特定的项目如计算机工程、社会学、艺术史或风险管理和保险的学生相对于其他的专业项目,其助学贷款违约的可能性高。Boyd(1997)发现,存在高负债和违约可能的情况下,研究生毕业的学生违约的可能性平均较低。

相对较少的研究探讨了学生的态度与意识与其申请的教育债务违约可能性的关系。一项总结采访学生态度的研究发现,包括对贷款过程无知等内容的学生态度与助学贷款违约显著正相关(Christman,2000)。另一项全国的调查研究发现,学生对助学贷款的态度因种族和收入出现明显的差异,2/3 的学生表示贷款对他们能够继续接受高等教育而言非常重要,参与该调查的借款人中的非洲裔美国人感受到更多负债带来的沉重压力,并认为借贷的好处并未超过成本,对助学贷款不太满意。总体上,学生对债务的负面看法与月收入及债务支付的比率正相关。他们还同时发现,除了存在更有可能违约的学生贷款,非洲裔美国学生在违约后恢复还款的可能性比高加索人和非洲裔美国同龄人低。由于对他们的教育经验不太满意等问题,黑人学生更可能面临失业,从而导致减少偿还贷款的能力,甚至低于支付偿还贷款的能力(Baum et al. ,2003a)。一些研究人员介绍了一种结合实验设计的相对较新的方法分析个人财务决策。研究中使用了 NC2172 研究小组在线收集的学生助学贷款数据,同时在假设的学生贷款决策中加入了框架效用、愿望和性别因素。该研究描述了实验条件的发展,论证了其有效性操纵,解释了随机分配受访者的重要性和结构条件(Cho et al. ,2016),并探索了贷款咨询和贷款的消费者教育计划与违约的关系,发现进行贷款咨询和参加贷款的消费者教育计划的学生有较低的助学贷款违约率(Podgursky et al. ,2002;Seifert et al. ,2004;Steiner et al. ,2005)。

可以看出,国外研究发现学生在校期间的很多行为与助学贷款违约可能性有关系。除了学习时间、学习表现、取得学位等传统的因素外，已有研究表明学生对助学贷款的态度、意识、满意度等认知与心理的活动和接受贷款咨询及消费者教育计划等行为学习活动，对降低助学贷款违约率均有显著的相关性。

1.4.1.4 学生贷款需求的相关研究

对加拿大学生贷款的借贷与偿还的研究表明：性别和专业对学生获得贷款与否并未产生很明显的影响，而学生的经济可支付能力则是贷款与否的重要影响因素（Finnie et al.，1996）。就贷款偿还而言，就业后的收入水平对还贷的影响较大；与男性相比，女性由于收入较低而在还贷方面面临更多的困难。来自低收入家庭、来自少数族裔群体的学生和入读专科或少于4年学制学校的学生往往会借更多的钱，其违约可能性也有增加（Gladieux et al.，2005）。黑人学生由于个人、家庭、工作等原因更容易借贷更多的贷款，由此在毕业时承担更多的债务负担，女性需要更长的时间才能偿还贷款（Harrast，2004；Choy et al.，2006）。另有研究运用美国全国的数据验证了性别、专业年龄、婚姻状况对学生的贷款数额有显著的影响（Han et al.，2015），运用倾向评分分析法对5 558个样本的分析发现，高等教育的扩张把教育成本转移到学生及其家庭，尤其对“低—中等收入”（LMI）家庭影响较大；那些依靠贷款获得学位的毕业生的净资产比没有依靠贷款获取学位的毕业生少，并且存有较大的困难的可能性；贷款额度仅仅部分预测了困难，那些申请了贷款无法偿还和未获得学位的人有更大的社会和经济劣势（Despard et al.，2016）。

Duguay等（2004）研究发现，如果收到一笔超出需求额度的免息的贷款（贴息的贷款），学生很难或者是不可能避免去购买足球比赛门票、购买午夜的比萨饼、进行休闲旅行等一些事情。入读四年制以下学校的学生与其他传统本科学校的同龄人相比，对信用卡借贷有更大的偏好，更有可能产生更多的信用卡借贷，而且与其他学生贷款债务还款相比，学生更可能优先偿还信用卡债务（Pinto et al.，2006）。受贷款用途的影响，盈利性大学学生申请的助学贷款额度普遍较高（Belfield，2013）。运用冲动控制模型对美国国家高等教育学生援助项目的受助学生进行自我控制的实证研究发现,有 1/6 的受助学生能够拒绝贴息贷款以避免在校期间的过度消费。在贴息贷款发放形式上,以现金发放贷款的形式中,学生的拒绝可能性更大(Cadena et al.,2013)。运用框架效应和心理账户等行为经济学原理对学生的助学贷款申请与偿还决策的实证研究,提出减少还款选项的数量,提供更多的在校学生信息,实施统一的被动还款制度等建议,以减少贷款规避、优化还款决策,改善联邦助学贷款项目(Boatman et al.,2014)。一种结合试验和调查的方法对学生贷款的决策行为进行研究,以美国的学生贷款为样本的研究发现,意愿、性别是学生贷款决策框架效应中重要的因素(Cho et al.,2016)。研究认为借款人可能对积累学生债务的长期后果缺乏完善的预见。利用研究生入学考试注册人的信息研究考虑或追求研究生教育的学生贷款与婚姻状况之间的关系,发现学生债务累计数量与初婚概率呈负相关。这种关系的强度随着年龄的增长而减少,女性比男性更显著(Gicheva,2016)。在样本的中位年龄(测试登记为 24 岁),7 年期间随债务累计额每 1 万美元下降的结婚率,男性是 3 至 4 个百分点,女性为 2 至 3 个百分点。

可以看出,已有文献的研究发现,性别、种族、对借款方式的偏好、对自我的控制、对未来的还款能力的估计等个体特征,以及家庭经济特征、贷款的用途、贷款的方式等,都对学生的助学贷款需求有显著的影响。

1.4.2 国内研究

国内以赵中建、张民选、沈红及其团队等为代表,开展了国家助学贷款运行机制研究及国际比较,对国家、企业、学校、家庭、个人在国家助学贷款中的角色和功能进行了深入研究。近年来,相关研究逐步涉及助学贷款风险分析与测度、助学贷款实施效果评价等领域。与本书相关的研究,综合已有文献分析,主要有以下几个方面。

1.4.2.1 助学贷款运行机制相关研究

赵中建(1996)的《高等学校的学生贷款:国际比较研究》和张民选(1997)的《理想与抉择:大学生资助政策的国际比较》,属于国内较早的研究大学生资助政策的著作。上述两部著作对我国学生资助政策的发展历程进行了回顾，对国外学生资助进行了分国别的介绍和分析，并提出我国进一步开展学生贷款的建议和对策，对我国学生资助政策的研究和实践产生了一定影响。沈红及其团队关于我国学生贷款政策的研究在国内产生了极为重要的影响。沈红等人分析和研究了学生贷款的背景和历史发展、目的和意义、组织管理、公平性和有效性等，以及学生贷款中存在的主要问题等，提出了诸如设立担保基金、延长还贷期限、明确核销程序等政策建议。

(1) 运行及监管机制创新方面。我国国家助学贷款政策制定与操作实践存在着五对矛盾：政策性贷款但由商业银行操作、信用贷款但诚信文化欠缺、借贷对象明确但难以评判、借贷人情况各异但政策单一、贷款动机目的合理但还贷期限与惩罚方式不合理等，影响了国家助学贷款政策的成效并迫切需要改革。根据学生的助学贷款负担率，测算出我国较为合理的贷款年限应该在 9 年左右（沈红，2004）。李庆豪（2006）在博士学位论文《生源地助学贷款的生成与发展》中分析了生源地贷款的组织和实施条件、机制，并对发展模式进行了设计。宋飞琼（2008）探究了担保为何能够解决拖欠率高和银行惜贷问题、担保的方式、担保的主体和担保的制度安排。河南省教育厅与国家开发银行河南省分行从建立长效机制、实现银校双赢，进而开辟国家助学贷款工作新局面的高度出发，认真思考、反复磋商，逐步创新出一整套风险共担、责权利分明、管理比较完备且切实可行的长效国家助学贷款机制，提出国家助学贷款“河南模式”。该模式以“两个平台、一个代理行”为管理架构，提出了通过政策性银行发放国家助学贷款、高校承担主要的管理工作、建立科学的风险补偿机制及构建完善的管理运作体系等一系列制度创新建议（刘筠，2010）。

(2) 助学贷款的资金回收及还款风险方面。第一，在我国现有学生贷款的 6 种补贴形式中，实证研究表明，学生贷款补贴扩大了资助面，减轻了学生还贷负担，缓解了国家助学贷款的获贷难和回收难问题（季俊杰，2012）。国家助学贷款在实施过程中存在着贷款规模小、违约率高、风险补偿金设计不合理等问题，其原因在于一些地方领导不重视、国民信用意识淡薄、政策设计有缺陷等。解决问题的策略为：把国家助学贷款政策的执行纳入对地方主要领导的考核范围，强化政策的执行力度；改善政策执行环境，建立和完善国家助学贷款的信用监督管理机制；改革现有的风险保障金制度，国家是高等教育的最大受益者，应由政府承担主要风险（崔来廷，2012）。第二，我国现行的助学贷款保险制度设计不完全合理，其主要表现为保费分担与贷款风险相脱节，免赔率过低，容易诱发逆向选择和道德风险，降低保险市场效率，不利于学生资助事业的发展；应逐步调整保费的风险系数，提高和逐步放开免赔率上限，并采取多种手段降低助学贷款风险（沈红等，2013）。第三，我国学生贷款的定位应该是多元的，应有机地结合起来，加强制度建设，制定国家学生贷款法，构建学生贷款的法理基础；制定国家消费者信用法，构建学生贷款的信用基础；完善高校学生贷款规章制度，构建学生贷款的监管基础（许长青，2014）。第四，政府是学生贷款事业的发起者、推动者和主要参与者，其职能发挥直接决定了学生贷款运作的成败。学生贷款自身所具有的准公共产品属性为政府的合理干预带来了困难，这使得政府职能的明确界定极为必要。学生贷款运行中的政府职能界定主要包括三个方面，即提供财政支持、完善行政规制以及推进立法保障，通过三者的结合，可以实现真正有效的学生贷款政府干预（孙涛，2015）。

（3）定价、准入及资金来源方面。部分学者认为学生贷款的发展受经济周期的影响，经济扩张则贷款供求关系趋于平衡，经济紧缩则贷款供求关系趋于失衡。国际金融危机对我国经济发展的影响必将加剧学生贷款的供求矛盾，“反周期供给机制”是我国学生贷款发展的现实要求。可充分利用积极的财政政策和宽松的货币政策，参照大学毕业生就业率的变化幅度，调整风险补偿金的比例上限，以此构建我国学生贷款的“反周期供给机制”，以满足学生的贷款需求，促进学生贷款和宏观经济的稳定发展（沈红等，2009）。为应对学生资助的供求关系受到经济周期的影响，可应用控制论原理，设计学生资助的自适应供给系统：一方面盯住学生就业率，调整风险补偿金比例上限，再辅以助学贷款保险机制，可建立入学资助的双重供给调节机制；另一方面盯住学生父母的社会就业率，使学生生活资助与社会就业率同比变动，可构建生活资助的供给调节机制（季俊杰等，2012）。另有文献综合分析了全国 19 所高校的调查数据，对社会保障基金参与国家助学贷款的可行性进行了分析，并提出了基本的研究理论模型(黄波粼,2013)。同时,国家助学贷款存在空白点、效率低、贷后管理压力大以及市场化水平低等问题,在助学贷款商业银行模式中引入保险机制,建立"贷款+保险"模式,使之成为国家助学贷款可持续发展的市场化机制的一种有益探索,可以建立以市场化的方式探索银行、保险和教育三方紧密联结、优势互补、分工明确、高效快捷的新型助学贷款业务模式(胡滨等,2014)。这与苏隆中等(2015)的研究结论一致,认为助学贷款利率高会导致还款负担率和违约率升高,损害贷款的公益性,贷款利率低能够降低违约率、提升覆盖率,但会降低贷款经办机构的放贷意愿,减少学生获得贷款的机会。因此,我国高校学生助学贷款定价的调整和完善,应在充分考量我国国情的基础上权衡得失,稳步推进,不断适时调整和完善,可以实施助学贷款适度市场化、完善金融生态体系、实行学生贷款歧视性定价。

(4)国际比较方面。近几年来文献对国外的介绍主要表现在两个方面:一是资金来源及利率标准。如智利政府成立专门的助学贷款基金,向公立和私立高等院校学生提供固定年利率为2%的助学贷款,惠及人群覆盖率达到90%,认为要考虑学生的切实需求,助学贷款利率可以根据学生社会经济情况、专业、就业前景等做相应调整(叶书宏等,2014)。美国当前的助学贷款面临着总额高、还款恶化、金融风险不断累积等问题。为缓解这些问题,美国联邦和州政府采取了传统的减免、推广按收入比例还款、再融资等措施,民间机构采取了提供金融咨询和雇主参与还款等多种举措来应对。美国联邦政府还准备对雇主实行税收减免以鼓励他们资助雇员还款。经过这些助学贷款政策参与主体的博弈,美国助学贷款未来的发展趋势是:按收入比例还款成为主流模式,政府补贴力度加大,加大对欠款人的追缴,缓解辍学问题(冯涛等,2017)。二是按比例还贷的国别研究。如日本国家助学贷款回收制度彻底贯彻按收入比例还款的思想,已经形成了多样化和综合的按收入比例还款的制度体系,能够适应不同收入阶层还款者的实际需要,还尽可能结合一些能够促进回收的具体措施。建议把人力资本理论作为回收制度设计的理论基础,把按劳动收入比例回收作为基本的指导思想,相应的具体措施要尽可能多样化,以便充分照顾到毕业生的不同人生阶段和不同毕业生个体的劳动收入差异(徐国兴等,2016)。按收入比例还款型助学贷款相对于按揭型助学贷款更具优势,主要优点有:可以较好地解决提高助学贷款额度问题。在按揭贷款制度下,如果提高助学贷款额度,则每月还款额也会提高,导致还款负担加重;按收入比例则保证借款学生的还款负担保持在一个可控的水平上。从借款学生个体来看,其本人不会陷入信用危机,未来的工作和生活不会受到信用破产的干扰;借款人的心理预期稳定,基本不会发生违约现象。宏观上对于政府来说,按收入比例还款总额实际上也不一定比按揭型还款要高,具体取决于借款人的收入,只要未来若干年经济形势向好,借款学生的收入保持良性增长,还款情况就能保持较好的状况(冯涛,2018)。另外,除政府主导的助学贷款计划以外,由养老基金提供高等教育助学贷款,不仅与其安全性、长期性和收益性的投资原则相契合,而且能够带来劳动者高等教育机会公平和生命周期消费资源配置效率的双重改进。建议发展养老基金作为政府高等教育助学贷款计划的补充,并放开申请人的身份限制,适当提高贷款额度(刘昌平等,2017)。

(5)教育扶贫相结合的发展型资助方面。国家助学贷款从经济学的角度看是一种通过投资长期项目来获得经济回报,进而促进经济增长的重要方式。因此,国家助学贷款政策的目标应该不再局限于特定的贫困群体,而是针对消除普遍贫困特别是教育贫困,通过进行人力资本投资防止贫困的代际传递,从消除贫困到真正地预防贫困。建立长效预防机制,提供稳定的就业市场,拓宽就业渠道,建立多元化的代偿机制,建立人性化的还款模式等,能够实现贷款的长期循环运作。建立资金收集、资金发放和资金回收的健全机制,同时保障回收的资金继续用于人力资本的投资,形成完整的资金循环链条,实现通过投资教育来创造更大的经济回报(余鸣娇等,2018)。而且,越来越大的大学生基数决定了困难大学生的数量也会不断攀升,客观上需要更多的资金投入,这是大学生数量增加对资助资金的需求。另外,经济的发展、科技的进步以及人才标准的提高,促使大学生必须不断提升自己的人力资本含量,这就需要通过在学培训、继续深造来实现,而这些无不需要资金的支持。大学期间的学习培训,如司法考试、注册会计师等国内资格考试及特许金融分析师、北美精算师等国外资格考试的培训,价格较高但回报不菲。继续深造的过程中,贴近实践、瞄准就业的专业硕士普遍学费较高，而专业硕士的范围还在不断扩大（冯涛，2018），这是大学生培养质量提高对助学贷款等发展型资助资金的需求。

可以看出，已有文献对助学贷款的政策目标、经办主体、借贷方式、贷款定价、还款方式、还款期限、风险补偿、贷款代偿、贷款资金供给体系、政府管理方式、贷款的金融生态、不同国别的比较研究等均进行了较为全面的研究。近年来，已有学者进行了国家助学贷款作为教育扶贫的手段构建发展型资助的理论探索，为我国国家助学贷款的政策调整和实施实践提供了理论依据。

1.4.2.2 助学贷款信贷风险评估相关研究

国内早期的相关研究中，研究的重点聚焦于国家助学贷款信贷风险评估体系的建立。研究认为，学生失信的主要原因是认识上存在偏差、缺乏有效的法规和约束机制以及还款要求和程序上的不足等（陈和潮，2002）。应该从建立大学生信息档案入手，构建起包括大学生的自然状况、经济情况、品行记录、社会保险、信用历史和就业状况的档案资料（杨爱民，2002），可以借鉴和吸收美国等西方国家建立个人信用评价和信用度评估测算技术，建立我国大学生信用评价、征询体系的方案，可以对学生的每一类、每一条信用信息分毕业前和毕业后两个阶段，建立量化指标，进行评分模型设计和奖惩机制设计（管七海等，2002）。

部分学者在个人信用评价方法与运用方面进行了探索，并将其运用到国家助学贷款信用风险评价中，相关研究主要基于学生贷款获批后，通过学生的相关信息对学生的自然状况、经济情况、品行记录、社会保险、信用历史和就业状况的档案资料信息进行的评价。主要有神经网络-Logistic回归的混合两阶段个人信用评分模型（石庆炎，2005）、使用网格交叉确认来寻找不同核函数的最优参数的 SVM 方法（肖文兵等，2006）、基于 logistic 模型和 RBF 神经网络模型的线性组合模型（姜明辉等，2007）、层次分析法和模糊模式组合模型（谭民俊等，2007）、基于聚类的 bagging 集成消费者信用评估方法（向晖等，2011）、基于 Logit 建立的小额信贷风险评价模型（魏岚，2013）等。结合以上方法，相继出现一部分研究，吕士伟

(2004)运用均衡分析方法，对国家助学贷款的供求状况进行了分析，从而得出国家助学贷款的供不应求是由其特殊的制度安排决定的，并提出解决这种信用不均衡问题的最好方法就是由政策性银行提供信用贷款。蔡江海(2005)利用因子分析方法，通过建立大学生个人信用评价体系进行实证研究，认为利用信用违约期权是解决我国学生贷款信用风险的一个有效措施。任辉(2007)探索了 Markov 链在预测助学贷款违约率中的运用，认为根据我国商业银行的规定，助学贷款的类别变化符合 Markov 链的状态转移规律。在搜集了足够的数据之后，可以利用 Markov 链进行助学贷款违约率的预测，在此过程中，转移矩阵的确定非常重要，其正确与否直接影响到预测结果。管理者要根据历史数据或专家意见，模拟出转移矩阵，预测未来的助学贷款状态及规模，然后根据预测结果，采取合适的助学贷款管理手段。赵振宇等(2011)将德尔菲法和模糊数学相结合进行国家助学贷款信用风险的评估，首先构建评估指标体系，根据实际状况用语言变量对准则层和指标层进行评定，然后将语言变量转化为相应的梯形模糊数，确定权重模糊数以及各指标对准则的贡献模糊数，最后利用模糊运算得到最终的贷款者信用情况的客观数据，并将计算得到的信用值代入模糊评价的评语集中进行信用等级评定。

近年来，已有文献对学生的还款意愿和还款意向等还款行为因素进行评价。王高玲等(2014)运用因子分析法的一项研究分析了影响贷款学生还款意愿的关键因素，并对其中还款模式的选择意愿做了进一步分析，在此基础上提出相关建议，以期提高贷款学生的还款意愿、降低违约率。另有研究认为，还贷意向水平受到个人对还贷行为选择的知觉行为控制水平、主观规范水平和个人还贷态度水平等多种因素的影响。其中，还贷行为选择的知觉行为控制受到物质基础、经济状况的巨大影响。一般来说，只有在满足物质基础的条件下，主观规范和还贷态度才能形成偿还动机，决定性地使借款人产生偿还行为意向，并决定借款人选择还贷行为。对违约学生的调研显示，有 48.21％的学生违约是由自己的主观意愿所造成的，其中故意拖欠的大约为 22.5％(肖巧玲，2015)。

可见，对国家助学贷款信用风险评估方法的研究在指标体系建立、预测模型与方法构建等方面已有部分相关的研究，多基于学生群体的视角进行预测和估计，已有学者进行了个体学生还款意愿相关的研究。需要指出的是，这些运用学生相关档案信息和意愿信息的违约评价，针对的是学生贷款后的违约情况进行的评估，而利用学生的信息在学生贷款决策之前或者在审批学生贷款合同之前对学生的还款能力及违约可能性进行评估的文献较少。

1.4.2.3 助学贷款违约风险管理对策研究

在原因分析方面。已有研究认为，第一，在我国的国家助学贷款市场中，由于银行与学生、政府与高校在合约形成的前后信息不对称，导致出现了逆向选择和道德风险问题，具体表现为：高风险的借款者驱逐低风险的借款者，银行实行信贷配给；学生不当使用银行贷款；非贫困校在一定程度上驱逐贫困校；高校不积极落实国家助学贷款政策。现行的国家助学贷款制度在解决信息不对称方面存在几点问题：制度缺位、制度不完善、制度实施效果受到其他相关制度的制约（曹夕多，2006）。银行面临着信息不对称带来的信用风险、较高的经营管理风险和学生还款期限较为固定的潜在风险，贷款学生面临着自身对国家助学贷款政策了解不多的风险和就业所得薪水不足以偿还助学贷款的风险，学校面临着没有与固定的银行形成长期的银校合作关系的风险和支付高额度风险补偿金的风险，政府面临着助学贷款业务缺乏保驾护航的法律法规保障的风险。应形成政府主导调控机制，寻找切实有效的助学贷款回收机制，建立贷款学生违约约束机制（吴开俊等，2010）。第二，与非贫困生相比，贫困生的就业率偏低，签约时间偏晚，就业质量偏下，就业薪水不高，就业稳定性较差，整体就业形势不容乐观，可自由支配的收入少，经济压力较大。《中国学生资助发展报告（2006—2015）》数据显示，2006 年至 2015 年，我国资助高校贫困生从 1 530 人次增至 4 141 人次。随着大学生涯的结束，进入就业市场的贫困生人数呈不断增多的趋势。在就业形势异常严峻的大背景下，贫困生与非贫困生同台比武，竞争激烈，贫困生就业的机会及质量面临极大冲击。受个人禀赋、社会资本的制约和外部就业供求矛盾的影响，贫困生往往处于就业弱势地位（蔡颖，2017）。第三，助学贷款资助对象瞄准欠精准，存在资助不匹配现象。作为贷款的供给方，银行只能通过学生的贷款申请信息、学生家庭所在地开具的贫困证明来评估学生的信用状况，很难准确把握学生的还款意愿与还款能力（赵振宇等，2014）；贫困生资助资源配置出现错位，申请了高额度的助学贷款的受益者并不是对助学贷款最迫切需求的学生，容易出现国家助学贷款违约现象（甘宇，2014）。第四，学生及家长的信用档案建设滞后，资助范围过窄，助学贷款进展缓慢；学生信用缺失，贷款难以顺利实施；勤工助学岗位不够，收入偏低，教学制度不够弹性；学生及其家长对收费改革普遍认识不足，部分学生消费观念不能适应新形势。应扩大学生资助范围，创新实行生源地贷款；构建社会信用制度，建立学生信用档案；注重“精神扶贫”，提高贫困生的核心竞争力（郑萍，2009）。因助学贷款主体就业去向不定，加大了贷款按期收回的难度和回收成本，加之生源地助学贷款机构不健全，银行贷款积极性不高，以湖北恩施土家族苗族自治州宣恩县的调查为例，政策执行层面显示了生源地助学贷款政策的运行机制的局限，应建立以贷款学生家长为户名的个人信用档案等改革措施（王世忠，2012）。

在助学贷款风险管理与防范对策方面，相关研究主要有以下四个方面：一是，应深化贷款资金的制度改革，进一步健全和完善国家助学贷款。在担保问题上，国家助学贷款应采取更为灵活多样的方式，尽可能放宽担保政策，广开渠道，多方筹集，提倡和鼓励社会各界为学生提供担保，将风险投资引入国家助学贷款。建立和完善风险投资式国家助学贷款机制，其实质就是一种“资本投资式的”资助计划，即银行对学生的资助等同于对一个有风险的企业进行投资，“买进”学生未来收入的一部分，实际上是使贷款学生群体承担部分还贷风险。这种风险投资机制有利于完善助学贷款体系，分散贷款风险，为助学贷款提供一种社会化的风险承担机制（王小兵，2011）。二是，鉴于我国助学贷款发展的实情及违约风险的成因，要借鉴国外先进助学贷款风险管理经验和贷款违约风险管理理论，尽快构建我国助学贷款风险管理的预警体系，对我国助学贷款的风险进行有效的管理，促进我国助学贷款的可持续发展（刘英等，2013）。三是，建议丰富和完善还款类型，细化还款方式，完善代偿机制。当前国家对大学生助学贷款还款实施统一标准，没有根据毕业生工作地区、岗位和收入的具体情况区分还款类型，导致毕业生在短期内面临巨大还款压力，还款积极性受挫后甚至干脆逃避还款。实行弹性化的还款办法,按学生毕业后的收入水平确定每个月的还款额度,减轻学生负担;当学生失业或存在严重经济问题时,可申请延缓还款等。实施人性化的优惠减免措施,如规定学生在校期间表现良好,毕业后从事一些公益性较强的工作可以减免部分或全部贷款(生厚良等,2016)。在偿还形式上采取恰当的政策,尽可能地采取目前国际上公认较为成功的ICL即按收入比例偿还的方式,平衡学生在不同时期的债务负担,保证贷款回收率;简化贷款环节和手续,在学校配合下银行直接面对学生贷款(王飞等,2000)。目前可以考虑采取德国模式,将来再慢慢过渡到英美模式,具体是仍维持目前运行平稳的生源地助学贷款这种按揭贷款,但对那些已经发生违约的借款人则允许不再按照按揭贷款方式还款,每月只需要还可支配收入的13%即可,待收入恢复到一定水平以后再重新开始按照按揭贷款方式还款,但仅适用于那些收入低于一定水平、失去还款能力的借款人(冯涛,2018)。四是,高校应加强对学生的助学贷款风险管理与教育。助学贷款借款学生在毕业后仍需要"关注",学校需要主动"关注"借款学生。借款学生被母校"关注"的密度是助学贷款风险控制的关键环节。原因是"关注"给借款学生及时传递了有关助学贷款管理的知识信息,增加了他们还款的心理压力,"关注—被关注"密度影响高校与借款学生之间的可联系程度,影响借款学生形成诚实守信意识,影响还款渠道的畅通程度。从本质上看,"关注"毕业后借款学生,实际上是对导致助学贷款违约的借款学生毕业后的行为关注。而诚信意识、被关注与学生主动联系学校请求"被关注"的意识、对助学贷款还款渠道的认识等行为,是可以在求学之间被引导和训练的(宋飞琼,2011)。学生的贷后管理在生源地信用助学贷款管理整个环节中具有重要性和迫切性。生源地信用助学贷款贷后管理在管理理念、管理制度、责任界定、激励和责任追究制度等方面存在诸多问题。对此,应从宣传政策,建立联动的组织责任机构,风险防控机制、监控机制、联络机制、激励责任追究制度和科学的档案管理制度,加强诚信教育和专业的队伍建设等方面入手加强贷后管理,确保生源地信用助学贷款良性健康发展(吴大平,2014)。在国家助学贷款政策中,高校充当了业务介绍人、见证人、后期协助催还者及风险共同承担者的角色。高违约率背景下,这些角色扮演的成本及风险与高校的收益是不匹配的。通过博弈分析发现，高校应积极推动银行做好多期违约学生的贷后管理，给予承担贷款催还工作的辅导员相应的激励，开展智力投资算账教育活动，提升诚信教育的有效性，做好国家助学贷款的风险管理（于基伯等，2014）。

可以看出，对国家助学贷款风险的研究中，违约的影响因素分析也从学生的诚信及环境因素逐渐聚焦于贷款申请与还款相关环节的决策影响因素。在研究方法上，定量的调查统计分析与计量经济分析逐渐增加。

1.4.2.4 国家助学贷款需求相关研究

已有的相关文献中，贫困大学生申请国家助学贷款被认为是一种个人行为，但其申请行为受到家庭、教育活动等多种因素的共同影响（王飞等，2000；肖巧玲，2015）。大学生申请助学贷款行为遵循“政策认知—产生申请意愿—形成申请需求—发生申请行为”的过程。一些学者对此过程进行了相关研究，认为学生及其家长对收费改革认识不足，部分学生消费观念不能适应新形势（沈红，2004；许长青，2014）。部分学者从助学贷款违约防控的层面分析认为，在助学贷款申请和审批过程中，学生考上大学前的个性特征、大学期间的行为经历（吴开俊等，2010）、助学贷款审查的规范性（于基伯等，2016）等因素是违约相关性较大的影响因素，这些因素对贫困大学生产生助学贷款需求和发生申请助学贷款行为也有一定的影响。

在家庭影响层面，学生的道德品质与家庭背景（刘望等，2013），亲属、同学、父母的看法（郑萍，2009），对助学贷款政策的认知水平（余鸣娇等，2015）等是学生申请助学贷款意愿的重要影响因素。一项对江苏省8所高校的农村贫困大学生调查发现，我国农村贫困大学生的对国家助学贷款存在普遍性的需求，约1/3的贫困大学生生活费需要借贷支持。家长的文化水平、人均收入水平、家庭接受非义务教育的人数对贫困大学生的国家助学贷款需求和实际发生申请助学贷款行为均有显著的正向影响，家庭拥有的固定资产价值对贫困大学生的国家助学贷款需求和实际发生申请助学贷款行为均有显著的负向影响，劳动力数量和医疗支出只对贫困大学生实际发生申请助学贷款行为有显著的正向影响，家庭的人口数量只对贫困大学生实际发生申请助学贷款行为有显著的负向影响(于基伯等,2017)。

在政策认知层面,对北京366个学生的抽样调查发现,对于大多数来自中西部和乡村的大学生而言,靠乡亲资助的力度是极其有限的,对国家助学贷款的需求更为急切。同时,对于大学新生来说,一切环境都是陌生的,如果缺乏必要的引导,很多同学可能还没有明白是怎么回事,助学贷款的申请时限就过去了,这反映了相关部门对于国家助学贷款的宣传力度不够(黄敬宝,2007)。刘望等(2013)以家庭月总收入、关注国家助学贷款程度、国家助学贷款性质、国家助学贷款申请条件、国家助学贷款还款期限、就读院校类型建立了国家助学贷款学生申请意愿的影响因素模型,研究发现,"国家助学贷款申请条件越简单"与"国家助学贷款还款期限越长"对学生申请国家助学贷款意愿有正向影响。刘信洪(2016)对助学贷款政策的调查研究发现,当问及"你获得资助后主要用于哪些方面?(可多选)"时,61.3%的大学生选择用于生活开销,只有46.8%和43.6%的大学生用于缴纳学费和住宿费,购买消费品(手机等)和进行投资的大学生占3.23%和0。27.42%的学生认同或基本认同"国家助学贷款经费是国家的,借了可以不还"。当被问到"如果获得助学贷款,毕业后偿还困难,你会采取何种方式?"有91.94%的大学生选择申请延期还款。沈华(2016)调查发现某省12个地区县级资助中心652个办理贷款的学生样本中,有35%的学生不清楚申请助学贷款所需的证明材料。调查数据显示出学生对"助学贷款用于学费和住宿费的用途约束"未形成正确的认知。

在贷款意愿层面,贫困大学生家庭收入微薄且不稳定,通常要举全家之力甚至借助家族的力量来供孩子上大学(吕士伟,2004);贫困大学生对国家助学贷款的需求大、强烈具有刚性(臧兴兵等,2011;Chapman et al.,2013),国家助学贷款供不应求。在经济下行的形势下,学生父母的收入很难有较大改善甚至出现下降,以前未申请助学贷款的学生现在不得不申请贷款,企业业绩同样受到影响,原来得到企业奖助学金资助的贫困大学生也可能因此类奖助学金取消而转向申请助学贷款(沈红等,2009;Walsemannk et al.,2015;Erdogdu et al.,2015),因此更多的贫困大学生会选择助学贷款作为自己学习费用的补充来源，对助学贷款的需求越来越大。对某省12个地区县级资助中心652个办理贷款的学生样本研究发现，70%的大学生是因为难以缴纳高额学费而申请贷款，23%的学生是因为家庭短期内资金周转不开而申请助学贷款，6.3%的学生是为享受无息贷款和经济独立等其他原因而申请助学贷款（沈华，2016）。一项运用结构方程模型对湖南省贷款学生样本进行实证检验研究的结果表明，行为态度、主观规范和感知行为控制对助学贷款的申请意向均具有直接、显著的正向影响；借贷经历则对助学贷款的申请意向产生显著的负向影响；各变量对贫困生组和非贫困生组申请意向的影响效应存在差别。学生的经济可支付能力对申请助学贷款行为影响较大（黄维等，2018）。

在贷款供给与贷款需求层面，研究发现，广东、上海等地高校中，家庭经济困难学生选择助学贷款这种资助方式的比例在各类资助方式中处于末位。政府和高校为资助资金投入主体，从资助金额来看，2011年，“985”高校学生人均资助金额为6 405元，“211”高校人均资助金额为5 763元（张莹，2014）。基于2014年高等教育改革学生调查问卷的本科教学调研数据，采用Logit模型和HLM模型对学生资助的获得和资助金额的影响因素进行的研究发现，“211”高校和普通本科院校学生获得的资助总额、助学贷款、奖学金以及助学金都显著低于“985”高校学生，普通本科院校学生获得的勤工助学的金额也显著低于“985”高校学生。这表明“985”高校的学生在资助获得概率和资助金额上都具有显著性的优势，可能导致重点院校的学生资助供给大于需求，而普通院校学生资助供给不足的结构性供求失衡的状态。这从整个国家的经济效益角度看，并没有达到资源配置最优（周丽萍，2017），也导致部分贫困大学生对国家助学贷款存有过度的需求。在基于需求理论，运用多元统计回归对江苏省8所高校的贫困生调查数据进行的实证研究中发现，学生对国家助学贷款存有过度的需求，在校收入、替代贷款、贷款偏好、预期收入、申贷者数量、对助学贷款政策的认识等，是贫困大学生形成国家助学贷款过度需求的主要影响因素（于基伯等，2018）。

总体来看，研究多集中于对国家助学贷款需求增长的理论判断，从实证层面对国家助学贷款需求增长产生机理及影响因素的研究较少。部分学者认为国家助学贷款的实施效果存有一定程度的偏差,学生对国家助学贷款的需求中存有不理性的认知和行为,部分学生对国家助学贷款存有过度需求,但未对原因和产生机理进行分析。

1.4.3 研究述评

国内外学者研究认为,第一,国家助学贷款规模不断扩大,已经成为帮助贫困大学生顺利完成学业的重要资助途径,学生贷款机制良性运转需要有良好的组织管理结构、相关法律保障、贫困程度测量机制、有效的贷款回收机制、广泛宣传等,资助政策制定与少数操作实践存在矛盾,在政策制定、实践操作、政策与实践的协同上,都有实施改革的迫切需要。第二,助学贷款在借贷与偿还等多方面存在不确定性,这种信贷契约必将面临逆向选择。因为高等教育的“准公共物品”的特性,助学贷款管理倾向于信贷配给等因素,因此导致资助政策失灵行为,存在着助学贷款资源配置错位的现象,使得部分获得国家助学贷款的学生并不是对助学贷款迫切需要的学生。第三,学生行为与助学贷款违约显著相关。由于助学贷款实施过程中信息的不对称,为了降低信贷风险,需要对不同学生的家庭经济状况进行调查,以区别对待,进行风险管理。除传统的行为因素外,已有文献探讨了学生的意识、对还款能力的评估、决策中的从众行为与贷款违约可能性的关系。第四,学生对助学贷款的需求不断增加,学生对国家助学贷款的需求中存有不理性的认知和行为,部分学生对国家助学贷款存有过度的需求、超额的需求,容易助推国家助学贷款出现违约现象,需要对贫困大学生的助学贷款需求进行合理的引导。

这些研究成果显示,在国家助学贷款政策执行和违约风险管理中,政府、经办银行、高校等各行为主体及其相互之间均应当有所作为,需要从改善实施环境、完善体制机制、加强过程调控、加强贷后管理、引入绩效评价五个方面进一步探索,对国家助学贷款出现的新问题进行研究,提出政府、银行、高校共同协调的相关对策。

国内外研究的不足在于:第一,部分文献尤其是国内文献倾向于把助学贷款违约的因素归结于学生的诚信意识低。这种观点有一定的片面性,大学生申请国家助学贷款有其完整的心理过程,学生对国家助学贷款的认知及偏差、对国家助学贷款的申请意愿和申请国家助学贷款的行为受学生本人、家庭成员、主要社会关系、成长的经济社会环境等多种因素的影响，诚信意识只是学生本人的品质表现，因此需要综合考虑助学贷款违约的影响因素。第二，在研究视角上，研究的侧重点多关注于贷款获批后，学生的行为及学校、家庭等学习成长环境对助学贷款违约可能性的影响，缺乏对助学贷款申请决策过程中学生贷款需求意愿与贷款行为的系统研究关注。对贫困大学生而言，做出是否申请助学贷款、申请多少额度的助学贷款的决策可能是其人生中做出的最早的重大经济决策行为，这个决策过程要受到诸多因素的影响。不同的大学生对这些因素的考虑是不一样的，其考虑因素和决策过程是否合理、决策过程与决策结果差异性的大小将直接影响到决策的结果，并对助学贷款的违约风险产生不同影响，需要对助学贷款申请决策等聚焦研究。第三，已有文献对个体学生申请助学贷款决策的相关研究较少，少数文献提出了与国家助学贷款过度需求类似的观点，但未对国家助学贷款过度需求的内涵、特征、产生原因、影响因素、风险影响等进行系统的理论阐述和实证检验。第四，在研究方法上，对个体学生的贷款需求、过度需求及相关影响因素，国内已有文献仅有将认知偏差、高估还款能力纳入学生申请助学贷款行为的简单统计、运用结构方程模型对助学贷款申请意愿进行了研究，但进行定性的分析偏多，结合调查进行理论研究与实证检验的研究较少。

据此，本书将基于微观需求理论的基本框架，结合行为科学、行为金融学和心理学的相关理论，系统研究国家助学贷款申请决策过程中学生贷款需求意愿与申请助学贷款行为；试图对国家助学贷款中的过度需求进行客观的判断，从个体学生角度出发分析大学生对国家助学贷款产生过度需求的原因、影响因素并进行实证检验；分析国家助学贷款过度需求对助学贷款违约风险的影响，在此基础上提出相关建议，以期从学生过度需求角度对防范和化解国家助学贷款违约风险起到一定的借鉴作用。

1.5 研究内容及研究目标

1.5.1 研究内容

本书主要围绕着大学生的国家助学贷款需求及过度需求的表现及产生的原因、过度需求形成的影响因素与实证检验、过度需求对国家助学贷款违约风险影响及其管理三个方面内容展开。

(1) 国家助学贷款过度需求理论概述。主要包含:第一,国家助学贷款过度需求的内涵;第二,国家助学贷款过度需求的表现、特征;第三,国家助学贷款过度需求产生的原因;第四,国家助学贷款过度需求的影响因素。

(2) 国家助学贷款过度需求判定的实证检验模型设计。主要包括:第一,国家助学贷款过度需求测量的指标体系;第二,国家助学贷款申请者的经济特征、借贷需求与借贷特征、借贷行为选择特征;第三,国家助学贷款过度需求与贷款行为实证模型设计;第四,调查数据的检验结果分析与国家助学贷款过度需求影响因素实证分析。

(3) 国家助学贷款过度需求的风险分析。主要包含:第一,国家助学贷款过度需求对违约的影响渠道与影响因素;第二,演化博弈视角下国家助学贷款相关主体的管理责任分析;第三,国家助学贷款过度需求行为与违约风险的综合防范体系;第四,对国家助学贷款过度需求违约风险管理主体的政策建议。

1.5.2 研究目标

(1) 在清晰界定国家助学贷款过度需求内涵的基础上,分析国家助学贷款过度需求的产生原因、影响因素、违约风险因素,构建国家助学贷款过度需求研究的逻辑体系。

(2) 编制国家助学贷款过度需求调查量表,在调查研究的基础上,设计实证分析模型,对国家助学贷款过度需求的存在程度、产生原因、影响因素进行实证分析。

(3) 建立大学生产生国家助学贷款过度需求导致的违约风险的防范体系,进行国家助学贷款过度需求的风险分析,指导国家助学贷款审批、贷后管理及资助政策的调整与优化,实现国家助学贷款过度需求的违约风险防范。

1.6 研究方法与技术路线

1.6.1 研究方法

(1) 文献归纳法。本书在梳理国内外已有关于国家助学贷款风险管理和申请贷款大学生行为的研究文献的基础上,通过对大学生的助学贷款需求、大学生在申请助学贷款决策中的异质性行为等已有文献进行总结,发现可以从学生行为的角度研究大学生对国家助学贷款的过度需求,这为本书提供了研究切入视角,也为国家助学贷款过度需求内涵界定提供了文献基础。

(2) 一般与特殊相结合的方法。把金融风险管理的相关基础理论,具体应用到研究我国大学生国家助学贷款的风险分析和风险管理操作中,分析大学生对国家助学贷款的过度需求及其违约风险管理。

(3) 理论与实证相结合的方法。以需求理论为基础,综合过度自信理论、从众理论、计划行为理论、行为决策理论、信息不对称理论和风险管理理论,结合贫困大学生的个性心理和行为特征,利用定量分析工具,对贫困大学生国家助学贷款过度需求的存在程度、产生原因及影响因素等进行实证研究。一是利用判断抽样法和二项分布的 Probit 模型,对贫困大学生的国家助学贷款需求和申请助学贷款行为进行调查分析。二是依据需求理论,构建助学贷款过度需求检验模型和助学贷款过度需求影响因素检验模型,对国家助学贷款过度需求的判定、产生原因及影响因素进行实证研究。

(4) 系统分析法。在国家助学贷款过度需求风险分析的基础上,系统分析贫困大学生、经办银行、高校和政府四个主体在国家助学贷款中的行为，借助动态演化博弈模型分析国家助学贷款过度需求导致违约风险的管理责任，构建国家助学贷款过度需求违约风险的综合防范体系。

1.6.2 技术路线

本书的技术路线如图 1-2 所示。

1.6.3 结构安排

第一章，绪论。本章分析现有的文献资料和数据，对国家助学贷款政策实施的现状及问题进行梳理，分析国家助学贷款高违约率下学生的深层次问题，提出助学贷款审批过程中需要注意学生对助学贷款的过度需求，并以此作为研究的主要问题。本章还确定本书的研究内容和研究目标，并对具体研究实施过程中的研究方法和文章结构安排予以说明。

第二章，国家助学贷款过度需求的理论分析。在国内外学者关于国家助学贷款风险管理研究文献述评的基础上，界定国家助学贷款过度需求的内涵，理清研究范畴。依据需求理论，综合过度自信理论、从众理论、计划行为理论、行为决策理论、信息不对称理论，从不同的角度对国家助学贷款是否存在过度需求的判定，过度需求产生的原因、表现、特征等进行理论分析。

第三章，国家助学贷款需求与申请助学贷款行为分析。首先编制调查问卷，运用判断抽样法调查贫困大学生（及其家庭）的经济状况和对国家助学贷款的需求、发生申请国家助学贷款行为的情况，分析申请贷款贫困大学生的经济特征和贷款需求特征，利用 Probit 模型，实证分析贫困大学生的国家助学贷款需求和发生申请国家助学贷款行为的影响因素。

第四章，国家助学贷款过度需求产生的影响因素。在原因分析的基础上，结合助学贷款需求的影响因素，从理论上分析国家助学贷款过度需求产生的影响因素，建立模型并运用调查数据进行大学生产生助学贷款过度需求影响因素的实证检验。

第五章，国家助学贷款过度需求违约风险分析。本章综合分析国家助学贷款的运行机制与风险管理方法，从理论上分析国家助学贷款过度需

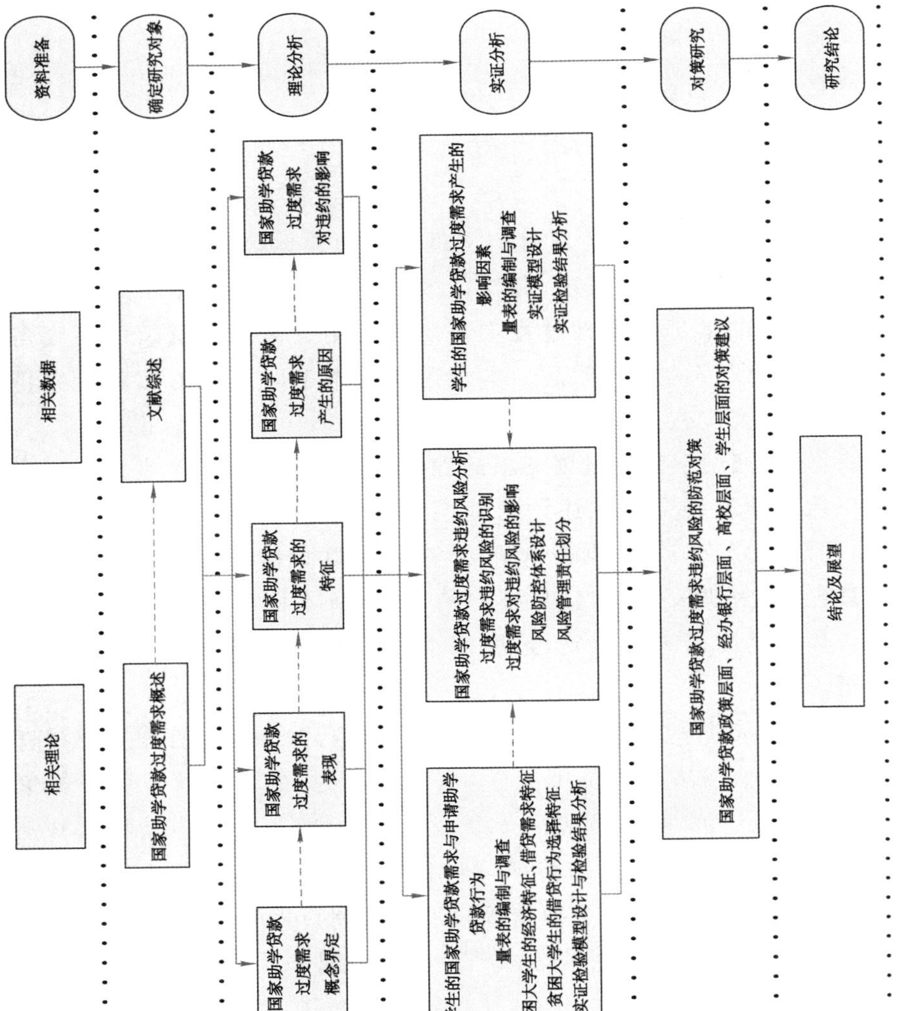
资料准备
确定研究对象
理论分析
实证分析
对策研究
研究结论
相关理论
相关数据
国家助学贷款过度需求概述
文献综述
国家助学贷款过度需求概念界定
国家助学贷款过度需求的表现
国家助学贷款过度需求的特征
国家助学贷款过度需求产生的原因
国家助学贷款过度需求对违约的影响
学生的国家助学贷款需求与申请助学贷款行为
量表的编制与调查
贫困大学生的经济特征、借贷需求特征
贫困大学生的借贷行为选择特征
实证检验模型设计与检验结果分析
国家助学贷款过度需求违约风险分析
过度需求违约风险的识别
过度需求对违约风险的影响
风险防控体系设计
风险管理责任划分
学生的国家助学贷款过度需求产生的影响因素
量表的编制与调查
实证模型设计
实证检验结果分析
国家助学贷款过度需求违约风险的防范对策
国家助学贷款政策层面、经办银行层面、高校层面、学生层面的对策建议
结论及展望

图1-2 研究技术路线图

求对助学贷款违约风险的影响。在此基础上，借助动态演化博弈模型系统分析贫困大学生、银行、高校和政府四个主体在国家助学贷款中的行为，划分风险管理责任。

第六章，国家助学贷款过度需求违约风险防范的对策与建议。根据国家助学贷款实施的管理规定，对目前国家助学贷款风险管理实践进行了评析，结合贷前、贷中、贷后管理的实际情况和国家助学贷款过度需求的影响因素构建国家助学贷款过度需求违约风险综合防范体系，提出国家助学贷款运行中，政府、银行、高校和学生的助学贷款过度需求违约风险管理政策建议。

第七章为研究结论与展望。本章归纳本书的主要研究结论、创新及研究局限，并探讨需进一步深入研究的问题。

2 国家助学贷款过度需求的理论分析

2.1 概念界定

2.1.1 国家助学贷款中的需求

国家助学贷款是政策性贷款，包含从高校申请的校园地国家助学贷款和生源地国家助学贷款，是政府推动的用以帮助贫困大学生缴纳学费和住宿费、顺利完成学业的个人信用贷款，是国家在高等教育改革的进程中，应广大贫困大学生的资金需求而实施的金融项目。

经济学认为，需求是个人愿意而且能够支付的物品数量，故需求必须具备两个条件：一是购买意愿，二是购买能力。国家助学贷款的购买意愿可以理解为大学生对国家助学贷款的申请意愿，国家助学贷款的购买能力可以理解为助学贷款的还款能力。第一，贫困大学生申请国家助学贷款的意愿很强烈，已有文献基本上都持有一致的赞同观点。第二，贫困大学生偿还贷款的能力是不确定的，需要认真考虑，合理评估。具体而言，可以从两个角度衡量，一是还款的额度，即申请的国家助学贷款额度越大，毕业以后的还款付息支出越多，对还款能力的要求越高；二是毕业后的可自由支配收入，要综合考虑收入和支出两个因素，可支配收入越多，还款能力越大。

2.1.2 国家助学贷款中的过度需求

目前理论界已有学者从产生原因、用途和还款的角度对国家助学贷款过度需求进行了相关的论述，对国家助学贷款过度需求的表述尚未形成共识。

褚保堂(1998)提出，助学贷款应该是付息的贷款，助学贷款是政策性贷款，利率太低会“引诱”更多的学生去争取“更多的贷款”。文献认为，助学贷款的有效年利率应与同期固定资产投资贷款的收益率相当。只有对经办银行有利，才能够吸引银行积极参与国家助学贷款，同时也可以避免家庭经济富裕学生产生申请助学贷款的行为。如果设定的利率太低，不能吸引经办银行，金融机构会把资金投放到别的项目上，而且会“引诱”更多的学生去争取更多的贷款。

黄绪江等(2002)认为，在经济欠发达地区，存在着对国家助学贷款的过度需求。即在这些地区，由于政策宣传因素，学生容易把国家助学贷款理解为国家开展的一项由银行无偿提供资金支持的信贷政策，视其为国家提供的福利性的公共品，从而形成学生在信用状况不足情况下缺乏偿还能力的过度需求。

Duguay 等(2004)研究发现，如果收到一笔超出需求额度的贴息贷款，学生很难或者是不可能避免去购买足球比赛门票、购买午夜的披萨饼、进行休闲旅行等。

Cadena 等(2013)运用冲动控制模型对美国国家高等教育学生援助项目受助学生进行自我控制的实证研究发现，有 1/6 的受助学生能够拒绝贴息贷款，以避免在校期间的过度消费。

焦旭等(2015)认为，部分贫困大学生由于对国家助学贷款政策和就业后的收入了解不清楚，容易对国家助学贷款的还款政策产生理解偏差，将其视为对贫困学生的资助福利，且对就业后收入估计过高，会导致缺乏偿还能力的“盲目贷款”。

可以看出，理论界部分学者提出了大学生对国家助学贷款的需求中存有“更多的贷款”、“超出需求额度的贷款”、“过度需求”等观点，显示其超出国家助学贷款申请者实际需要的鲜明特征。在接受高等教育的过程中，就国家助学贷款政策规定而言，大学生借贷国家助学贷款资金的实际需求就是支付学费和住宿费的需求。

一方面，国家助学贷款政策规定了贷款的用途。在生源地信用助学贷款操作实践中，财政部、教育部和银监会于 2008 年制定的《关于大力开展生源地信用助学贷款的通知》规定：生源地信用助学贷款主要用于解决学生在校期间的学费和住宿费问题。在校园地国家助学贷款操作实践中，部属高校国家经办银行中国银行的《国家助学贷款协议》中明确规定：国家助学贷款主要用于学生缴纳学费和住宿费。改变贷款的用途属于道德风险的范畴。这部分申请者如果主观上只是为了利用政府贴息的漏洞，申请贷款挪作他用，毕业时愿意一次还清或者毕业后逐步按计划还清，就不应该算作恶意欠款，只能算作违规借贷，但从客观结果来看，实际上造成了对国家助学贷款的过度需求。

另一方面，国家助学贷款政策规定了贷款的年度最高申请额度，申请者需要根据自己及家庭支持的经济水平与学费和住宿费总额度的差额、对毕业后可支配收入的估计，合理地确定国家助学贷款申请额度。所以，大学生申请的超出了自己（家庭）收入与学费和住宿费总额度的差额、超出了合理估计毕业后可支配收入额度的国家助学贷款，应属于过度需求的范畴。

在国家助学贷款实施过程中，存在着极少数主动申请高额度的国家助学贷款的学生毕业后故意不按时还款的现象，这种行为是一种恶意欠款行为。恶意欠款行为不在本书的研究范畴。

综上所述，本书将国家助学贷款过度需求的内涵定义为：在家庭经济支持的基础上，贫困大学生申请、获批并承诺愿意按期还款的未受学费和住宿费的用途约束而用于其他支出的国家助学贷款需求①。

---

① 于基伯、何凌云、刘传哲：《国家助学贷款中的过度需求及其影响因素研究：基于江苏省 8 所高校的实证分析》，《河北经贸大学学报》2018 年第 1 期，第 50-60 页。

2.2 研究范畴界定

由前文定义可知，本书研究的国家助学贷款过度需求，是申请国家助学贷款大学生的非恶意欠款行为。本书中的大学生主要是指大学本科生。具体的研究范畴包括三部分内容：第一，国家助学贷款过度需求的表现、特征、产生原因、影响因素的理论分析；第二，设计实证研究模型，对国家助学贷款过度需求产生的影响因素进行实证检验；第三，国家助学贷款过度需求的风险识别、风险产生原因和渠道分析以及防范体系构建。

2.3 国家助学贷款过度需求的表现及特征

支付学费和住宿费，是国家助学贷款政策规定的用途约束，合理的国家助学贷款申请决策是贫困大学生申请由于自身经济实力不足而不能支付的学费和住宿费额度。因此，国家助学贷款过度需求的直接表现包含两部分内容。第一，申请者获得了较高的奖助学金或者有较高的勤工助学兼职收入，结合家庭的经济支持，在只需要少量的国家助学贷款甚至不需要国家助学贷款支付学费和住宿费的情况下，仍然按照政策规定许可的上限额度申请国家助学贷款，是国家助学贷款过度需求最直接的表现。第二，申请者有支付学费和住宿费的能力而不缴费，把这部分资金挪作其他支出转而申请国家助学贷款，用获批后的国家助学贷款冲抵学费和住宿费。这种需求也是对国家助学贷款的过度需求，是一种变相改变贷款用途的过度需求。

大学生对国家助学贷款的过度需求表现出以下特征：

(1) 非恶意性，这种过度需求是一种非恶意欠款行为。学生由于对国家助学贷款政策认知不清、对未来还款能力估计过高，申请了未用于学费和住宿费的国家助学贷款。这些学生在申请助学贷款过程中的行为是客观上的未在意与估计能力不足，是学生客观上的不理性行为，而非主观上的漠视与失信，是非恶意性行为。即使申请贷款学生主观上改变了助学贷款的用途，只是利用了贷款制度的漏洞，其申请国家助学贷款时从主观上计划按时还款。

（2）非普遍性，学生要改变助学贷款用途，表明有缴纳学费和住宿费的资金准备，或者有承受因不交学费和住宿费压力的能力，才能够改变用途，产生过度的需求。因此，国家助学贷款过度需求多在部分获得较高经济收入的贫困学生中、承受因不交学费和住宿费压力而追求超高消费或投资收益、对毕业后预期收入过度自信的学生中存在。不是所有的贫困大学生对国家助学贷款的需求都是过度需求。

（3）复杂性，国家助学贷款过度需求的成因及影响因素具有复杂性。作为一种个人信贷行为，学生申请国家助学贷款呈现为一个完整的心理过程，学生对国家助学贷款的认知、对国家助学贷款的申请意愿和申请国家助学贷款的行为受学生本人、家庭成员、主要社会关系、学生成长的经济社会环境等多种因素的影响，具有复杂的形成机制。

2.4 国家助学贷款过度需求的违约风险

违约风险是借款人因各种原因不能及时、足额偿还债务而违约的可能性，包含还款意愿风险、还款能力风险及道德风险三个方面。其中，还款意愿即贷款申请者是否愿意还款，贷款申请者的还款意愿越强，在其他条件不变的情况下，贷款的违约风险就越小。如果贷款申请者不愿意还款，银行发放的贷款就形成了确定性的损失，需要通过法律途径寻求解决。

同理，就助学贷款而言，国家助学贷款是一种无抵押的信用贷款，如果申请贷款的贫困大学生不愿意还款，无论是否存在过度需求，国家助学贷款经办银行对其发放的贷款违约风险都会最大化，即形成确定的损失。如前文所述，国家助学贷款过度需求具有非恶意性，根据本书的研究范畴，暂不考虑申请国家助学贷款大学生的还款意愿风险。国家助学贷款过度需求对国家助学贷款违约风险的影响，主要体现在过度需求对申请助学贷款大学生毕业后的还款能力风险和道德风险两个方面。

需要说明的是，道德风险和还款能力风险是国家助学贷款过度需求引发的违约风险，但国家助学贷款过度需求并不必然导致违约。大学生对国家助学贷款的过度需求，是对国家助学贷款数量上的更多要求与获取。如果申贷学生在毕业后有较高的可支配收入，能够及时、足额偿还贷款，就不会发生助学贷款违约。

2.5 研究理论基础

2.5.1 需求理论

需求是经济学研究领域的基本概念之一，任何一种物品的需求量，都是购买者愿意而且能购买的一种物品量，受购买者的收入、相关物品的价格、偏好、预期和购买者数量等因素的影响[①]。

通常情况下，个人对正常物品的需求与收入成正比，低档物品与个人的收入成反比。在其他条件相同的情况下，收入增加带来需求量增加的物品被称为正常物品，收入增加带来需求量减少的物品被称为低档物品。

相关物品分为互补物品和替代物品。当一种物品的价格下降而减少了另一种物品的需求时，这两种物品就被称为替代品；当一种物品的价格下降而增加了另一种物品的需求时，这两种物品被称为互补品。换句话说，一种物品的需求与其互补品的价格成正比，与其替代品的价格成反比。

偏好是个人对一种物品的喜爱程度，反映了个人对该物品的心理态度。偏好是一种心理因素，它因人、因时而异，受个人多项主观与客观因素的影响。个人对某一物品的偏好较大，则对其需求量也较大。

预期是个人对未来情形的主观判断，个人对未来影响需求的各因素产生不同的预期，则对该物品的需求有相应不同的影响。如果预期未来的收入会增长，需求可能会相应地增加。如果预期未来该物品的价格会下

① 曼昆.《经济学原理(上册)》(第三版)，梁小民译，机械工业出版社，2003 年版，第 57-61 页。

降，现在对该物品的需求则可能会下降。

市场经济条件下，根据个人的需求可以推导出市场的需求，通常情况下，市场需求与购买者的数量成正比。

2.5.2 过度自信理论

行为经济学认为[①]，过度自信即自负，有别于自信，人们对于自己以往的经历过于依赖，倾向于高估自身的知识、能力和掌握信息的准确性，或者是对未来境况和掌控未来的能力持过分乐观的态度，导致他们的决策偏离了理性的轨道，对自己接下来的行为做出错误的判断或者预测。人们通常低估未来的实际行为与他们目前对未来行为的偏好之间不一致的程度。例如，当学生们认为明天他们会下决心天一亮就起床时，可能他们并不具有这种意志力。即人们可能是天真的，通常会高估自己未来的自制力[②]。受个人经验、沉没成本谬误等因素影响，人们容易产生预测偏差和自负偏差。

个人经验对过度自信有影响。在现代社会里，往往一次成功的经历就成为仅有类似事件的模板，在接受了浓重的经验主义熏陶之后，人们也形成了各自的经验，不再完全被动接受外界的经验而依靠自己的经验做出判断和实施行为。过分依赖个人经验就会导致偏差。人们在形成了一个强有力的假设之后，会把新信息误认为是原有假设的附加证据，未给予新信息应有的重视或者是忽略它。在对某一行为形成了经验后可能再次遇到同样的问题，但是随之也出现了新的情况。人们往往不从新情况出发重新考虑自己的行动而仅把新情况作为行动参考因素。经验性环境下，人们对自己的判断通常都过于自信，过于自信则会出现错误。代表性个人经验也容易使人们的行为偏离理性的轨道，即人们在分析问题时，更愿意假设小样本的概率与大样本的概率一致，甚至假设采用小样本所得结果的概率比大样本的概率还大，进而在判断某个事件是否发生时只注意具有代表性的样本，而不注重或者忽略他们自以为没有代表性的样本。

---

① 贺京同、那艺：《行为经济学》：选择、互动与宏观行为，中国人民大学出版社 2015 年版，第 90-91 页。

② 董志勇：《行为经济学原理》，北京大学出版社 2006 年版，第 120-170 页。

个体表现出的过度自信存在多种形式,好于平均水平效应、控制幻觉效应和过度乐观效应是三个较具有代表性的表现。好于平均水平效应是指个体倾向于认为自己的某种特征(如技能、审美趣味等)要优于人群中的平均水平;控制幻觉效应是指,个体在选择时往往认为他们能够预测并控制随机事件,即认为随机事件的发生概率会受到自己的影响,但实际上随机事件是受客观规律支配的;过度乐观效应是指个体过于高估自己的成功可能性,与此相关的一个现象是所谓的计划谬误,指个体预估自己能完成的工作量总是大于他最终实际完成的工作量,或者是预估的成本总是小于实际付出的成本。

沉没成本谬误是引发自负的一个因素[①]。沉没成本是指已经投入不可能收回的成本。面对沉没成本,人们通常会夸大沉没成本的显著性而忽略其背后隐藏的机会成本。于是在对沉没成本过分的关注中,人们会偏离理性的思维。在认知心理学中,人们把“已经获得的”和“已经失去的”归结于不同的心理账户,把沉没成本归于“自负”的账户。由于风险厌恶的偏好,人们在对待“已经失去的”账户时格外不理性,认为沉没成本即使再也收不回来,也应该用相应的“收益”去平衡它,从而形成了沉没成本谬误。人们不愿意接受沉没成本的损失,会认为有信心能够至少追回一部分沉没成本的损失,得到收益,而不关注在这个过程中自己付出了什么,甚至损失了更大的机会成本。所以在沉没成本面前,人们往往过于自信。

2.5.3 从众理论

从众是指于信息的阶梯式传递或者是真实的或想象的群体压力而导致行为或态度的变化[②]。在社会生活中,群体与个体、个体与个体之间发生相互作用,从而使个体的心理活动不论是人的认知还是情感,不论是意向还是行为,都或多或少地受到群体和个人的影响。作为个体,面对外界的各种影响,可能自觉地或者不知不觉地接受,甚至是出于无奈而被迫接

① 贾斯特:《行为经济学》,贺京同、高林译,机械工业出版社 2017 年版,第 133-148 页。

② 陆剑清:《行为金融学》,清华大学出版社 2013 年版,第 142-152 页.

受，从而使个体的行为与群体的行为相一致或者是与群体中大多数人的行为相一致。

信息的阶梯式传递中，最初数人发出的信号所导致的后来者的行为可以急剧地影响无数后来者的行为，在这一过程中，人们没有将自己个人拥有的信息表达出来，没有将大家的信息聚合起来进行分析，只是模仿别人。阶梯式的传播可能导致普遍的错误决策，如果最初的数人发出的信号是错误的，那么后来者都可能因此而做出错误的选择。一旦信息的阶梯式传播形成之后，信息聚合就会被完全阻断，即除了最初数人的信息外，后来者个人拥有的信息不再被纳入群体信息中，后来者在决策中不再考虑自己的信息，会因为最初数人的行为或者信息的到达的不同而不同。而且，对来自外部的微小冲击可能非常敏感，可能导致整个状况的变化，出现连锁反应。

社会心理学家认为，从众行为是由于处于群体一致性的压力下，个体寻求的一种试图解除自身与群体之间的冲突，增强安全感的手段。实际存在的或者头脑中想到的压力会促使个人产生符合群体要求的行为和态度。有时候，个体不仅在行动上表现出来，而且在信念上也改变了原来的观点，放弃了原有的意见，从而产生了从众行为。

社会心理学实验也证实，当“客观现实”很模糊时，大众的行为就成了信息源，即大众的行为提供给了一个人可以如何行动的信息。通常有效信息是比较了各种可获信息在决策中的价值和获取成本后得到的。在某一环境下，大众行为所传递的如何行动的信息成为可获得信息中的有效信息时，人们的决策就会以此为依据，从而呈现出各种从众现象。

金融投资决策中的从众行为是普遍存在的，其发生的原因主要有以下几个方面①。第一，投资者信息不对称、不完全。模仿他人的行为以节约自己信息搜集的成本，越是缺少信息，个人越容易受他人影响。第二，推卸责任的需要。后悔厌恶心理使个人为了避免决策失误带来的后悔与痛苦而选择采用与他人相同的策略。即使决策失误，也能从心理上把责任推给他人而减轻自己的后悔。第三，减少恐惧的需要。群体生活中，如果

① 饶育蕾、盛虎：《行为金融学》，机械工业出版社 2010 年版，第 112-114 页。

人们偏离大多数人就容易产生孤单和恐惧感。其他一些个性特征，如缺乏知识经验、获取信息的能力、智力水平、自信心、思维灵活性等都是从众行为的影响因素。有较高社会赞誉需要的人、具有高焦虑情绪的人从众性较强，女性比男性更容易发生从众行为。

2.5.4 计划行为理论

计划行为理论是阿耶兹(Ajzen)在1985年提出的一种全面的态度与行为关系理论，用以解释和预测在各种不同情境下个体的行为特征。该理论认为，个体的行为决策除受自身心理特征影响外，还受周围环境及其他个体行为的影响，即个体行为态度、主观规范、行为控制认知决定了个体的行为意向。行为态度是指个人对自身行为可能出现的结果的看法和观点，主观性规范是指对他人标准化的行为模式的主观性感知，行为控制认知则指的是对于促进或阻碍行为效果的相关因素的认知。计划行为理论已经广泛应用于管理学和社会学等各个领域，许多环境行为研究领域相关学者也普遍采用该理论模型对各种情境下个体的环保类行为进行探索和研究，该模型已经成为环境行为研究领域中基础的理论依据和概念构架。

计划行为理论主要从三个阶段来分析行为的形成过程。其中，由行为人意志控制的行为，行为意向具有直接的决定作用，行为态度对行为具有正面或负面的影响，主观性规范、行为控制感知与行为实施意向之间具有正向促进作用，即积极正向的态度和主观性规范，以及较强的行为控制感知可以加强个体实施行为的意向，从而较可能做出相应的实际行为。不能由行为人意志控制的行为，除了受行为意向这一因素影响外，还受到行为人对行为能力、资源条件等的行为控制感知的影响。行为控制感知在这种情况下，不仅会对行为意向产生影响，还会对是否实施行为产生直接影响，此时，行为控制感知可以作为实际行为的直接测量指标。

Ajzen还认为在不同的情景下，行为个体对行为会产生多种不同的信念，但行为信念、规范信念和控制信念这三种信念起主要作用。受个体特征及社会文化因素影响的行为信念构成行为态度的认知基础，对行为发生的可能性及行为结果进行评价，规范信念和控制信念分别构成主观规范和行为控制的心理基础。

2.5.5 行为决策理论

行为决策理论的内容发展较为丰富，本书对其较为典型的三种理论进行梳理如下。

2.5.5.1 有限理性模型

人们意识到现实中的个人往往依靠直觉来解决问题，而且就算人们谨遵各种理性假设，也会经常犯错误，所以说理性的经济人假设往往是一种理想的、简化的假设。现实世界纷繁复杂，个体之间千差万别，不可能用一个假设束缚住所有个体。20 世纪 50 年代，西蒙提出的有限理性和满意决策的模型，是最早代替期望效用的理论之一。西蒙指出了新古典经济学中两个致命的弱点，一是假设当前的决策现状与未来的决策变化有必然的一致性；二是假设决策者拥有所有方案的完备信息，并且各种可能的结果以及出现的概率都是确定的。西蒙认为，在现实中，如此严格的决策条件，几乎是不可能满足的，人类无论是在获取信息或者处理信息时，生理能力和心理能力都是有限的。知识和信息都是通过后天学习形成的主观认识，只要有主观因素的存在，就不可能是完全理性的。通过对人类认知过程的研究，西蒙发现人类的短时记忆容量实际上非常有限。记忆的偏差和想象力的局限，成为决策的又一大限制。塞勒同样认为完全理性化的自利原则并不完全有效，利他行为确实普遍存在，人们会通过合作来产生共赢，会产生对公司、学校、军队、志愿者性质组织的忠诚，甚至会无私地牺牲掉自己的利益来进行慈善捐赠，甚至牺牲自己。

总体来看，有限理性的核心在于人既不完全自利，也不完全自私，而是非完全理性的个体。人们常常会选择一个相对于预期目标比较满意的决策方案，而不是一味地追求效用最大化的决策方案，即服从“满意原则”。决定个体满意的因素可能包括关系、健康、经济、社会期望等各个方面。这些多方面的满意因素将有助于本书对大学生产生国家助学贷款过度需求原因及影响因素的解释。

2.5.5.2　期望效应理论

期望效应理论认为，经典效用理论并非要解释人类的实际行为，而是要描述在一定理性决策条件下，人类会表现出怎样的行为。该理论的目的是为理性决策提供明确的公理，根据这些公理，决策研究者们就可以将期望效用理论的数学预测结果与实际行为决策结果相比较，当某一公理未能满足时，便可对此理论做出修改和新的预测，通过理论与实际的不断对比，提出新的学说。

期望效用理论中的公理主要包括以下六条。一是偏好的有序性。二是偏好的可传递性。三是决策方案的占优性原则，理性决策者绝对不会选择一个被其他决策方案占优的策略。四是决策因素的相消性，在比较这两个决策方案的时候，应当把能够产生相同结果的因素忽略掉。五是连续性，对于任意一类决策方案的结果，如果出现效用最大化的概率非常大，那么理性的决策者一定会在效用最大化和效用最小的结果中进行选择，而不是选择介于两者之间的中间值。六是偏好的稳定性，理性的决策者不会因为决策方案不同的表达方式受到影响，而改变其原始的偏好顺序，即使这些方案较为复杂而且具有阶段性特征。该理论通过大量的数学方法进行原则验证后发现，若不能满足这些原则，决策效用就无法达到最大值。

2.5.5.3　前景理论

在有限理性模型提出以后，出现了许多对行为决策的新研究。大量的实验研究发现，在不确定的情景下，人们所做出的判断和决策往往是非理性的，并且这些决策偏差具有一定的规律性。前景理论指出，面对不确定的情景，人们常常以三种典型的启发式作为决策依据。一是代表性启发，是指在决策过程中，人们会倾向于依据样本是否类似总体来判断事件出现的概率，代表性越高的样本会被认为有更高的出现概率。二是易得性启发，是指在决策过程中，人们会倾向于根据事物在记忆和知觉中较为容易获得的信息作为依据来评估其相对概率。三是锚定和调整，是指在决策中，人们获得的最初信息会产生“锚定”效应，在接下来的过程中，人们会以最初的信息为参照点,调整对某项事件的评估。在大部分的情景中,人们将以初始值进行推测来获得最终答案。最初的参照点,或者出发点,可以解释为对某一特定问题的明确表达,也可以部分作为评估概率的结果。

前景理论主要存在五个方面的观点:一是参照点依赖,人们在决策时往往会预先设定一个参照点,并依据参照点来衡量收益或损失,真正影响人行为的是相对量而不是绝对量。二是风险偏好逆转,人们的风险偏好会在参照点附近发生逆转,人们面对收益倾向于风险厌恶,面对损失倾向于风险追求。三是损失规避,面对同等数额的收益和损失,人们对损失的规避程度要大于对收益的偏爱程度。四是敏感性递减,越远离参照点,收益或损失的边际变化对人们的心理影响越小,类似于边际效用递减规律。五是非线性决策权重,人们在决策时将事件发生的原始概率转化为一个非线性的决策权重,并且时常高估小概率事件而低估大概率事件。

2.5.6 信息不对称理论

在金融市场中,一方往往并不能掌握对方足够的信息,从而不能做出准确的决定,这种情况就是信息不对称。信息不对称在金融制度上造成的问题可以发生在两个阶段:交易前和交易后。

交易前的信息不对称可能引发逆向选择。金融市场上的逆向选择是指那些最有可能造成不利(逆向)后果即造成信贷风险的借贷人,常常就是那些寻找贷款最积极,而且是最可能得到贷款的人。由于逆向选择的后果是导致贷款的信用风险,即使有信贷风险很小的选择,贷款人也往往会选择不发放任何贷款。

交易后的信息不对称可能引发道德风险。金融市场上的道德风险是指借款人可能将资金用于其他的投资,从贷款人的角度来看,这种投资可能是不合适的,会加大贷款的风险。因为道德风险会加大贷款的风险,贷款人有可能选择不发放贷款。

逆向选择和道德风险带来的问题,对金融市场的良好运行造成很大的障碍,通常需要金融机构来消除。与个人相比,金融中介机构的经验和方法更多,更擅长甄别信贷风险,减少由于逆向选择带来的损失。金融中介

(例如银行)可以从存款者手中获得资金,借贷给信用良好的借款者。在借贷市场上,发放私人贷款不进行公开交易,其他投资者看不到银行的行为,从而无法把价格出到低于银行补偿生产信息的费用点。银行作为中介机构持有大部分非交易类贷款,这是它在金融市场上成功地减少信息不对称的关键。金融机构可以通过限制性契约弱化道德风险。第一,通过防止借款者从事风险性大的不合意愿的投资,规定一笔贷款只能用于特定的活动。第二,鼓励借款者从事合乎意愿的活动。第三,使用抵押的办法,鼓励借款者将抵押品保持良好的状态并确保它归还借款者所有。第四,要求借款者定期提供其活动的信息,从而更容易监管,减少道德风险。另外,金融中介机构更擅于监督借款者执行合约,减少由于道德风险带来的损失。

2.6 研究理论模型

在国家助学贷款申请的全过程中分析大学生对国家助学贷款的过度需求,主要应分析"政策认知—产生申请意愿—形成申请需求—确定额度期限—发生申请行为"这一部分贷款决策行为过程。因为在以后年份进行"续贷申请确认"时,大学生只是需要结合上一学年的整体收入和家庭的经济支持情况,重新进行一次从"政策认知"到"发生申请行为"的贷款决策过程。

根据国家助学贷款过度需求的内涵和表现,可以认为,大学生对国家助学贷款产生过度需求的直接原因是不清楚国家助学贷款的用途约束。参考相关文献,贫困大学生申请国家助学贷款被认为是一种个人行为,但其申请行为受到家庭、教育活动等多种因素的共同影响(王飞等,2000;肖巧玲,2015)。一些学者对此过程进行了相关研究,认为学生及其家长对收费改革认识不足,部分学生消费观念不能适应新形势(沈红,2004;许长青,2014)。部分学者从助学贷款违约防控的层面分析认为,在助学贷款申请和审批过程中,学生考上大学前的个性特征、大学期间的行为经历(吴开俊等,2010)、助学贷款审查的规范性(于基伯等,2015)等因素是违约相关性较大的影响因素，这些因素对贫困大学生产生助学贷款需求和发生申请助学贷款行为也有一定的影响。黄维等(2018)的一项实证检验研究结果表明，行为态度、主观规范和感知行为控制均对助学贷款的申请意向具有直接、显著的正向影响，各变量对贫困生组和非贫困生组申请意向的影响效应存在差别。学生的经济可支付能力对申请助学贷款行为影响较大。

为了进一步分析国家助学贷款过度需求产生的深层次原因，需要根据上一节介绍的相关研究理论，结合国家助学贷款政策执行实践，从国家助学贷款过度需求“政策认知—产生过度需求申请意愿—形成助学贷款过度需求—确定额度期限—发生申请行为”的全过程、申请助学贷款大学生的个性心理因素、贷款申请决策过程的情境因素等进行综合分析。

申请助学贷款大学生的个性心理因素主要表现为四个方面。一是价值观倾向，具体包含利己价值观和利他价值观，这种利他主要表现为多子女家庭中的大学生申请较高的国家助学贷款后，可以减少家庭对其的经济支持，节省下来的资金能够更好地支持其弟弟或者妹妹的学习和生活。二是预期，在国家助学贷款需求决策过程中主要表现为对大学毕业后的预期收入和预期支出，从而形成对未来还款能力的预期。预期是需求理论中影响个人需求的重要影响因素，具体到国家助学贷款过度需求中，体现为对预期收入的过度自信。三是偏好，在国家助学贷款需求决策过程中主要包含申请数量偏好、期限偏好和舒适性偏好，这种舒适性偏好主要是指与其他贷款相比，由国家助学贷款不需要付出较大的人情成本所带来的舒适感。四是调节聚焦，即聚焦大学生申请国家助学贷款的目的，具体包含保障性聚焦、预防性聚焦和选择性聚焦，在预防性聚焦和选择性聚焦中，国家助学贷款过度需求存在的可能性较大。

助学贷款申请决策过程中的情境因素主要表现为两个方面。一是群体规范，具体包含家庭氛围、学校或班级氛围和社会氛围，在国家助学贷款过度需求的决策行为中，群体规范的影响主要体现为贷款申请的从众影响。二是环节信任，即贷款申请者对助学贷款介绍环节的信任、对助学贷款审批环节的信任和对助学贷款还款违约处理环节的信任。环节信任主要体现的是对高校、助学贷款经办银行和政府政策的高度信任。

在国家助学贷款过度需求"政策认知—产生过度需求申请意愿—形成助学贷款过度需求—确定额度期限—发生申请行为"全过程中：

第一，就政策认知阶段而言，易形成认知偏差。学生不了解国家助学贷款政策，未形成正确的认知。部分学生将国家助学贷款错误地理解为国家的资金，不需要偿还；部分学生对助学贷款的财政贴息产生误解，认为不需要承担利息等成本；部分学生多关注国家助学贷款的申请条件，对国家助学贷款的还款、违约及违约后的限制条件等关注不够，从而申请高额度的国家助学贷款。

第二，就产生申请意愿而言，主动的助学贷款过度需求，归结于学生的诚信问题；非主动的过度需求，则要分析影响学生意愿的因素。心理学认为，个体的行为有其完整的心理过程，发生申请国家助学贷款的行为是知、情、意心理过程的最后一个阶段，要受到认知、情绪情感的影响，如对国家助学贷款政策的认知、对助学贷款的偏好。

第三，就产生需求阶段而言，一种物品的需求，是消费者愿意而且能够支付的一种物品量，一般情况下受物品的价格、消费者的收入、相关物品的价格、消费者的偏好、消费者的预期、消费者的数量等因素的影响。贷款的价格可以用贷款利率来衡量，但国家助学贷款的利率是依据央行发布的借贷基准利率确定的，相对固定，对助学贷款的影响变动不大①。因此，在分析国家助学贷款过度需求时，就价格变动因素对需求的影响，只需分析其与替代贷款的价格比较。国家助学贷款是政策性贷款，受政策变化的影响较大，因此有必要将政府政策作为影响因素纳入助学贷款过度需求理论分析框架中，即受在校收入高、其他相关贷款的成本高、学生对国家助学贷款的偏好大、对未来收入的预期高、申请国家助学贷款的学生数量多等因素的单独影响或综合影响，贫困大学生容易对国家助学贷款产生过度需求。

第四，就确定额度期限而言，从贷款需求角度分析，学生确定国家助学贷款额度的主要依据包含两部分内容，一是对未来还款能力的分析，包括对家庭未来能给予的经济支持分析，认为自己未来的还款能力越高，申请

① 王定祥、田庆刚、李伶俐等：《贫困型农户信贷需求与信贷行为实证研究》，《金融研究》2011年第5期，第124-138页。

的额度越高或者申请的还款期限越短。二是对贷款申请不能获得批准风险的补偿，即基于贷款后（事后）的边际收益做出判断，学生为了应对助学贷款不能获批的可能性，在确定贷款额度时倾向于申请较大额度的贷款，或者是满额申请国家助学贷款。

第五，就发生申请行为而言，从贫困大学生的视角分析，主要为从众影响下三个方面的统一。一是大学生自己认为相关的决策已经完成，忽视了对以后贷款续放确认时年度申请额度调整的再思考；二是国家助学贷款申请的决策结果与申请的行为得到家长的支持；三是有可能受其他相关者的影响，如亲属、同学等。

综上所述，本书构建的国家助学贷款过度需求研究理论模型如图 2-1 所示。

2.7 本章小结

本章主要论述了以下几个问题。

第一，依据微观经济学的需求理论，国家助学贷款的购买意愿可以理解为大学生对国家助学贷款的申请意愿，国家助学贷款的购买能力可以理解为还款能力。贫困大学生申请国家助学贷款的意愿很强烈，其偿还贷款的能力不确定，可以从申请贷款额度和毕业后的可自由支配收入两个角度衡量，即申请的额度越大，毕业以后的还款付息支出越多，对还款能力的要求越高；毕业后的可自由支配收入，即可支配收入越多，还款能力越大。

一是在已有学者从产生原因角度对国家助学贷款过度需求分析的基础上，加入国家助学贷款用途约束，将国家助学贷款过度需求内涵定义为：在家庭经济支持的基础上，贫困大学生申请、获批并承诺愿意按期还款的未受学费和住宿费的用途约束而用于其他支出的国家助学贷款需求。

二是在明确概念内涵的基础上，划定了本书的研究范畴。本书研究的国家助学贷款过度需求，是申请国家助学贷款大学生的非恶意欠款行为。

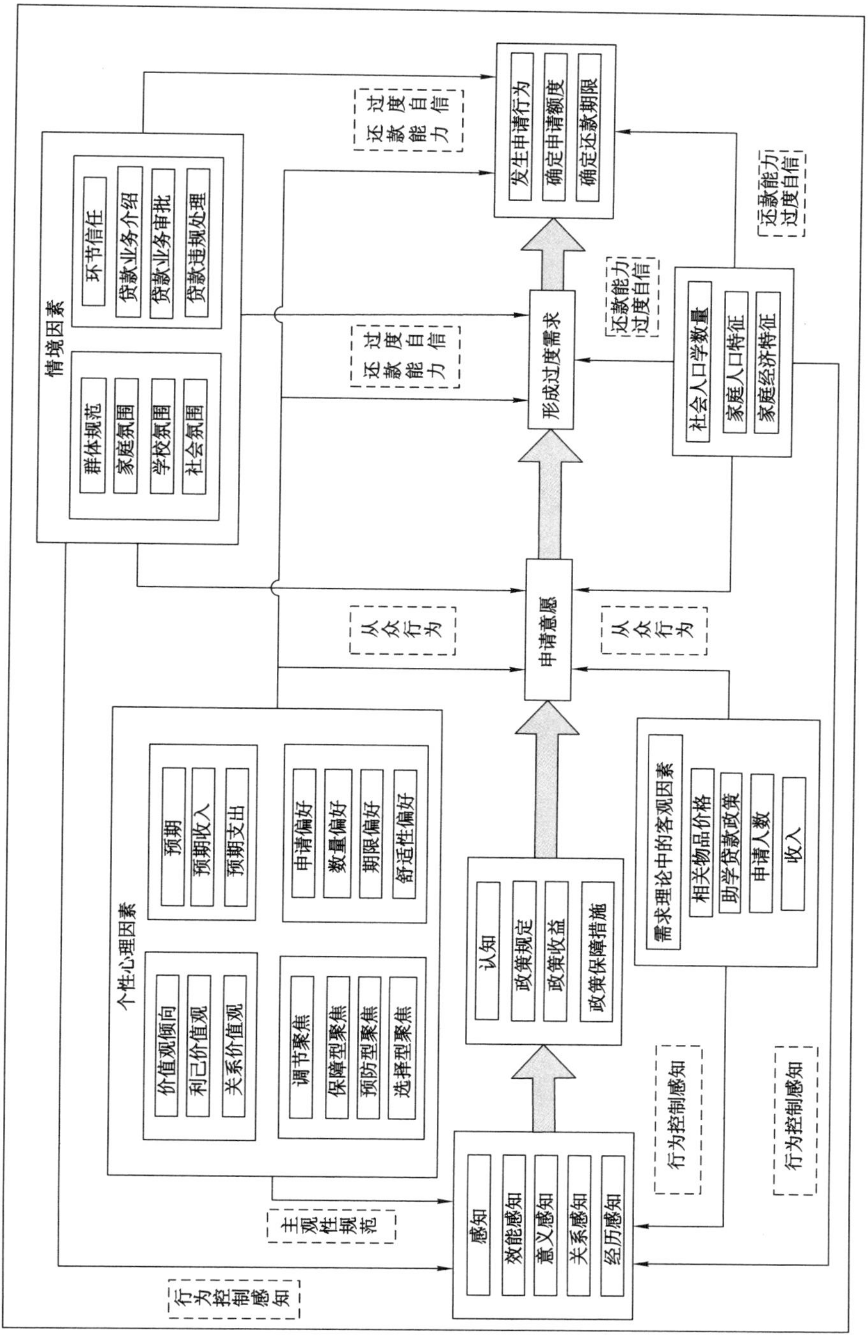

图2-1 国家助学贷款过度需求研究理论模型

具体的研究范畴包括三部分内容：一是国家助学贷款过度需求的表现、特征、产生原因、影响因素及引发的违约风险的理论分析；二是设计实证研究模型，对国家助学贷款过度需求的产生原因和影响因素进行实证检验；三是国家助学贷款过度需求的风险分析及防范体系构建。

第四，阐述了研究的理论基础，在需求理论的基础上，综合过度自信理论、从众理论、计划行为理论、行为决策理论和信息不对称理论，本书结合国家助学贷款过度需求“政策认知—产生过度需求申请意愿—形成助学贷款过度需求—确定额度期限—发生申请行为”的全过程、申请助学贷款大学生的个性心理因素、贷款申请决策过程的情境因素等构建了国家助学贷款过度需求研究的理论框架。

3　国家助学贷款需求与申请助学贷款行为分析

国家助学贷款中的过度需求是大学生对国家助学贷款需求中的特殊部分。本章首先考察大学生对国家助学贷款的需求及申请国家助学贷款行为的特征及影响因素，即在需求理论的基础上进行理论分析，提出研究假设，并利用江苏省8所高校贫困大学生的调查数据，进行实证检验，为下一章进一步分析大学生对国家助学贷款中的过度需求做准备。

3.1　理论分析与研究假设

需求理论认为，任何一种物品的需求量，都是买者愿意而且能购买的一种物品量，受购买者的收入、相关物品的价格、偏好、预期和购买者数量等因素的影响。通常情况下，对正常物品的需求量与个人的收入、偏好、预期收入、购买者数量成正比，与其互补品的价格成正比，与其替代品的价格成反比。

大学生在校学习期间没有稳定的全职的生产性经济收入，获得助学金和奖学金、通过学校设立的勤工助学岗位及家教等其他课余兼职获得的收入都不稳定，除此之外，其余支出均依赖于家庭的支持。家长的文化水平、家庭的劳动力数量、劳动力的职业、人均收入水平、家庭的支出情况、家庭拥有的固定资产、家庭正在接受非义务教育的人数等因素可能会影响贫困大学生的助学贷款需求和发生申请助学贷款行为。因贫困大学生(家庭)借贷利率可得性低,参考王定祥等(2011),本书未对这一因素进行考察。

综合文献回顾和理论分析,对贫困大学生的助学贷款借贷需求和申请助学贷款行为的影响因素,本书提出如下假设:

H1:在贫困大学生家庭中,家长的文化水平、人均收入水平对大学生的国家助学贷款需求产生正向影响,对实际发生申请国家助学贷款的行为产生正向影响。

从业者特征的差异基本上决定了收入的差别,其中教育水平的差异是首要的差异①。贫困大学生家长的文化水平越高,其学习先进的生产知识、使用先进生产技术和工具的倾向与能力就越高,利用新的生产技术改善家庭收入的可能性就越大,按时归还贷款的可能性也就越大,其对按时偿还助学贷款本息的预期较好,其子女申请国家助学贷款的需求也会高。文化水平和收入水平相对较高的贫困生家长,对国家助学贷款政策的了解和认识会更全面,与其他类型的贷款相比对国家助学贷款的偏好较大,在实际申请贷款时容易支持子女申请助学贷款。

H2:家庭的人口数量、劳动力数量对贫困大学生的国家助学贷款需求产生负向的影响,对实际发生申请国家助学贷款的行为产生正向的影响。

人口多、劳动力数量多的家庭,收入也相对较多,在家庭各项支出后产生盈余的可能性大,如果盈余的资金勉强可以应付子女上大学,家长一般不会支持子女再申请国家助学贷款②,所以对国家助学贷款的需求较小。即使家庭的盈余不足以支付子女的教育支出,有申请国家助学贷款的需求,但由于劳动力数量多,收入相对多,也能帮助子女在毕业后迅速还完贷款③,即对能帮助子女在毕业后顺利按时还款有较好的预期,故此种情况下支持子女发生申请国家助学贷款行为的可能性较大。

H3:家庭生活消费支出、医疗支出对贫困大学生的国家助学贷款需求

---

① 边燕杰、肖阳:《农村大学生的职业生涯机遇:基于全国综合社会调查的实证分析》,《西安交通大学学报》(社会科学版)2015 年第 1 期,第 1-7 页。

② 臧兴兵、沈红:《供求视角下的生源地助学贷款》,《教育发展研究》2011 年第 9 期,第 35-39 页。

③ Li W. *Family background, financial constraints and higher education attendance in China*. Economics of Education Review,2007(26):725-735。

产生正向的影响，对实际发生申请国家助学贷款行为产生正向的影响。

家庭生活消费支出、医疗支出增多时，尤其是出现大额的医疗支出及接受非义务教育的支出时，家庭对资金的需求较大。教育借贷和家庭的收入水平明显负相关[①]，加之家庭的收入及储蓄水平均较低，贫困大学生的学习和生活支出很难得到保障，因此其助学贷款需求相应地也会比较大，其发生申请国家助学贷款行为的可能性也会增大。

H4：家庭拥有的固定资产价值对贫困大学生的国家助学贷款需求产生负向影响，对实际发生申请国家助学贷款行为产生负向影响。

拥有的固定资产价值越低的家庭，其贫困程度通常越高，往往难以负担大学生的学习和生活支出，因此其对国家助学贷款的需求较大。如果家庭拥有较高价值固定资产，说明该家庭曾经的收入水平有过相对较高的情况，由于某些原因暂时贫困，这样的家庭往往有收入相对较高的亲友，在有子女的大额教育支出时往往可以通过亲友间的无息借贷获得资金支持而不需要贷款[②]。在有助学贷款需求的家庭中，由于有较高的固定资产，其子女在学校贫困生认定时往往会不符合贫困生的条件。大多高校目前由于审慎的管理原则一般不支持非贫困生申请国家助学贷款[③]。

3.2 实证研究设计

3.2.1 模型构建

本书选用Probit模型对贫困大学生的借贷需求和实际发生的申请国家助学贷款行为的影响因素进行分析。根据理论假设，建立基本的分析模型如下：

---

① 李文利：《高等教育私人支出、家庭贡献与资助需求分析》，《教育与经济》2006年第1期，第14-17页。

② 吴斌珍、李宏彬、孟岭生：《大学生贫困及奖助学金的政策效果》，《金融研究》2011年第12期，第47-61页。

③ 薛浩：《高校助学贷款机制面临的困境与对策：以江苏部分高校为例》，《中国高教研究》2011年第2期，第63-65页

$$Y_j = C + \beta_i X_i + \mu_i$$

Y_j 为虚拟被解释变量，$Y_j=1,2$。其中，Y_1 代表是否有借贷需求，Y_2 代表有借贷需求且申请的贷款是否为国家助学贷款。C 为常数项，μ_i 是解释变量的系数，X_i 是解释变量，μ_j 是随机误差项。x 是样本序列，其中，$i_2=1,2\cdots,n_2$；$n_1=1,2\cdots$，是贫困大学生是否有借贷需求的样本个数，n_2 是有借贷需求的贫困大学生是否申请了国家助学贷款的样本个数。

3.2.2　变量定义

结合理论假设，本书对贫困大学生是否存在借贷需求、是否申请了国家助学贷款，分别设定了 11 个解释变量，变量的设定情况如表 3-1、表 3-2 所示。

表 3-1　计量分析模型被解释变量设定情况

被解释变量	定义内容
Y_1	是否有借贷需求：1 为有；0 为无
Y_2	有借贷需求，申请的贷款是否为国家助学贷款：1 为是；0 为不是

表 3-2　计量分析模型解释变量设定情况

解释变量	定义内容
X_1	家长文化水平：小学及以下为 1；初中为 2；高中为 3；大学为 4
X_2	家庭人口数量（人）
X_3	家庭劳动力数量（人）
X_4	家庭现有耕地面积（亩）
X_5	家庭年人均年收入（元）：绝对贫困线 2 300 元以下为 1；2 300～4 200 元为 2；4 200～7 200 元为 3；7 200 元以上为 4
X_6	生活支出占家庭总支出的比例（%）
X_7	农业生产性支出占家庭总支出的比例（%）
X_8	医疗支出占家庭总支出的比例（%）
X_9	家庭拥有的固定资产价值：1 万元以下为 1；1 万～3 万元为 2；3 万～5 万元为 3；5 万元以上为 4

表 3-2(续)

解释变量	定义内容
X_{10}	家庭非农业收入占总收入的比例:10%以下为 1;10%～30%为 2;30%～50%为 3;50%～70%为 4;70%以上为 5
X_{11}	家庭中接受非义务教育的子女数

3.2.3 样本选取及数据来源

为了使采集的数据尽可能地反映贫困大学生的现状,笔者于 2014 年 12 月通过江苏省 8 所高校的大学生资助管理中心对这些学校的贫困生进行了判断抽样调查。具体调查方法为:按照“部属、省属、一般性大学兼顾”的办法选取 8 所高校,每个高校选取两个学院的三年级和四年级学生进行问卷调查,按照学生的生源地省份进行归类,共涉及 25 个省份。共发放问卷 1 227 份,剔除无效问卷,最终得到有效样本数为 1 071 个,有效样本率为 87.29%。问卷的调查数据截止时间为 2014 年 12 月(即 2014—2015 年度的国家助学贷款申请和审批完毕)。

3.3 描述性统计分析

在助学贷款需求与贷款行为测量量表中,家长文化水平(X_1)、家庭人均年收入(X_5)、家庭拥有的固定资产价值(X_9)及家庭非农业收入占总收入的比例(X_{10})采用 4 级分类的方法。样本数据的描述性统计结果如表 3-3 所示。

其中,生活支出占家庭总支出的比例、农业生产性支出占家庭总支出的比例、医疗支出占家庭总支出的比例的标准差较大。为进一步分析贫困大学生的现状,分别细化了对贫困大学生的经济特征、助学贷款借贷需求特征、助学贷款借贷行为选择特征的分析。

表 3-3 助学贷款需求与贷款行为的描述性统计结果

变量	个案数	最小值	最大值	平均值	标准误差	标准差
X_1	1 071	1	3	1.68	0.018	0.602
X_2	1 071	2	8	4.40	0.037	1.196
X_3	1 071	0	4	1.68	0.021	0.673
X_4	1 071	0.00	30.00	3.81	0.131	4.298
X_5	1 071	1	4	1.86	0.027	0.882
X_6	1 071	10.00%	90.00%	39.00%	0.628%	20.552%
X_7	1 071	0.00%	80.00%	16.47%	0.418%	13.685%
X_8	1 071	0.00%	65.00%	16.03%	0.374%	12.248%
X_9	1 071	1	4	1.69	0.026	0.843
X_{10}	1 071	1	5	2.71	0.045	1.463
X_{11}	1 071	1	3	1.63	0.020	0.665

3.3.1 贫困大学生的经济特征

大学生是纯粹的消费者，其消费的来源均靠家庭的支持。因此，分析贫困大学生的经济特征，必须首先分析其家庭的经济特征。被调查的1 071个贫困大学生样本的家庭经济特征如表 3-4 所示。

表 3-4 贫困大学生家庭的经济特征

项目	选项	个数	所占比例/%	累计比例/%
家长文化水平	小学及以下	420	39.22	39.22
	初中	574	53.59	92.81
	高中	77	7.19	100
	大学	0	0	100
家庭人均年收入水平	2 300 元以下	441	41.18	41.18
	2 300～4 200 元	406	37.91	79.08
	4 200～7 200 元	161	15.03	94.12
	7 200 元以上	63	5.88	100

表 3-4(续)

项目	选项	个数	所占比例/%	累计比例/%
家庭拥有的固定资产价值	1 万元以下	581	54.25	54.25
	1 万～3 万元	350	32.68	86.93
	3 万～5 万元	119	11.11	98.04
	5 万元以上	21	1.96	100
从事的农业生产	种植业	700	65.36	65.36
	养殖业	42	3.92	69.28
	种植业、养殖业兼有	63	5.88	75.16
	其他	266	24.84	100
家庭非农业收入占总收入的比例	10%以下	308	28.76	28.76
	10%～30%	287	26.8	55.56
	30%～50%	161	15.03	70.59
	50%～70%	126	11.76	82.35
	70%以上	189	17.65	100
家庭中接受非义务教育的子女数	1 人	504	47.06	47.06
	2 人	448	41.83	88.89
	3 人以上	119	11.11	100

注:非义务教育主要是指研究生教育、本科教育和高中教育。

(1) 贫困大学生家长的文化水平整体较低,绝大多数处于初中及以下的水平。在所有 1 071 个样本中,家长文化水平为初中和小学及以下的贫困大学生家庭分别为 574 个和 420 个,所占比例分别为 53.59%和39.22%,两者数量之和占样本总数的 92.81%。

(2) 在贫困大学生家庭中,相对贫困和绝对贫困的家庭占大多数。在 1 071个样本家庭中,人均年收入处于国家绝对贫困线和相对贫困线之间的家庭与处于国家绝对贫困线以下的家庭分别为 406 户和 441 户,所占比例分别为 37.91%和 41.18%;两者数量之和占样本总数的比例为79.08%,说明相对于人均年收入高出约两至三倍的年人均高等教育支出,我国贫困大学生家庭的收入水平普遍很低。

(3) 贫困大学生家庭拥有的固定资产价值整体偏低。在被调查的贫困大学生中,家庭拥有固定资产价值在 3 万元以下的家庭占样本总数的 86.93%。其中,1 万元以下的家庭为 581 个,比例为 54.25%,超过样本总数的一半。这表明我国贫困大学生家庭在借贷时的资产抵押能力极低。

(4) 贫困大学生家庭农业生产活动以传统的种植业和养殖业为主,农业收入占家庭收入的绝大部分。在 1071 个样本中,有 75.16%的家庭从事传统种植业和养殖业。从事非农生产经营活动的家庭只占 1/4 左右。非农业收入占家庭总收入的比重在 50%以下的家庭达到 70.59%。这说明在贫困大学生家庭中,有近 3/4 的家庭收入都是从比较优势较低的农业中获取的。这表明,贫困大学生家庭在短时期内(完成大学学习的时间)很难迅速脱贫致富。

(5) 贫困大学生家庭的非义务教育支出负担较重。在被调查的贫困大学生家庭中,有两人及以上的子女正在接受非义务教育的家庭占样本总数的比重为 52.94%,这说明有超过一半的贫困大学生家庭承担着两个或者更多的非义务教育子女的较高支出,这些家庭的非义务教育支出负担很重。

3.3.2 贫困大学生的助学贷款借贷需求及特征

在 1 071 个贫困大学生有效样本中,没有资金借贷需求的只有 22 个,仅占 2.06%,其余 97.94%的贫困大学生均有助学贷款借贷的需求。相关数据如表 3-5 所示。

表 3-5 贫困大学生的助学贷款借贷需求特征

项目	选项	个数	所占比例/%	累计比例/%
借贷期望数额	3 000 元以下	49	4.58	4.58
	3 000~4 000 元	70	6.54	11.12
	4 000~6 000 元	469	43.79	54.91
	6 000~8 000 元	343	32.03	86.94
	8 000~10 000 元	84	7.84	94.78
	10 000~12 000 元	56	5.22	100
借贷期限	4 年以下	259	24.18	24.18
	5~10 年	718	65.37	89.55
	11~14 年	40	3.73	93.28
	15 年以上	72	6.72	100

表 3-5(续)

项目	选项	个数	所占比例/%	累计比例/%
借贷的主要用途	学费	1 008	94.12	94.12
	住宿费	975	91.04	185.16*
	生活费	456	42.58	227.74*
	其他	27	2.52	230.26*

*注:累计比例超过100%是因为此题项为多选题项,结果在统计时一并加总计算。

(1)以小额借贷需求为主,但不乏高额借贷的需求。根据江苏省高校的学费收取标准[①],2012级和2013级学生每年的学费和住宿费总和为6 000元左右,部分艺术类大学生每年的学费和住宿费总和在8 000元左右。受学费和住宿费总额的约束,每个学生在一年内申请国家助学贷款的额度上限是固定的,故贫困大学生的借贷需求基本上以小额为主。在被调查的贫困大学生中,借贷期望额度在6 000元以下的比例为54.91%,有13.06%的贫困大学生期望申请较高额度的贷款,其中,期望借贷额度在10 000～12 000元的比例为5.22%。

(2)期望借贷期限以中短期为主,但存在着较长期借贷的需求。大学生在校期间没有生产性经济收入,其借贷的期限只能为毕业后还款的期限和在校上学的时间之和。即使学生计划在毕业两年内将借贷还清,加上在校时间,该项借贷的期限也为6年以内。调查统计的结果也呈现出这样的特征,在所有的1 071个有效样本中,选择贷款年限在4年以内的贫困大学生比例为24.18%,选择5～10年的比例为65.37%。校园地国家助学贷款政策规定,学生最长可以在毕业后6年内还清,学生如果从大学一年级开始贷款,本科毕业后参加工作,最长贷款期限为10年。生源地国家助学贷款最长贷款期限为14年[②]。调查数据显示,贫困大学生选择期望借贷期限为15年以上的比例为6.72%。这可能包含两种情况,一是部分学生有继续攻读研究生的准备,二是部分学生对毕业后的预期收入不

① 江苏省高校自2014级新生入学开始对普通高校的学费进行了调整。此次调查对象为在校2012级和2013级学生,其学费标准未调整。

② 2015年7月8日,国务院总理李克强主持召开国务院常务会议,决定将助学贷款最长期限由原先的10年、14年,统一延长至20年。

乐观,希望将还款的期限拉长。

(3)超过1/3的贫困大学生的生活费需要借贷支持,但主要借贷需求仍以满足学费和住宿费为主。大学生选择学费和住宿费的比例分别为94.12%和91.04%。有42.58%的学生选择了生活费,其中,只选择“学费、住宿费和生活费”的比例为35.29%,说明这部分学生即使申请国家助学贷款获得资金补充后生活费依然不足,亦表明这部分学生对国家助学贷款的需求额度期望更高,迫切性也高。

3.3.3 贫困大学生的借贷行为选择

贫困大学生的借贷行为选择特点如表3-6所示。

表3-6 贫困大学生的借贷行为选择

项目	选项	个数	所占比例/%	累计比例/%
借贷渠道	助学贷款	721	67.31	67.31
	民间借贷(无利息)	91	8.5	75.81
	民间借贷(正常利率)	71	6.63	82.44
	民间借贷(高利率)	13	1.21	83.65
	向正规金融机构借款	126	11.77	95.42
	有借贷需求但未实施	27	2.52	97.94
	无借贷需求	22	2.06	100
有借贷需求未向正规机构(含助学贷款)申请的原因(202个样本)	民间借贷对家庭更了解	15	7.43	7.43
	不如民间借贷方便	61	30.2	37.63
	不如民间借贷容易	9	4.46	42.09
	没有担保人或抵押品	7	3.47	45.56
	正规机构没有熟人	7	3.47	49.03
	正规机构借不到	12	5.94	54.97
	资金需求太小	25	12.38	67.35
	利息高	114	56.44	123.79*
	银行服务差	8	3.96	127.75*

*注:累计比例超过100%是因为此题项为多选题项,结果在统计时一并加总计算。

（1）国家助学贷款是贫困大学生借贷的主渠道，但仍有近1/5的贫困大学生（家庭）因其他形式的借贷付出了较高的成本。在所有的借贷渠道中，贫困大学生选择国家助学贷款的比例为67.31%，高于53.18%的全国水平[①]。选择民间借贷（正常利率）、民间借贷（高利率）、其他正规金融机构借款的比例分别为6.63%、1.21%和11.76%，三者人数之和占样本总数的比例达19.6%。如果这部分贫困大学生选择国家助学贷款，在求学期间贷款产生的利息就可由政府补贴。因此，可以认为这1/5左右的贫困大学生为了借贷付出了较高的利息。

（2）部分贫困大学生对借贷渠道拘于传统认识，对国家助学贷款政策不了解。如表3-5所示，在对"有借贷需求未向正规机构（含助学贷款）申请的原因"调查时，选择"不如民间借贷方便"、"利息高"的贫困大学生分别为61人和114人，分别占有借贷需求未向正规机构申请贷款的202个样本的30.2%和56.44%，两者人数之和占1071个有效样本的16.34%。贫困大学生申请国家助学贷款时，只需要自己填写"高等学校贫困学生家庭情况调查表"并到乡镇（街道）一级的民政部门开具贫困证明即可，其他手续都在入学后由学校组织完成，手续比较简单。国家助学贷款的利息率执行的是金融机构同期贷款基准利率，加之在校期间的政府贴息，其实际利息远低于以正常利率执行的民间借贷、其他正规金融机构借贷和高利率民间借贷。因此，可能的原因是这部分贫困大学生对政策不了解、不熟悉，而未选择申请国家助学贷款。

3.4　回归结果分析

根据理论模型，运用Stata 12.0对调查收集的数据进行计量分析，结果如表3-7所示。从表3-7中可以进一步发现：

（1）家长文化水平（X_1）、家庭人均年收入（X_5）对贫困大学生的国家助学贷款需求和实际发生申请助学贷款行为均有正向的影响。其中，家

① 全国资助管理中心：《国家助学贷款发展报告（1999-2013）》，2014年8月27日。

长文化水平(X_1)对国家助学贷款需求及实际发生申请贷款行为的影响均在1%的显著性水平上通过了检验,家庭人均年收入对国家助学贷款需求的影响也在1%的显著性水平上通过了检验,对实际发生申请国家助学贷款行为的影响也在5%的显著性水平上通过了检验。这说明,家长的文化水平或家庭人均年收入水平越高的贫困大学生家庭,越容易产生助学贷款需求,在家庭有信贷需求时,更有可能实际发生申请国家助学贷款的行为,假设1得到验证。

表3-7　计量分析结果

变量	模型1			模型2		
	作用系数	Z值	VIF值	作用系数	Z值	VIF值
X_1	0.039 7***	3.53	1.103	0.109 1**	2.24	1.105
X_2	−0.003 1	−0.24	1.208	−0.157 4***	−2.8	1.226
X_3	0.007 5	0.06	1.260	0.220 8***	2.95	1.272
X_4	0.005 5	1.28	1.131	−0.077 1	−0.33	1.132
X_5	0.039 0***	7.16	1.097	0.217 1***	4.96	1.094
X_6	−0.012 8	−0.82	1.135	0.065 6	0.39	1.122
X_7	0.070 8	1.21	1.163	0.083 8	0.71	1.160
X_8	0.040 8	1.02	1.153	4.928 6***	6.46	1.172
X_9	−0.291 3***	−15.87	1.267	−0.548 5***	−4.8	1.269
X_{10}	−0.013 7***	−3.7	1.275	0.094 5	0.25	1.269
X_{11}	0.035 1***	4.69	1.100	0.308 3***	4.83	1.090
常数项	0.958 0***	31.12		0.863 7	0.94	
N	$Y_1=0$	22		$Y_2=0$	301	
	$Y_1=1$	1 049		$Y_2=1$	721	
Pseudo R^2	0.585 5			0.243 7		

注:***、** 分别表示通过1%、5%和10%的显著性水平检验;VIF值均小于2,模型的各解释变量不存在明显的多重共线性问题。

(2)家庭人口数量(X_2)、家庭劳动力数量(X_3)在两个模型中分别产生负向的影响和正向的影响。其中,两个因素对贫困大学生的国家助学贷款需求的影响均未通过检验,对有贷款需求的贫困大学生申请国家助学贷款行为的影响均在1%的显著性水平上通过了检验。这说明,家庭人口数量和家庭的劳动力数量不是贫困生对国家助学贷款需求的主要影响因素;家庭人口数量对贫困大学生申请国家助学贷款有负向的影响,而家庭劳动力数量对贫困大学生申请国家助学贷款有正向的影响。可能的原因在于,人口多的贫困生家庭中劳动力数量不一定相应的多,通常情况下,贫困生家庭人口多是因为有在一起居住的(外)祖父母等老人。老人往往对国家助学贷款持谨慎的态度,更愿意通过亲友借款帮助等民间的方式来解决孩子的学费和住宿费问题,因此在出现有贷款的需求时,对大学生申请国家助学贷款的态度不积极。而劳动力数量多的家庭其未来收入会相应增加,即未来能帮助贫困生还款的可能性较大,因此更愿意支持贫困生申请国家助学贷款。

(3)在家庭的各类支出中,生活支出占比(X_6)在两个模型中的影响均未通过检验,说明其不是贫困大学生申请国家助学贷款需求和实际发生申请助学贷款行为的主要影响因素。可能的原因在于,贫困大学生的家庭相对都比较贫困,通常把生活支出控制在很小的范围内,较小的生活支出差距对大学生申请助学贷款的需求和实际申请行为的发生影响不大。医疗支出占比(X_8)在两个模型中均产生正向的影响,与理论假设3一致,且对贫困大学生实际发生国家助学贷款行为的正向影响在1%的显著性水平上通过了检验。这表明有医疗费用支出的贫困大学生家庭比较多,该项支出在这部分贫困生家庭各项支出中占比比较大,是影响贫困大学生申请助学贷款行为的主要因素之一。家庭中接受非义务教育的子女数(X_{11})在两个模型中的正向影响与理论假设相符,并均在1%的显著性水平上通过了检验,说明接受非义务教育的支出,因其数额较大,直接增加了贫困大学生对国家助学贷款的需求。

(4)家庭拥有的固定资产价值(X_9)对贫困大学生的国家助学贷款需求和实际发生申请国家助学贷款行为均有负向的影响,且均在1%的显著性水平上通过了检验。这与H4完全相符,说明拥有固定资产价值小的家庭往往更容易有资金的短缺问题。家庭拥有的固定资产价值对实际发生申请国家助学贷款行为的负向影响,可能源于高校在对贫困生资格的认定中,由于信息的不对称,为了避免其他类型资助出现问题的风险,出于保守或谨慎的考虑,对拥有较高固定资产、原来经济状况不太差但由于某些原因暂时致贫家庭的大学生，限制其认定为贫困生的现象比较普遍。这部分大学生通常熟悉和理解学校出台类似的政策，只能通过民间借贷来解决资金短缺问题。

(5) 贫困大学生家庭中，农业生产性支出占比(X_7)在两个模型中均未通过检验，说明传统农业中农业生产性支出差别不大，其对国家助学贷款的需求和实际申请行为的发生无显著性的影响。家庭现有耕地面积(X_4)在两个模型中均未通过检验，表明该因素不是贫困大学生产生国家助学贷款需求和实际发生申请国家助学贷款行为的主要影响因素，可能的原因在于，贫困大学生家庭拥有的耕地面积差别不大，受传统的耕作方式影响，即使耕地面积有差别，农业生产最后的收入差别也不大。非农业收入占比(X_{10})对国家助学贷款需求产生负向影响，对有贷款需要的贫困大学生实际发生申请国家助学贷款行为有正向的影响，其中，对助学贷款需求的负向影响以 1%的显著性水平通过了检验。这说明，非农业收入占比越高，家庭的收入越高，对国家助学贷款的需求就越小；而在存有助学贷款需求的家庭中，预计未来的收入越高，未来能够帮助贫困大学生按时还款，因此贫困大学生申请国家助学贷款的意愿也越高。

3.5 本章小结

本章在需求理论的基础上提出了贫困大学生的国家助学贷款需求与申请助学贷款行为的研究假设，选取来自江苏省 8 所高校的 1071 名贫困大学生作为样本进行了调查，通过统计分析和 Probit 模型计量检验，对贫困大学生的国家助学贷款需求与申请助学贷款行为的特征和影响因素进行了实证分析，为下一章详细分析国家助学贷款过度需求的存在情况、产生原因及影响因素等做准备。

描述性统计分析显示，我国贫困大学生对国家助学贷款存在普遍性的需求，以小额借贷需求为主，期望借贷期限以中期为主，超过 1/3 的贫困学生生活费需要借贷支持，但主要借贷需求仍以满足学费和住宿费为主；选择行为上，国家助学贷款是贫困大学生借贷的主渠道，在所有的借贷渠道中，贫困大学生选择国家助学贷款的比例为67.31％，高于53.18％的全国水平；部分贫困大学生对借贷渠道拘于传统认识，对国家助学贷款政策不了解，16.34％的被调查学生因为对国家助学贷款的认识有偏差而未选择国家助学贷款。

回归分析结果显示，贫困生家庭中，家长文化水平、家庭人均年收入、家庭中接受非义务教育的子女数对贫困大学生的国家助学贷款需求和实际发生申请助学贷款行为均有正向影响，家庭拥有的固定资产价值对贫困大学生的国家助学贷款需求和实际发生申请助学贷款行为均有负向影响。非农业收入占比只对贫困大学生的国家助学贷款需求有负向影响。劳动力数量和医疗支出占比只对贫困大学生实际发生申请助学贷款行为有正向的影响，家庭人口数量只对贫困大学生实际发生申请助学贷款行为有负向的影响。

4 国家助学贷款过度需求产生的影响因素

本章在需求理论的基础上，从信息不对称、过度自信、从众心理、计划行为理论和行为决策理论的角度，阐述大学生的国家助学贷款过度需求产生的影响因素，并利用江苏省8所高校贫困大学生的调查数据，进行实证检验。

4.1 研究假设

一种物品的需求，是消费者愿意而且能够支付的量，一般情况下受物品的价格、消费者的收入、相关物品的价格、消费者的偏好、消费者的预期、消费者的数量等因素影响。贷款的价格可以用贷款利率来衡量，但国家助学贷款的利率是依据央行发布的借贷基准利率确定的，相对固定，对助学贷款利率变动的影响不大，因此在分析国家助学贷款过度需求时，未考察价格变动因素对需求的影响，只分析其与替代贷款的价格比较。助学贷款是政策性贷款，受政策变化的影响较大，因此将政府政策作为外部变量纳入国家助学贷款过度需求理论分析框架。

由第二章第五节的分析已知，在对国家助学贷款政策未形成正确认知的基础上，在国家助学贷款过度需求“政策认知—产生过度需求申请意愿—形成助学贷款过度需求—确定额度期限—发生申请行为”的全过程中，申请助学贷款大学生既受价值观倾向、预期、偏好和调节聚焦等个性心理因素的影响，又受包含家庭氛围、学校或班级氛围、社会氛围等群体规范作用和对助学贷款介绍环节、审批环节、还款违约处理环节的信任等情境因素的影响。

在需求理论的基础上，综合过度自信理论、从众理论、计划行为理论、行为决策理论和信息不对称理论，结合助学贷款申请过程中大学生的认知因素、个性心理因素、社会情境因素等相关文献研究成果，对贫困大学生的国家助学贷款过度需求影响因素分析提出以下 6 个研究假设。

H1：奖助学金、勤工助学及兼职收入越多的贫困学生，其申请获批的国家助学贷款中存在过度需求的可能性越大。

学生的经济可支付能力是申请助学贷款与否的重要影响因素。随着经济社会的发展，国家加大了对贫困大学生的扶持力度。其中，国家助学金年均 3 000 元，学校提供的勤工助学岗位年均收入约为 1 500 元，这两项基本上覆盖了每个贫困生。面向贫困生定向评选国家励志奖学金，金额为每人每年 5 000 元，还有与其他同学有同等机会获得的国家奖学金、学校和企业自主设立的奖学金、部分地方政府和企业为贫困生设立的奖助学金及贫困生自己的社会兼职收入等。吴斌珍等（2011）的研究表明，贫困生获得助学金的概率和成绩呈显著正相关关系。“985”高校的学生在资助获得概率和资助金额上都具有显著性的优势，可能导致重点院校的学生资助供给大于需求、普通院校学生资助供给不足的结构性供求失衡的状态①。学习成绩和日常行为表现优秀的贫困大学生的奖助学金和兼职收入甚至可以满足学费和住宿费而不需要再申请贷款。因此，这部分学生申请的高额度的国家助学贷款中包含过度需求的额度较大。

H2：相对民间借贷和其他形式的金融机构贷款，贫困大学生申请国家助学贷款的愿望越强烈，其中存在过度需求的可能性越大。

贫困大学生家庭收入微薄且不稳定，通常要举全家之力甚至借助家族

① 张莹：《高校学生资助工作的现状与展望：以上海高校为例》，《思想理论教育》2014 年第 2 期，第 108-111 页。

的力量来供孩子上大学[①]，对国家助学贷款的需求大、强烈具有刚性[②]。国家助学贷款的替代物品为亲友间的零利息借贷、民间的有一定利息的借贷和其他形式的金融机构贷款。多数贫困大学生及其家庭认为申请有一定利息率的民间借贷和其他形式的金融机构贷款往往要找熟人托关系，要付出较高的人情成本，而且不一定获得批准[③]，这些家庭的大学生更倾向于申请国家助学贷款。国家助学贷款的实际利率因求学期间的政府全额贴息较其他形式的金融机构贷款利率低[④]，对某省 12 个地区县级资助中心 652 个办理贷款的学生样本的研究发现，6.3%的学生是为享受无息贷款和经济独立等其他原因而申请助学贷款的[⑤]。在求学期间几乎无利息成本的条件下，将申请国家助学贷款获得比较大的贷款利息福利视为资金收益，因此，这些家庭的贫困大学生会倾向于申请更多的国家助学贷款额度。

H3：贫困大学生对国家助学贷款的偏好越大，其申请额度中存在过度需求的可能性越大。

Pinto 等(2006)的研究发现，入读四年制以下学校的学生与其他传统本科学校的同龄人相比，对信用借贷有更大的偏好，更有可能产生更多的信用借贷。国家助学贷款是个人信用贷款，其特殊性在于政府用财政资金对学生在求学期间的利息进行全额补贴。第一，在校期间的政府贴息，是学生助学贷款不完全竞争市场中政府对高等教育成本的补贴，部分学生和家长未正确解读，易形成有偏差的理解[⑥]。如果贫困学生的家长文化程度较高或者较开明，对国家助学贷款政策了解得比较清楚，容易充分感

---

① 吕士伟：《供给约束与制度重构：国家助学贷款案例分析》，《金融研究》2004 年第 3 期，第 136-142 页。

② Chapman B and Liu A. *Repayment burdens of student loans for Vietnamese higher education*. Economics of Education Reviews，2013(12)：298-308.

③ 余鸣娇、谌青：《90 后大学生对国家助学贷款政策认知与行为的研究》，《高教探索》2015 年第 7 期，第 39-41 页。

④ 刘望、曹思敏：《国家助学贷款学生申请意愿的影响因素实证研究》，《湘潭大学学报》(哲学社会科学版)2013 年第 7 期，第 68-71 页。

⑤ 沈华：《中国生源地助学贷款申请成本影响因素分析》，《湖北大学学报》(哲学社会科学版)2016 年第 5 期，第 141-146 页。

⑥ 武立勋、许象明：《高校家庭经济困难学生资助政策实施效果研究：基于对北京部分高校本科毕业生的调查分析》，《国家教育行程学院学报》2016 年第 2 期，第 72-78 页。

知助学贷款政策的意义、收益等，对国家助学贷款形成正确的认知，从而支持子女申请国家助学贷款。接受非义务教育子女多的家庭中，大学生申请国家助学贷款后，家庭的收入还可以支持其弟弟或妹妹的学业支出，表现出这部分贫困大学生存有显著的利他现象。第二，在经济下行的形势下，学生父母的收入很难有较大改善甚至出现下降，以前未申请助学贷款的学生现在不得不申请贷款，企业业绩同样受到影响，原来得到企业奖助学金资助的贫困大学生也可能因此类奖助学金取消而转向申请助学贷款[①]，因此更多的贫困大学生会选择助学贷款作为自己学习费用的补充来源，对助学贷款的需求越来越大。第三，国家助学贷款帮助贫困大学生减轻求学压力、承担自己的成长责任并走向独立[②]，贫困大学生容易理解父母的辛苦，更容易产生独立的价值观倾向，更倾向于通过自己的信用申请国家助学贷款，从而形成较大的助学贷款偏好。

H4：贫困大学生对未来收入和支出的预期越不准确，其申请获批的国家助学贷款中存在过度需求的可能性越大。

边燕杰等（2015）的研究表明，在校大学生对未来就业薪酬的预期明显高于当前毕业生实际收入水平，贷款还款开始后，低收入学生会感觉负担更加沉重。在就业形势异常严峻的大背景下，贫困生与非贫困生同台比武，受个人禀赋、社会资本的制约和外部就业供求矛盾的影响，与非贫困生相比，贫困生往往处于就业弱势地位，贫困生的就业率偏低，就业质量偏下，平均薪水不高[③]。我国现行的教育体制下，高中生所做的一切都仅仅服务于高考取得好成绩，高中毕业生对大学的了解很肤浅。大学一年级、二年级学生的职业规划尚未完成，对未来的职业认识不足，导致其申请国家助学贷款时可能未曾考虑对未来的预期，甚至更不可能了解和设想自己毕业后经济上独立生活后的各项基本支出。因此，他们有可能在不对称的信息评估基础上，做出了申请更多的国家助学贷款的逆向选择，其申请国家助学贷款时对未来的预期有很大的随意性。

---

① Erdogdu F，Erdogdu E："The impact of access to ICT，student background and school/home environment on academic success of students in Turkey：An international comparative analysis"，Computers & Education，2015(82)：26-49。

② 许长青：《国家助学贷款金融生态体系创新研究》，《江苏高教》2014 年第 6 期，第 65-69 页。

③ 蔡颖：《高校贫困生与非贫困生起薪差异的实证研究》，《高教探索》2017 年第 4 期，第 113-119 页。

H5：周围的相似人群申请国家助学贷款越多，贫困大学生越愿意申请国家助学贷款，其中存在过度需求的可能性越大。

国家助学贷款的申请群体大，人数多，但是由于其利率由政府依据同期的基准利率确定，在一段时间内稳定，申请人数的规模对助学贷款利率没有影响。申请群体对国家助学贷款需求的影响主要体现在申请意愿和贷款偏好上。国人喜欢以己为中心，以远近亲疏“划圈子”，注重家庭与圈子，易受熟人影响[①]。大学生心目中重要的人认为申请国家助学贷款是合理的事情，大学生做出申请选择的可能性也就较大[②]。对于新生来说，一切环境都是陌生的，如果缺乏必要的引导，很多同学可能还没有明白是怎么回事，助学贷款的申请时限就过去了，因此，亲属、同学、父母的看法是学生申请助学贷款意愿的重要影响因素[③]。如果贫困大学生周围的相似群体或者亲朋好友家庭中的贫困大学生申请国家助学贷款的比较多、班级中其他贫困大学生申请国家助学贷款的较多，则其容易产生从众行为，对国家助学贷款的偏好会比较大，更愿意选择申请国家助学贷款。

H6：获得民政部门的贫困证明越容易，贫困大学生申请国家助学贷款获批越容易，其中存在过度需求的可能性越大。

我国国家助学贷款政策制定与操作实践存在借贷对象明确但难以评判、借贷人情况各异但政策单一等矛盾[④]，目前政策执行过程中，银行未评估贫困大学生的收入情况、未评估也很难审核贫困大学生家庭的经济情况及家庭给予的经济支持，更无法审核贫困大学生申请助学贷款的真正用途，形成了事实上的信息不对称，银行只进行形式上的贷款审核，其审核助学贷款申请的主要资料为申请助学贷款学生家庭所在地乡镇（街道）的民政部门出具的贫困证明。通常情况下，只要村委会（居委会）为贫困大学生家庭出具了贫困证明，当地乡镇（街道）的民政部门就会为该生出具贫困证明。村委

---

① 潘煜、高丽、张星等：《中国文化背景下的消费者价值观研究：量表开发与比较》，《管理世界》2014年第4期，第90-106页。

② 于基伯、朱学义：《国家助学贷款高违约率下高校的风险管理策略：基于江苏省11所高校的调查分析》，《会计之友》2014年第36期，第102-106页。

③ 郑萍：《贫困生资助体系视角下的大学生欠费问题研究：基于广东某学院的个案研究》，《教育与经济》2009年第4期，第28-32页。

④ 沈红：《国家助学贷款：政策与实践中的既成矛盾》，《北京大学教育评论》2004年第1期，第7-9页。

会(居委会)一般无须对出具的贫困证明承担实质性的责任,且村委会(居委会)的成员皆为熟识的邻居,从村委会(居委会)开具贫困证明比较顺利。故即使经济不困难的学生家庭,也容易获得贫困证明,从而导致学生申请并获得国家助学贷款,形成过度需求。

4.2 实证研究设计

4.2.1 模型构建

对国家助学贷款过度需求的度量主要参考 Richardson(2006)、窦欢(2014)等对上市公司过度投资行为度量的思想,首先建立国家助学贷款需求模型[模型(1)]估计贫困大学生对国家助学贷款的合理需求水平,然后用其实际获批的国家助学贷款额度减去估计的合理需求水平,把二者之差大于零的一组作为假设检验模型[模型(2)]的检验样本,大于零的实际差额作为贫困大学生对国家助学贷款的过度需求水平。

4.2.1.1 国家助学贷款需求模型

根据第三章对贫困大学生的国家助学贷款需求与实际发生申请国家助学贷款行为进行的实证研究,运用 Probit 模型对贫困大学生的助学贷款需求和申请国家助学贷款行为的影响因素进行了实证分析。结果表明,贫困大学生对助学贷款的需求与实际发生申请助学贷款行为深受家庭经济情况影响。家庭人口数量、家庭子女数、家庭接受非义务教育人数、家庭人均年收入、家庭固定资产价值、家庭劳动力数量、本人月生活费、父母文化水平、非义务教育支出占比、家庭医疗支出占比 10 个指标对贫困大学生的国家助学贷款需求和申请助学贷款行为均有显著的影响[①]。

为找出以上各变量中潜在的结构,运用因子分析法对上述 10 个因素进

① 于基伯等:《农村贫困大学生助学贷款需求与贷款行为实证研究:基于江苏省 8 所高校的调查》,《农村经济》2017 年第 10 期,第 98-103 页。

行降维处理。因子分析常用主成分法提取变量的共同因素。根据Kaiser(1971)的观点，可以从取样适切性量数(KMO)值来判断是否适合进行因子分析。若 KMO 值为 0.6 以上，说明因子分析适切性为普通，勉强可进行因素分析；若 KMO 值为 0.7 以上，说明因子分析适切性为适中，尚可进行因素分析；若 KMO 值为 0.8 以上，说明因子分析适切性为良好，适合进行因素分析；若 KMO 值为 0.9 以上，说明因子分析适切性为极佳，极适合进行因素分析。

对大学生的国家助学贷款需求与实际发生申请国家助学贷款行为影响因素的因子分析结果如表 4-1 和表 4-2 所示。

表 4-1　KMO 和巴特利特检验结果

项目	检验结果	
KMO	0.612	
巴特利特球形度检验	近似卡方	1 466.758
	自由度	45
	显著性	0.000

由表 4-1 可知，KMO 值为 0.612，大于 0.6；由巴特利特的球形度检验近似卡方为 1 466.758 和显著性为 0.000(小于 0.05)可知，所选择的指标可以进行进一步的因子分析。

表 4-2　因子分析的累计变异量

成分	初始特征值			提取平方和载入		
	合计	方差/%	累计/%	合计	方差/%	累计/%
1	2.067	20.668	20.668	2.067	20.668	20.668
2	1.791	17.909	38.576	1.791	17.909	38.576
3	1.123	11.433	50.010	1.123	11.433	50.010
4	0.961	9.513	59.523			
5	0.950	9.396	68.919			

表 4-2(续)

成分	初始特征值			提取平方和载入		
	合计	方差/%	累计/%	合计	方差/%	累计/%
6	0.823	8.226	77.146			
7	0.752	7.516	84.662			
8	0.653	6.528	91.191			
9	0.618	6.181	97.371			
10	0.263	2.629	100.000			

在社会科学领域中，所萃取的共同因素的累计变异量能达到60%以上的就表示共同因素是可靠的；若共同因素累计解释变异量在50%以上，因素分析的结果也可以接受。① 由表4-2可知，共同因素分析的结果可靠。

通过因子分析，国家助学贷款需求模型的解释变量共提取了3个成分。成分提取情况如表4-3所示，成分得分系数情况如表4-4所示。

表 4-3 国家助学贷款需求模型解释变量成分提取结果

指标	成分		
	1	2	3
家庭人均年收入(AIF)	−0.301	0.647	0.141
家庭固定资产价值(FAV)	−0.261	0.542	0.146
家庭人口数量(FAP)	0.871	0.144	−0.060
家庭劳动力数量(NHL)	0.396	0.422	−0.019
本人月生活费(MLE)	−0.117	0.531	0.125
家庭子女数(NCF)	0.866	0.037	−0.104
父母文化水平(PAC)	−0.057	0.644	−0.047
家庭医疗支出占比(HME)	−0.011	−0.160	0.608
家庭接受非义务教育人数(NNE)	0.470	0.273	0.418
家庭非义务教育支出占比(NEE)	0.073	−0.285	0.710

① 吴明隆:《问卷统计分析实务:SPSS操作与应用》，重庆大学出版社2010年版，第195-205页。

表 4-4 国家助学贷款需求模型解释变量提取公共因子得分系数表

指标	成分		
	1	2	3
家庭年人均年收入(AIF)	−0.145	0.361	0.125
家庭固定资产价值(FAV)	−0.126	0.303	0.130
家庭人口数(FAP)	0.421	0.081	−0.053
家庭劳动力数量(NHL)	0.191	0.235	−0.017
本人月生活费(MLE)	−0.057	0.296	0.111
家庭子女数(NCF)	0.419	0.021	−0.092
父母文化水平(PAC)	−0.027	0.360	−0.042
家庭医疗支出占比(HME)	−0.006	−0.089	0.541
家庭接受非义务教育人数(NNE)	0.228	0.153	0.373
家庭非义务教育支出占比(NEE)	0.035	−0.159	0.632

据此，建立国家助学贷款需求模型(1)：

$$DNSL = \alpha + \alpha_1 F_1 + \alpha_2 F_2 + \alpha_3 F_3 + \varepsilon \qquad (1)$$

其中，$DNSL$ 为贫困大学生对国家助学贷款的需求。如表 4-3 所示，F_1(成分 1)包含家庭人口数、家庭子女数、家庭接受非义务教育人数 3 个指标，可以解释为家庭人口及子女情况。F_2(成分 2)包含家庭人均年收入、家庭固定资产价值、家庭劳动力数量、本人月生活费、父母文化水平 5 个指标，可以解释为家庭收入情况。F_3(成分 3)包含家庭非义务教育支出占比、家庭医疗支出占比 2 个指标，可以解释为家庭非义务教育与医疗支出情况。

模型(1)中：

$F_1 = -0.145\ AIF - 0.126\ FAV + 0.421\ FAP + 0.191\ NHL - 0.057\ MLE + 0.419\ NCF - 0.027\ PAC - 0.006\ HME + 0.228\ NNE + 0.035\ NEE$

$F_2 = 0.361\ AIF + 0.303\ FAV + 0.081\ FAP + 0.235\ NHL + 0.296\ MLE + 0.021\ NCF + 0.360\ PAC - 0.089\ HME + 0.0153\ NNE + 0.159\ NEE$

$F_3 = 0.125\ AIF + 0.130\ FAV - 0.053\ FAP - 0.017\ NHL + 0.111\ MLE - 0.092\ NCF - 0.042\ PAC + 0.541\ HME + 0.373\ NNE + 0.632\ NEE$

模型(1)中 3 个成分的拟合值即表示该贫困大学生对国家助学贷款的

年度需求额，残差 ε 即表示对国家助学贷款的非有效需求。若 $\varepsilon>0$，即表示存在过度需求；若 $\varepsilon\leqslant 0$，即表示不存在过度需求。

4.2.1.2 国家助学贷款过度需求假设检验实证模型

把模型(1)中的残差值进行处理作为被解释变量，建立模型(2)：

$$EXD=\beta_0+\beta_1 SU+\beta_2 PR+\beta_3 EX+\beta_4 QD+\beta_5 PP+\delta \qquad (2)$$

其中，EXD 为贫困大学生对国家助学贷款的过度需求。SU 为替代贷款，PR 为贷款偏好，EX 为预期收入，QD 为申贷者数量，PP 为助学贷款政策。根据理论分析及研究假设，模型(2)共涉及 6 个解释变量。问卷设计过程中，笔者走访了某部属重点高校资助管理中心的工作人员、中国银行南京分行负责国家助学贷款的相关工作人员及徐州市国家开发银行的相关工作人员，合理设定了观测题项，采用李克特量表采集调查数据。经试调查，对问卷的观测题项进行了修改，最终确定每个解释变量采用 3 个题项进行调查。

为进一步分析国家助学贷款过度需求中，性别和生源地区对助学贷款的过度需求是否有明显的影响，在模型(2)中增加性别和生源地虚拟变量，构建模型(3)。

$$EXD=\beta_0+\beta_1 SU+\beta_2 PR+\beta_3 EX+\beta_4 QD+\beta_5 PP+\beta_6 IN+MF+LC+\delta \qquad (3)$$

其中，IN 表示在校收入，MF 表示性别，LC 表示生源地，其他变量含义同前。

4.2.2 变量定义

各变量的含义如表 4-5 所示。

4.2.3 信度检验

信度代表量表的一致性，在社会科学领域对类似李克特量表的信度估计，采用最多的是克隆巴赫系数(cronbach α)。系数大于 0.6 时，表示问卷的一致性较好。调查问卷的信度检验结果如表 4-6 所示。

表 4-5 假设检验实证模型变量设定表

类型	名称		说明	参考依据
被解释变量	过度需求(EXD)		取值为1或0,模型(1)中残差大于零的记为1,其他记为0	
解释变量	在校收入(IN)	IN1	当获得较高的奖助学金时,我不会降低下一次贷款申请额度	周丽萍(2017)
		IN2	当获得较高的兼职收入时,我不会降低下一次贷款申请额度	
		IN3	有较高的勤工助学收入时,我不会降低下一次贷款申请额度	
	替代贷款(SU)	SU1	国家助学贷款容易获批,便于我申请助学贷款	于基伯等(2014)
		SU2	国家助学贷款程序简单,申请贷款很方便	刘望等(2013)
		SU3	国家助学贷款利率低,相比其他贷款我更愿意申请	沈华(2016)
	贷款偏好(PR)	PR1	父母文化程度高、理解国家助学贷款,愿意让我申请	Volkwein 等(1998) Choy 等(2006)
		PR2	如果家里不困难,我也愿意申请国家助学贷款	黄维等(2018)
		PR3	我是家里第一个大学生,申请贷款留下钱给弟、妹	Volkwein 等(1995) 于基伯等(2017)
	预期收入(EX)	EX1	申请贷款时我参考了本专业毕业5年左右的就业行业和岗位	Woo(2002b) Goodell(2016)
		EX2	申请贷款时我了解了本专业毕业生近3年的收入水平	
		EX3	申请贷款时我考虑(预估)了毕业5年左右的支出情况	

表 4-5(续)

类型	名称		说明	参考依据
解释变量	申贷者数量(QD)	QD1	亲戚的孩子申请了助学贷款，所以我也选择申请国家助学贷款	郑萍(2009)
		QD2	老师介绍可以申请助学贷款，所以我选择申请国家助学贷款	于基伯等(2014)
		QD3	班里好几个同学申请了贷款，我也选择申请国家助学贷款	郑萍(2009)
	助学贷款政策(PP)	PP1	不清楚助学贷款的约束性政策，我每年都满额申请贷款	黄敬宝(2007)
		PP2	不太清楚违约的后果，我申请贷款时未考虑该因素	Christman(2000)
		PP3	贫困证明容易获得，申请国家助学贷款容易获批	赵振宇(2014)
	性别	MF	取值为 1 或 0，男性取值为 1，女性取值为 0	Cho 等(2016)
	生源地	LC	取值为 1 或 0，东部地区取值为 1，中西部及东北地区取值为 0	黄敬宝(2007)

表 4-6 调查问卷的信度分析

量表层次	在校收入(IN)	替代贷款(SU)	贷款偏好(PR)	预期收入(EX)	申贷者数量(QD)	助学贷款政策(PP)
克隆巴赫系数	0.893	0.701	0.739	0.835	0.824	0.761

表 4-6 的数据显示，各维度的克隆巴赫系数均大于 0.7，说明问卷的一致性较好。

4.2.4 效度检验

效度指能够测到该测验所欲测到的(调查者所设计的)心理或行为特

质到何种程度。效度包括内容效度、校标关联效度和建构效度。建构效度由于有理论的逻辑分析基础，又根据实际所得资料来检验理论的正确性，是一种相当严谨的效度检验方法。行为及社会科学研究领域中，建构效度的检验最常用的方法是因子分析。

针对调查问卷的6个层面，分别采用探索性因子分析进行建构效度检验，具体结果如表4-7至表4-18所示。

4.2.4.1 在校收入(IN)的效度分析

表4-7 在校收入(IN)的KMO和巴特利特检验

项目	检验结果	
KMO取样适切性量数	0.720	
巴特利特球形度检验	近似卡方	1 898.351
	自由度	3
	显著性	0.000

由表4-7可知，KMO值为0.720，大于0.6；由Bartlett的球形度检验近似卡方为1 898.351和显著性为0.000(小于0.05)可知，所选择的指标可以进行进一步的因子分析。

表4-8 在校收入(IN)的累计变异量

成分	初始特征值			提取载荷平方和		
	总计	方差/%	累计/%	总计	方差/%	累计/%
1	2.473	82.448	82.448	2.473	82.448	82.448
2	0.364	12.147	94.595			
3	0.162	5.405	100.000			

表4-8所萃取的共同因素的累计变异量为82.448%，达到60%以上，表示共同因素是可靠的。

4.2.4.2 替代贷款(SU)的效度分析

表 4-9 替代贷款(SU)的 KMO 和巴特利特检验

项目		检验结果
KMO 取样适切性量数		0.602
巴特利特球形度检验	近似卡方	702.784
	自由度	3
	显著性	0.000

表 4-9 中,KMO 值为 0.602,大于 0.6;由 Bartlett 的球形度检验近似卡方为 702.784 和显著性为 0.000、小于 0.05 可知,所选择的指标可以进行进一步的因子分析。

表 4-10 替代贷款(SU)的总方差解释

成分	初始特征值			提取载荷平方和		
	总计	方差/%	累计/%	总计	方差/%	累计/%
1	1.904	63.469	63.469	1.904	63.469	63.469
2	0.754	25.142	88.611			
3	0.342	11.389	100.000			

表 4-10 所萃取的共同因素的累计变异量为 63.469%,达到 60%以上,表示共同因素是可靠的。

4.2.4.3 贷款偏好(PR)的效度分析

表 4-11 贷款偏好(PR)的 KMO 和巴特利特检验

项目		检验结果
KMO 取样适切性量数		0.700
巴特利特球形度检验	近似卡方	1 681.591
	自由度	3
	显著性	0.000

表4-11中，KMO值为0.700，大于0.6；由巴特利特的球形度检验近似卡方为1 681.591和显著性为0.000(小于0.05)可知，所选择的指标可以进行进一步的因子分析。

表4-12　贷款偏好(PR)的总方差解释

成分	初始特征值			提取载荷平方和		
	总计	方差/%	累计/%	总计	方差/%	累计/%
1	2.294	79.134	79.134	2.294	79.134	79.134
2	0.380	11.665	90.798			
3	0.326	9.201	100.000			

表4-12所萃取的共同因素的累计变异量为79.134%，达到60%以上，表示共同因素是可靠的。

4.2.4.4　预期收入(EX)的效度分析

表4-13　预期收入(EX)的KMO和巴特利特检验

项目	检验结果	
KMO取样适切性量数	0.688	
巴特利特球形度检验	近似卡方	1 293.804
	自由度	3
	显著性	0.000

表4-13中，KMO值为0.668，大于0.6；由巴特利特的球形度检验近似卡方为1 293.804和显著性为0.000(小于0.05)可知，所选择的指标可以进行进一步的因子分析。

表4-14　预期收入(EX)的总方差解释

成分	初始特征值			提取载荷平方和		
	总计	方差/%	累计/%	总计	方差/%	累计/%
1	2.272	75.744	75.744	2.272	75.744	75.744
2	0.481	16.031	91.775			
3	0.247	8.225	100.000			

表 4-14 所萃取的共同因素的累计变异量为 75.774%，达到 60%以上，表示共同因素是可靠的。

4.2.4.5　申贷者数量(QD)的效度分析

表 4-15　申贷者数量(QD)的 KMO 和巴特利特检验

项目	检验结果	
KMO 取样适切性量数	0.622	
巴特利特球形度检验	近似卡方	1 573.570
	自由度	3
	显著性	0.000

表 4-15 中，KMO 值为 0.622，大于 0.6；由巴特利特的球形度检验近似卡方为 1 573.570 和显著性为 0.000(小于 0.05)可知，所选择的指标可以进行进一步的因子分析。

表 4-16　申贷者数量(QD)的总方差解释

成分	初始特征值			提取载荷平方和		
	总计	方差/%	累计/%	总计	方差/%	累计/%
1	2.234	74.451	74.451	2.234	74.451	74.451
2	0.620	20.658	95.109			
3	0.147	4.891	100.000			

表 4-16 所萃取的共同因素的累计变异量为 74.451%，达到 60%以上，表示共同因素是可靠的。

4.2.4.6　助学贷款政策(PP)的效度分析

表 4-17　助学贷款政策(PP)的 KMO 和巴特利特检验

项目	检验结果	
KMO 取样适切性量数	0.664	
巴特利特球形度检验	近似卡方	779.280
	自由度	3
	显著性	0.000

表 4-17 中，KMO 值为 0.664，大于 0.6；由巴特利特的球形度检验近似卡方为 779.280 和显著性为 0.000（小于 0.05）可知，所选择的指标可以进行进一步的因子分析。

表 4-18　助学贷款政策（PP）的总方差解释

成分	初始特征值			提取载荷平方和		
	总计	方差/%	累计/%	总计	方差/%	累计/%
1	2.032	67.726	67.726	2.032	67.726	67.726
2	0.588	19.610	87.336			
3	0.380	12.664	100.000			

表 4-18 所萃取的共同因素的累计变异量为 67.726%，达到 60%以上，表示共同因素是可靠的。

综上所述，调查问卷的 6 个层面均通过了效度检验。

4.2.5　样本选取及数据来源

按照“部属高校、省属高校、独立学院”的分类方法，在江苏省内选取 8 所高校，运用判断抽样法对申请国家助学贷款的贫困大学生进行了两次调查。第一次调查在 2014 年 12 月进行，在每所被调查的高校内分别选取两个学院的 2012 级和 2013 级学生发放问卷，共发放 1227 份，除去无效问卷最终获得有效样本 1071 个，有效率为 87.29%。2015 年 7 月 8 日，国务院总理李克强主持召开国务院常务会议，决定将助学贷款最长期限由原先的 10 年、14 年，统一延长至 20 年。因为国家助学贷款还款政策发生了重大变化，笔者于 2016 年 11 月又进行了第二次调查，共发放调查问卷 1 000 份，除去无效问卷最终获得有效问卷 875 份，有效率为 87.5%。对收集的数据进行了信度分析和效度分析，结果表明问卷具有较高的可靠性和有效性。

4.3 描述性统计分析

样本选取的贫困大学生生源地分别来自25个省(自治区、直辖市),具体为:河南241个、江苏227个、山东215个、安徽208个、四川119个、重庆106个、甘肃79个、河北73个、贵州68个、山西59个、黑龙江64个、陕西52个、辽宁48个、湖南47个、内蒙古43个、湖北40个、江西38个、云南38个、吉林36个、广东34个、宁夏30个、广西27个、青海21个、天津19个、新疆14个。被调查的贫困大学生家庭的主要经济特征如表4-19所示。

表4-19 贫困大学生家庭的经济特征

项目	选项	个数	所占比例/%	累计比例/%
家庭人口数	3人及以下	308	15.83	15.83
	4～5人	1 246	64.03	79.86
	6人及以上	392	20.14	100
家庭劳动力人数	1人及以下	672	34.53	34.53
	2人	1100	56.53	91.06
	3人及以上	174	8.94	100
家长文化水平	小学及以下	784	40.29	40.29
	初中	980	50.36	90.65
	高中及以上	182	9.35	100
家庭人均年收入水平	2 300元以下	763	39.21	39.21
	2 300～4 200元	763	39.21	78.42
	4 200～7 200元	280	14.39	92.81
	7 200元以上	140	7.19	100
家庭固定资产价值	1万元以下	987	50.72	50.72
	1万～3万元	686	35.25	85.97
	3万～5万元	217	11.15	97.12
	5万元以上	56	2.88	100

表 4-19(续)

项目	选项	个数	所占比例/%	累计比例/%
非农业收入占家庭总收入的比例	10%以下	525	26.98	26.98
	10%~30%	462	23.74	50.72
	30%~50%	280	14.39	65.11
	50%~70%	224	11.51	76.62
	70%以上	455	23.38	100
家庭医疗支出占比	10%以下	247	12.69	12.69
	10%~30%	825	42.39	55.08
	30%~50%	469	24.11	79.19
	50%~70%	348	17.88	97.07
	70%以上	57	2.93	100
家庭中接受非义务教育的人数	1人	924	47.48	47.48
	2人	840	43.17	90.65
	3人以上	182	9.35	100

注:非义务教育主要是指研究生教育、本科教育和高中教育。

贫困大学生家庭中,人口数量在4人及以上的家庭在调查总数中的比例为84.17%,劳动力人数在2人及以下的家庭占调查总数的91.06%,家长文化水平为初中及以下的占调查总数的90.65%,家庭年人均纯收入处于相对贫困线以下的比例为78.42%,所拥有的固定资产价值在3万元以下的家庭在调查总数中的占比为85.97%,家庭收入中非农业收入占比低于30%的家庭在调查总数中的比例为50.72%,医疗支出占比在30%及以上的家庭占调查总数的44.92%,有两人及以上的学生正在接受非义务教育的家庭在调查总数中的比例为52.52%。可以看出,调查样本的家庭人数多而劳动力人数少,以从事传统农业生产为主,收入水平低,拥有的固定资产少,承受的医疗支出和教育支出负担较重,父母文化水平较低,对国家助学贷款的需求大。

4.4 回归结果分析与讨论

4.4.1 还款政策改变前的分析与讨论

运用 Stata12.0 对第一次调查(还款政策改变前)得到的 1 071 个调查数据进行实证分析。模型(2)和模型(3)各变量的实证检验结果如表 4-20 所示。

表 4-20 模型(2)和模型(3)实证检验结果

变量	模型(2)	VIF	模型(3)	VIF
IN1	0.126*** (−14.985)	2.420	0.125*** (−14.775)	2.473
IN2	0.103*** (−8.797)	4.442	0.107*** (−9.118)	4.609
IN3	0.01 (−0.817)	4.485	0.013 (−1.078)	4.591
SU1	0.039*** (−5.191)	2.107	0.038*** (−5.065)	2.125
SU2	0.038*** (−4.149)	2.758	0.035*** (−3.79)	2.787
SU3	0.012* (−1.841)	1.567	0.013* (−1.949)	1.581
PR1	0.015** (−2.284)	1.415	0.013** (−2.02)	1.449
PR2	0.008 (−1.16)	1.513	0.01 (−1.39)	1.582
PR3	0.020*** (−3.641)	1.266	0.022*** (−3.921)	1.276
EX1	−0.046*** (−5.811)	2.111	−0.044*** (−5.472)	2.159

表 4-20(续)

变量	模型(2)	VIF	模型(3)	VIF
EX2	−0.048*** (−4.980)	2.485	−0.045*** (−4.730)	2.499
EX3	0.012 (−1.263)	2.587	0.012 (−1.271)	2.613
QD1	0.025*** (−2.75)	2.287	0.025*** (−2.807)	2.289
QD2	0.040*** (−5.415)	1.662	0.041*** (−5.628)	1.663
QD3	0.023** (−2.483)	2.248	0.022** (−2.459)	2.251
PP1	0.109*** (−13.5)	1.979	0.109*** (−13.354)	2.055
PP2	0.000 (−0.015)	2.142	0.000 (−0.052)	2.195
PP3	0.040*** (−5.747)	1.413	0.038*** (−5.521)	1.453
MF			−0.098*** (−4.457)	1.058
LC			−0.038* (−1.670)	1.384
常数项	−1.188*** (−6.501)		−1.135*** (−6.227)	
F	49.073		44.164	
调整后的 R^2	0.467		0.478	
DW	2.079		2.123	

注：*、**、*** 分别表示在 10%、5%和 1%的水平上通过显著性检验。

政策调整前，模型(2)和模型(3)的调整后的 R^2 为 0.467 和 0.478，表明回归方程对因变量的解释程较好，DW 值为 2.079 和 2.123，表明基本不存在自相关问题。F 统计量为 49.073 和 44.164，表明还款政策改变前模型(2)和模型(3)整个回归关系的显著性通过了检验。两个模型中各解释变量的 VIF 值均小于 5,表明模型的各解释变量不存在明显的多重共线性问题。对两个模型的实证分析如下：

(1) 在校收入因素中,IN1 和 IN2 均在 1%的显著性水平上通过了检验,说明当贫困生获得较高的奖助学金和兼职收入时,不会降低申请国家助学贷款的额度,假设 1 得到了验证。IN3 未通过检验,可能的原因在于勤工助学是大学生利用课余时间在学校设立的助学岗位上为同学服务、满足服务时间限度后获得助学收入,其数额一般较低,对贫困生收入的增加影响不大。

在奖助学金和兼职收入带来的在校收入能够满足学费和住宿费总额的情况下,贫困大学生继续申请助学贷款获批后即为过度需求的贷款。需要说明的是,申请者在使用这部分过度需求的助学贷款过程中,无论是合理地用于其他教育投资还是非合理地用于其他获利投资及高档消费,如在校园内创业、投资于股市、购买高档消费品等,实际上都是改变(或者变相地改变)了国家助学贷款的用途,与国家助学贷款用于学费和住宿费的政策规定相背,容易导致国家助学贷款违约风险。这种改变贷款用途的行为,可能是因为国家助学贷款在校期间不需要自己支付利息而形成的一种主观上的恶意行为,也可能是由于对国家助学贷款政策用途约束政策条款不熟悉而导致的无意识行为。

(2) 替代贷款因素中,SU1 和 SU2 均在 1%的显著性水平上通过了检验,SU3 在 10%的显著性水平上通过了检验,假设 2 得到了验证。这说明国家助学贷款由于申请的便利性、利率低和申请操作的公开性等原因在与其他贷款相比较中特点鲜明,能够为申请学生节省精力和利息支出,使得学生在所有的贷款方式中更倾向于选择国家助学贷款。在这种较强的申请意愿中,存在对助学贷款过度需求的可能性也会相应地提高。

(3) 贷款偏好因素中,PR1 和 PR3 分别在 5%和 1%的显著性水平上通过了检验,PR2 未通过检验。这说明大部分贫困生独立性强,希望通过自己的信用以贷款的方式用自己将来的努力和奋斗完成现在的大学支出,表明他们对国家助学贷款的需求大且迫切,容易导致对国家助学贷款产生过度的需求。

(4) 预期收入因素中,EX1 和 EX2 均在 1%的显著性水平上通过了检验,EX3未通过检验。EX1和EX2的检验结果与假设相反,可能的原因为贫困生在申请助学贷款时,参考了近5年与本专业相关的就业岗位的就业率和收入等情况,其对收入的预期合理,申请行为趋于谨慎和理性,从而避免出现过度需求行为。综合这3个观测变量的检验结果及分析,可以合理推断,如果在申请国家助学贷款时没有考虑未来5年左右的支出情况及就业岗位等信息,没有考虑到毕业后自己将面对突然增多的各项生活支出,尤其是选择继续攻读硕士学位毕业后两三年内即面临住房和结婚的现实,以为自己毕业后近几年内的收入足够偿还助学贷款本息,这些学生在申请国家助学贷款时更易选择最高额度,产生过度需求。

(5)申贷者数量因素中,QD1和QD2均在1%的显著性水平上通过了检验,QD3在5%的显著性水平上通过了检验。检验结果说明贫困生在申请国家助学贷款的时候受到亲友、老师和其他相似同学申请的影响,容易产生盲目和从众的心理而倾向于申请助学贷款,从而产生过度的需求,验证了假设5。

(6)助学贷款政策因素中,PP2未通过检验,PP1和PP3均在1%的显著性水平上通过了验证,与假设6相符。贫困证明的易得性使不太贫困的大学生也能申请国家助学贷款,其申请并获批的国家助学贷款即形成了对助学贷款的过度需求。学生在申请助学贷款的时候未考虑将来还款违约的后果,只注重贷款的申请,表明这笔贷款在申请的过程中存在着非理性行为,其申请者有存在过度需求的可能。

以上对表4-20检验结果的分析表明,替代贷款、贷款偏好、预期收入、申贷者数量和助学贷款政策对贫困大学生申请国家助学贷款形成了一种综合的影响,导致部分贫困大学生对国家助学贷款产生了过度的需求。这种综合的影响也显示出这部分贫困大学生在进行申请国家助学贷款决策的时候存在一种非理性倾向,未理性地确定合适的国家助学贷款申请额度。

(7)虚拟变量中,性别(MF)在1%的显著性水平上通过了检验,表明男生和女生在国家助学贷款过度需求中有显著的差异,女生对国家助学贷款的过度需求比男生更显著。生源地区(LC)在10%的显著性水平上通过了检验,说明生源地区差异对贫困大学生的国家助学贷款过度需求有显著影响,非东部地区对国家助学贷款的过度需求产生显著的正向影响。

心理学的相关研究显示,男性学生对风险的偏好比女性学生大、东部地区的学生受经济发展水平较高影响风险偏好较其他地区大,故男性和东部生源地区两个因素对助学贷款中的过度需求会有显著的正向影响。从表4-20的检验结果中得出的结论与之相反,原因可能在于:一方面如前文所述,贫困大学生是在多个因素综合影响下形成对国家助学贷款过度需求的非理性行为的,偏好因素在其中的作用不显著;另一方面是近年来女生获得较高额度奖学金的比例较高,尤其在人文社科领域女生获得较高奖学金的比例远高于男生的现象更为突出,获得较高额度奖学金的贫困女大学生继续满额申请国家助学贷款容易导致对助学贷款的过度需求。另外,由于经济社会发展水平较高,东部地区贫困大学生(家庭)对国家助学贷款的认识更准确,其申请助学贷款的决策更趋于理性,其申请的助学贷款额度较为合理,不易产生过度需求,相比之下,非东部地区生源地的贫困大学生由于受对国家助学贷款的需求更大更迫切、贫困证明更易获得等原因影响,其申请助学贷款的决策欠理性,更容易产生对国家助学贷款的过度需求。

4.4.2 还款政策改变后的分析与讨论

为进一步分析助学贷款还款期限延长对贫困大学生国家助学贷款过度需求的影响,对第二次调查的数据利用模型(2)和模型(3)进行了实证检验,结果如表4-21所示。

表4-21 助学贷款还款期限延长后的实证分析结果

变量	模型(2)	VIF	模型(3)	VIF
IN1	0.075*** (−10.579)	2.273	0.065*** (−9.498)	2.335
IN2	0.096*** (−8.826)	4.756	0.091*** (−9.498)	4.778
IN3	0.035*** (−3.292)	4.630	0.041*** (−3.991)	4.679

表 4-21(续)

变量	模型(2)	VIF	模型(3)	VIF
SU1	0.030*** (−4.668)	1.694	0.021*** (−3.281)	1.746
SU2	0.035*** (−5.669)	1.533	0.033*** (−5.444)	1.600
SU3	0.032*** (−4.576)	1.280	0.042*** (−6.257)	1.327
PR1	0.022*** (−3.822)	1.239	0.027*** (−4.785)	1.263
PR2	0.026*** (−3.786)	1.485	0.022*** (−3.366)	1.496
PR3	0.016*** (−3.124)	1.231	0.015*** (−3.089)	1.276
EX1	−0.027*** (−3.528)	1.823	−0.026*** (−3.494)	1.925
EX2	0.009 (−0.78)	3.443	0.012 (−1.097)	3.465
EX3	−0.012 (−1.062)	3.258	−0.017 (−1.572)	3.302
QD1	0.039*** (−4.203)	2.755	0.036*** (−4.141)	2.777
QD2	0.005 (−0.597)	2.291	0.016** (−0.597)	2.363
QD3	0.091*** (−10.652)	2.412	0.089*** (−10.882)	2.442
PP1	0.052*** (−6.862)	1.924	0.045*** (−6.285)	1.945
PP2	0.031*** (−5.058)	1.546	0.039*** (−6.538)	1.588
PP3	0.014** (−2.488)	1.301	0.016*** (−2.934)	1.346

表 4-21(续)

变量	模型(2)	VIF	模型(3)	VIF
MF			−0.063*** (−3.637)	1.156
LC			−0.120*** (−5.463)	1.377
常数项	−1.323*** (−8.822)		−1.261*** (−8.778)	
F	47.898		49.484	
调整后的 R^2	0.491		0.538	
DW	1.77		1.879	

注：*、**、*** 分别表示在 10%、5%和 1%的水平上通过显著性检验。

还款政策调整后，模型(2)和模型(3)的调整 R^2 为 0.491 和 0.538，表明回归方程对因变量的解释程较好，DW 值为 1.77 和1.879，表明基本不存在自相关问题。F 统计量为 47.898 和 49.484，表明还款政策改变后模型(2)和模型(3)整个回归关系的显著性通过了检验。两个模型中各解释变量的 VIF 值均小于 5，表明模型的各解释变量不存在明显的多重共线性问题。对两个模型的实证分析如下：

与政策改变前相比，在校收入、替代贷款和贷款偏好三个因素所有变量检验结果的显著性水平有明显的提升，在模型(2)和模型(3)中均在 1%的显著性水平上通过了检验。在预期因素中，EX2 由 1%显著性水平上的通过检验变为在模型(2)和模型(3)中均未通过检验。在申贷者数量因素中，QD2 在模型(2)由政策改变前的在 1%显著性水平上的通过检验变为未通过检验，但在模型(3)中以 5%的显著性水平通过了检验。在助学贷款政策因素中，PP2 在模型(2)和模型(3)中由政策改变前的未显著通过检验变为在 1%的显著性水平上通过检验，其他变量未发生重大变化，均验证了前文提出的研究假设。

上述变化表明，助学贷款还款期限延长以后，获得在校收入多，对比其他贷款形式、对助学贷款偏好大的大学生申请的助学贷款中存在过度需求的可能性更大；贫困大学生由于不清楚助学贷款的约束性政策，愿意每年满额申请助学贷款，从而使所申请的国家助学贷款中存在过度需求的可能性更大。可能的原因在于，还款期限延长至20年后，申请助学贷款学生毕业后，每月还款的额度将有明显的减少，意味着在其他因素不变的情况下每月的实际收入有增加，故影响贫困大学生申请更多的助学贷款，其中也必然包含更多的助学贷款过度需求。

4.5 稳健性检验

在设计问卷时，问卷包含题项“你认为国家助学贷款申请中是否存在过度需求”，把被访者认为“存在过度需求”赋值为1，把被访者认为“不存在过度需求”赋值为0。将这一项调查结果作为模型(2)和模型(3)的被解释变量重新对本书的假设进行了实证检验。稳健性检验结果如表4-22所示。

表4-22 稳健性检验结果

变量	还款政策改变前		还款政策改变后	
	模型(2)	模型(3)	模型(2)	模型(3)
IN1	0.097*** (8.865)	0.097*** (8.807)	0.067*** (7.216)	0.055*** (6.603)
IN2	−0.077*** (−5.063)	−0.085*** (−5.534)	0.049*** (3.461)	0.042*** (3.048)
IN3	0.011 (0.686)	0.017 (1.113)	−0.001 (−0.047)	0.003 (0.192)
SU1	0.041*** (4.418)	0.041*** (4.151)	0.037*** (4.378)	0.028*** (3.328)
SU2	0.023* (1.899)	0.020* (1.645)	0.021*** (2.605)	0.013 (1.583)
SU3	0.008 (0.940)	0.010 (1.357)	0.031*** (3.386)	0.045*** (5.058)
PR1	0.021** (2.465)	0.021** (2.500)	0.014* (1.782)	0.021*** (2.810)

表 4-22(续)

变量	还款政策改变前		还款政策改变后	
	模型(2)	模型(3)	模型(2)	模型(3)
PR2	0.006 (0.674)	0.010 (1.152)	0.045*** (4.946)	0.042*** (4.761)
PR3	0.009 (1.181)	0.010 (1.357)	0.018*** (2.748)	0.019*** (2.977)
EX1	−0.034*** (−3.316)	−0.029*** (−2.815)	−0.037*** (−3.369)	−0.029*** (−2.870)
EX2	−0.044*** (−3.509)	−0.043*** (−3.415)	−0.024* (−1.651)	−0.018 (−1.312)
EX3	0.012 (0.972)	0.010 (0.783)	−0.008 (−0.587)	−0.010 (−0.720)
QD1	0.012 (0.972)	0.012 (0.999)	0.032*** (2.622)	0.029** (2.480)
QD2	0.042*** (4.370)	0.043*** (4.498)	−0.010 (−1.019)	0.003 (0.288)
QD3	0.022* (1.874)	0.021* (1.794)	0.077*** (6.894)	0.073*** (6.757)
PP1	0.109*** (10.345)	0.105*** (9.852)	0.030*** (3.084)	0.023** (2.429)
PP2	−0.009 (−0.796)	−0.012 (−1.054)	0.008 (0.924)	0.013* (1.674)
PP3	0.027** (2.938)	0.023** (2.508)	0.031*** (4.190)	0.033*** (4.606)
MF		−0.063** (−2.190)		−0.044* (−1.897)
LC		−0.074** (−2.492)		−0.218*** (−7.519)
常数项	−0.280 (−1.499)	−0.133 (−0.701)	−0.621*** (−3.155)	−0.541*** (−2.845)
F	22.730	20.448	19.287	21.378
调整后的 R^2	0.283	0.292	0.274	0.329
DW	2.278	2.275	2.039	2.148

注：*、**、*** 分别表示在 10%、5%和 1%的水平上通过显著性检验。

四个模型的调整 R^2 为 0.283、0.292、0.274 和 0.329,表明回归方程对因变量的解释程较好,DW 值为 2.278、2.275、2.039 和2.148,表明基本不存在自相关问题。F 统计量为 22.730、20.448、19.287 和 21.378,表明模型整个回归关系的显著性通过了检验。经检验,模型中各解释变量的 VIF 值均小于 5,表明模型的各解释变量不存在明显的多重共线性问题。

表 4-22 中数据显示,无论是还款政策改变前还是还款政策改变后,在校收入、替代贷款、预期收入、申贷者数量、助学贷款政策等 5 个因素中各有两个观测变量在模型(1)和模型(2)中显著地通过了检验;贷款偏好因素中有 1 个观测变量在政策改变前的模型(1)和模型(2)中显著地通过了检验,而在政策改变后的模型(1)和模型(2)中 3 个观测变量均显著地通过了检验;性别和生源地区因素在所有的检验中均显著地通过了验证。表 4-22 的检验结果与前文主体部分的检验结果基本一致,主要研究结论并未发生重大变化,故可以认为本书的研究结论较为可靠。

4.6 本章小结

本章基于需求理论分析了国家助学贷款中过度需求产生的影响因素,运用 2014 年和 2016 年对江苏省 8 所高校的贫困生的两次抽样调查数据进行了实证检验。

第一,部分贫困大学生对国家助学贷款存有过度的需求。在需求理论包含的消费者收入、相关物品替代、消费者偏好、消费者预期、消费者数量的基础上,将政府对国家助学贷款的政策作为外部变量纳入理论分析框架,建立国家助学贷款过度需求理论模型。参考上市公司过度投资行为度量的思想,首先建立国家助学贷款需求模型,估计贫困大学生对国家助学贷款的合理需求水平。然后建立国家助学贷款过度需求假设检验模型,用贫困大学生实际获批的国家助学贷款额度减去通过国家助学贷款需求模型估计的合理需求水平,把二者之差大于零的一组作为假设检验模型的检验样本,大于零的实际差额作为大学生对国家助学贷款的过度需求水平。

第二,对国家助学贷款过度需求假设检验模型的实证检验发现,在校收入、替代贷款、贷款偏好、预期收入、申贷者数量、对助学贷款政策的认知等是贫困大学生形成国家助学贷款过度需求的主要影响因素。获得的较高额度的奖助学金与兼职收入、对国家助学贷款有较大偏好、对工作后的预期收入和支出估计越不准确、易受其他申请贷款者的影响、对助学贷款违约后果越不清楚、越容易获得乡镇(街道)民政部门贫困证明的贫困大学生,其申请的国家助学贷款中存在过度需求的可能性越大。

第三,对加入虚拟变量国家助学贷款过度需求假设检验模型的实证检验发现,女性和非东部生源地区的贫困大学生更容易产生对国家助学贷款的过度需求。也就是说,获得较高额度奖学金的贫困女大学生继续满额申请国家助学贷款容易导致对助学贷款的过度需求;非东部地区生源地的贫困大学生申请助学贷款的决策欠理性,更容易产生助学贷款过度需求;国家助学贷款还款期限延长易导致过度需求。

第四,借鉴已有研究,把被访者认为"存在过度需求"赋值为1,把被访者认为"不存在过度需求"赋值为0。将这一项调查结果替代"贫困大学生实际获批的国家助学贷款额度减去通过国家助学贷款需求模型估计的合理需求水平之差"作为模型(2)和模型(3)的被解释变量,进行稳健性检验。结果显示,主要的研究结论并未发生变化,本章的研究结论是相对准确和可靠的。

5 国家助学贷款过度需求违约风险分析

5.1 违约风险的识别

违约风险是借款人因各种原因未能及时、足额偿还债务或银行贷款而违约的可能性，包含还款意愿风险、还款能力风险及道德风险三个方面。其中，还款意愿即贷款申请者是否愿意还款，贷款者的还款意愿越强，在其他条件不变的情况下，贷款的违约风险就越小。如果贷款申请者不愿意还款，银行发放的贷款就形成了确定性的损失，需要通过法律途径寻求解决。同理，就助学贷款而言，国家助学贷款是一种无抵押的信用贷款，如果申贷的贫困大学生不愿意还款，无论是否存在过度需求，助学贷款经办银行对其发放的贷款违约风险都会最大化，即形成确定的损失。如前文所述，国家助学贷款过度需求具有非恶意性，可以不考虑还款意愿风险。国家助学贷款过度需求不能必然导致违约，其对国家助学贷款违约风险的影响主要体现在过度需求对申请助学贷款大学生毕业后的还款能力风险和道德风险两个方面。

一是过度需求对国家助学贷款道德风险的影响。在国家助学贷款审批的过程中，经办银行只对申请贷款的大学生进行形式上的审查，即审查其是否持有乡镇（街道）及以上民政部门开具的贫困证明，对申请学生的在校经济情况很难进行详细的审查。在奖助学金和兼职收入等在校收入能够满足学费和住宿费总额的情况下,贫困大学生继续申请助学贷款获批后即为过度需求的助学贷款。申请者使用这些过度需求的国家助学贷款时,无论是合理地用于其他教育性投资还是非合理地用于其他获利性投资或高档消费,如在校期间创业、买卖股票、购买高档的消费品等,本质上都与国家助学贷款用于支付学费及住宿费的规定相背,是改变(或是变相改变)了这部分国家助学贷款的用途。需要说明的是,这种改变助学贷款用途行为,可能是因为在校期间不需要支付国家助学贷款利息而使申请者形成的一种主观上故意的行为,也可能是由于申请者对国家助学贷款用途约束条款不清楚而导致的一种无意识行为。作为结果,这部分过度需求增加了国家助学贷款用途改变的可能性,即增加了国家助学贷款的道德风险,从而增加了国家助学贷款的违约风险。

二是过度需求对贫困大学生还款能力风险的影响。一方面,现行的教育现实中,高中学生的一切都以服务于在高考中取得好成绩为目的,高中毕业生对大学的认识肤浅。一年级和二年级大学生的职业生涯设计尚未完成,对自己未来的职业不确定,导致其做出国家助学贷款申请决策时可能未考虑对未来职业的预期,甚至更不可能设想自己毕业独立生活后的各项经济支出。另一方面,贫困生能充分理解父母的生活辛苦,更易倾向于用自己的信用申请国家助学贷款,如果申贷学生毕业后总体收入偏低,在扣除基本生活支出后,收入不足以支付国家助学贷款本息,就会产生违约;或者还款期内,因临时性支出过大导致无力偿还该期还款额度,也会产生违约,陷入还款能力过度自信的陷阱。因此,过度需求在一定程度上高估了对未来的还款能力,增大了部分贫困大学生因实际还款能力低导致的国家助学贷款违约风险。

5.2 违约原因分析

根据笔者于2016年11月进行的第二次调查(共发放调查问卷1 000份,除去无效问卷最终获得有效问卷875份,有效率为87.5%。),结合需求理论、行为金融理论分析，国家助学贷款过度需求导致违约的渠道主要有四个。

5.2.1 贫困生的在校收入

随着经济的发展和教育经费的增加，国家和高校不断加大对贫困生的扶持力度。国家设立了助学金，每个贫困生年均可得资助 3 000 元，学校设立的勤工助学岗位年均可得资助约 1 500 元，这两项资助基本上覆盖了所有贫困生。另外，面向贫困生定向设立了国家励志奖学金，奖金为每生每年5 000元，贫困生与其他同学有同等的机会获得国家奖学金、学校和企业设立的奖学金。部分地方政府和企业还为贫困生设立了助学金。贫困生自己也可以通过社会兼职获得数量不等的收入等。因此，部分拥有较高额度奖学金、助学金和兼职收入的贫困生，申请的高额度的国家助学贷款中包含的过度需求额度较大。对助学贷款申贷学生的在校收入情况的调查结果如表5-1所示。

表 5-1　申请国家助学贷款贫困生在校收入情况统计表

因素	调查选项	人数/个	占比/%
奖学金	获得较高的奖学金不会降低下一次助学贷款申请额度	583	66.63
助学金	获得较高的助学金不会降低下一次助学贷款申请额度	597	68.23
兼职收入	获得较高兼职收入不会降低下一次助学贷款申请额度	603	68.91
勤工助学收入	获得较高勤工助学收入不会降低下一次贷款申请额度	499	57.03

由表 5-1 可知，约有 60%的被调查学生在获得较高的奖学金、助学金、勤工助学收入及兼职收入的情况下，不会选择降低下一次助学贷款的申请额度。已有研究表明，贫困大学生获得助学金的概率和成绩呈显著的正相关关系，学习成绩及综合表现优秀的贫困学生获得的奖学金、助学金和兼职收入甚至可以超过学费和住宿费的总额。贫困生大学生在取得较高的在校收入、能够足额缴纳学费和住宿费的情况下，继续申请国家助学贷款，就产生了对助学贷款的过度需求，由此可能导致较大的国家助学贷款违约风险。

5.2.2 贫困生对国家助学贷款的认知

调查中,认知因素的调查主要设置了国家助学贷款政策、是否考虑预期收入与支出、对获批国家助学贷款的使用约束及对助学贷款利息调整四个方面的了解与思考。调查结果如表 5-2 所示。

表 5-2 申请国家助学贷款贫困生认知因素调查统计表

因素	调查选项	人数/个	占比/%
助学贷款政策	不了解约束条件、审批、贴息、违约等情况	333	38.06
预期收入与支出	申请贷款时考虑了毕业五年内的支出情况	243	27.78
借贷的主要用途	学费	824	94.17
	住宿费	797	91.08
	生活费	372	42.51
	其他	22	2.51
贷款利息调整	不清楚助学贷款利息调整情况	651	74.40

注:贷款主要用途题项为多选题项,结果在统计时一并加总计算。

从表 5-2 中可以看出,第一,有 38.06%的被调查者未能完全正确认识国家助学贷款政策。第二,仅有 27.78%的被访者在申请助学贷款的时候就考虑了毕业后一段时间内的预期收入和预期支出。第三,有 45.02%的被访者改变了助学贷款用于缴纳学费和住宿费的用途约束而用于生活消费与创业投资等其他支出。第四,有 74.40%的被访者不清楚在自己的还款期限内,国家助学贷款的利息率会随着贷款基准利率的调整进行相应的调整。这说明,超过一半的申请助学贷款的贫困生大学生未能准确认识国家助学贷款政策、忽视了贷款的用途约束、未认真考虑毕业后的预期收入与支出、未完全清楚助学贷款中长期贷款利息的调整情况。以贷款利息调整为例,如果贷款基准利率上调,申请国家助学贷款的贫困生仍然按照毕业时的助学贷款还款计划还款,就可能导致还款数额低于实际数额,造成违约。

申请国家助学贷款是一种个人行为。贫困生大学生入学时,在未能完全正确理解国家助学贷款政策、对未来的职业认识不足及对利息调整等金融知识缺乏的情况下就申请了4年的国家助学贷款，故其申请国家助学贷款的主观随意性较大，从而导致较大的国家助学贷款违约风险。

5.2.3 贫困生的个性心理

经典需求理论认为，消费者的偏好、消费者的数量、消费者的预期是消费者对某种物品产生需求的重要影响因素。申请国家助学贷款是贫困大学生的自主行为，贷款决策受到大学生对国家助学贷款的偏好、身边申请助学贷款同学的影响、对预期收入的过度自信等个性心理及生活环境的影响。对助学贷款申贷学生的个性因素调查结果如表5-3所示。

表5-3 申请国家助学贷款贫困生个性因素调查统计表

因素	调查选项	人数/个	占比/%
贷款偏好	国家助学贷款利率低不需要托关系，我更愿意申请	736	84.11
过度自信	未来收入应该能够还款，我愿意独立偿还国家助学贷款	770	88
申请者数量	亲戚的孩子和班里其他同学申请了贷款，我也选择贷款	180	20.57

由表5-3可知，超过80%的贫困生对国家助学贷款有偏好，对国家助学贷款还款存有过度自信的现象。已有文献显示，在校大学生对毕业后薪资水平的预期显著高于当前毕业生的实际收入水平。受社会资本制约、就业供求情况及个人禀赋的影响，与其他同学相比，贫困大学生的就业率偏低、质量偏下，平均收入不高。对比其他贷款形式，对国家助学贷款有较大偏好、对毕业后扣除支出以后的预期可自由支配收入越多的贫困大学生，越容易对国家助学贷款产生过度需求。而且，如果贫困生亲友家庭中的大学生申请国家助学贷款的比较多、班级中贫困同学申请国家助学贷款的较多，其容易产生从众的心理，更愿意申请国家助学贷款，从而产生对国家助学贷款的过度需求，进而增大国家助学贷款的违约风险。

5.2.4 贫困生的诚信因素

乡镇（街道）及以上的民政部门出具的贫困证明是学生申请助学贷款的必备要件。国家助学贷款申请和审批实践中，容易获得贫困证明也是国家助学贷款过度需求产生的原因。在政策制定及操作实践中，我国的国家助学贷款存有借贷对象明确但难以评估、申请人情况差异大但政策标准单一的矛盾，经办银行无法有效评估贫困大学生申请国家助学贷款的真正用途，通常只能通过贫困大学生提请的学生家庭所在地乡镇（街道）民政部门开具的贫困证明等资料来进行形式性的审核。对助学贷款申贷学生的诚信因素调查结果如表 5-4 所示。

表 5-4　申请国家助学贷款贫困生诚信因素调查统计表

因素	调查选项	人数/个	占比/%
贫困证明	易得，便于申请助学贷款；只要有，贷款就能获批	464	53.03

由表 5-4 可以看出，超过一半的贫困大学生认为贫困证明容易获得。现实中，只要村委会为农村贫困生家庭开具了贫困证明，当地乡镇（街道）民政部门就能够为该生办理贫困证明。村委会无须对开具的贫困证明承担任何实质性的责任，并且村委会的组成人员皆为邻居，从村委会开具贫困证明很容易。故经济不困难家庭的大学生，要想获得贫困证明便能容易地获得，从而申请并获批国家助学贷款，形成过度的需求。

综上所述，一方面，贷款偏好、相似申贷者群体的影响、预期收入高估对贫困大学生的国家助学贷款申请决策产生了一种综合性的影响，这种综合影响显示出这部分贫困大学生在申请国家助学贷款时存有一种非理性的倾向；另一方面，对国家助学贷款的审批机制、用途约束、利息调整、违约后果等理解不准确，反映了贫困大学生忽视或者不知道国家助学贷款的经济意义甚至是法律意义，也体现了他们对经济现象思考的非理性。综合以上分析可以认为，部分贫困大学生未理性地确定合适的国家助学贷款申请额度，对国家助学贷款产生了过度的需求，从而增大了国家助学贷款违约的可能性。

5.3　违约风险的管理责任分析

国家助学贷款的风险管理是一个复杂系统，涉及贷款需求者（学生）、贷款供给者(银行)、服务者(高校)和监管者(政府)之间的利益,需要统筹解决政策规定、物质投入、组织协调、服务体系等多项重要的问题。国家助学贷款风险补偿机制规定,经办银行必须建立有效的贷款监测系统,加强贷款催收并做好记录,将学生的违约行为载入金融机构征信系统;要求高校要建立专业管理机构,并按照 1∶2 500 的比例配备专职管理人员,提供申请助学贷款毕业学生的一次就业信息,配合银行开展违约提醒与还款催收。因此,高校和银行的主体意愿及其行为在国家助学贷款风险管理过程中起着决定性作用。

国家助学贷款运行机制涉及国家、高校、学生、银行等多个主体,高校和银行是两个最为重要的主体。

高校的责任为助学贷款的识别与管理,即向学生宣讲国家助学贷款政策、收集并审核学生的申请资料、监督学生使用国家助学贷款等工作,向贷款的毕业生进行还款提醒,在贷前、贷中、贷后为学生提供服务。按照"风险分担"原则,根据贷款毕业生的还款情况,高校可能要承担国家助学贷款一半的风险补偿金,由此将给高校带来部分损失。高校除了作为国家助学贷款的业务介绍人、业务见证人、贷款协助催收者外,也是助学贷款违约风险的共同承担者。与此同时,学生获得贷款以后,高校能够顺利地收齐学费。所以,高校还是助学贷款业务的间接受益者。

银行的责任为贷款的发放与管理,即编制学生贷款授信计划、审核贷款的发放、学生毕业前的还款确认、贷款偿还过程中积极联系贷款学生进行违约提醒、对多期违约形成的呆坏账进行管理。贷款发放后,学生在校期间的利息由中央或地方财政贴息,贴息的资金按季度由财政部门直接划转给贷款银行,与其他贷款相比,国家助学贷款利息可以较早地收回作为流动资金使用;国家免征助学贷款的营业税,对国家助学贷款形成的呆坏帐全额核销;如果某高校的毕业生还款违约率高,超过了启动国家助学贷款风险补偿金的比率,银行会收到相应的风险补偿金;大学生毕业后往往是收入较高、对银行业务需求较多的群体,助学贷款业务为经办银行提前开拓了质量较好的资产业务。因此,银行不单是风险承担者,同时也是国家助学贷款风险的受益者。

5.3.1　理论分析模型假设

假设1:博弈参加者为国家助学贷款业务涉及的高校A与银行B。由于高校与银行间的信息不对称问题,高校可以为银行提供申请贷款学生的真实信息,也可以提供不实的信息。高校在国家助学贷款业务中的决策设为配合银行催收提供真实信息[比例为$x(t)$]与提供虚假信息、不配合银行催收[比例为$1-x(t)$]两种。银行决策为发放贷款[比例为$y(t)$]与不发放贷款[比例为$1-y(t)$]两种。高校与银行间以随机配对的方式进行博弈,除政策性因素外,均在一定的概率下选择策略集。

假设2:当银行选择发放贷款策略时,在高校选择配合催收提供真实信息的条件下,银行的收益为$i_1+i_2-c_1$。其中,收益i_1为发放助学贷款的利息收益,i_2为发放助学贷款相应减免的营业税,c_1为银行发放助学贷款的成本。高校的收益为p_2-c_2,其中,p_2表示高校在学生获得贷款后足额缴纳学费获得的收益,c_2为高校提供真实信息所需要的调查成本。假设高校选择提供虚假信息不配合催收,则银行获得的收益为$(1-\alpha)i_1+i_2+i_3-c_1$,其中,$\alpha$为助学贷款违约比率,$i_3$为国家助学贷款违约比例过高而获得的风险补偿金。高校获得的收益为$p_2-\beta i_3$。β高校的违约率达到启动风险补偿规定的最低比率时,高校承担的风险补偿金的比例。

假设3:假设银行选择不发放贷款策略,在高校选择配合催收提供真实信息的条件下,银行的收益为$-f_1$。其中,f_1为银行不发放国家助学贷款的利息收益损失(即机会成本)。高校的收益为$-\omega-c_2$,其中ω为高校自主为贫困生设立的用于替代助学贷款的类似资助支出。假设高校选择提供虚假信息不配合催收,则银行的收益为0,高校的收益为$-\omega$。

5.3.2　理论分析模型收益矩阵

本书构造的国家助学贷款业务中高校与银行之间的演化博弈模型收益矩阵如表5-5所示。实际上,高校和银行并不能准确判断对方选择的策略,双方通常在一定的概率下采取行动,选择某一混合策略。此情况下,不论哪一方独自改变自己的选择都不能为自己增加任何的收益。

表 5-5　高校与银行的博弈矩阵表

		高校 A	
		配合催收并提供真实信息	不配合催收并提供不实信息
银行 B	发放贷款	$p_2-c_2, i_1+i_2-c_1$	$p_2-\beta i_3, (1-\alpha)i_1+i_2+i_3-c_1$
	不发放贷款	$-\omega-c_2, -f_2$	$-\omega, 0$

根据表 5-5 高校与银行的博弈矩阵及演化博弈求解适应度方法可得：

高校选择配合催收提供真实信息和不配合催收提供虚假信息的期望收益和平均收益分别为：

$$E_{At1}=y(p_2-c_2)+(1-y)(p_2-\beta i_2)$$

$$E_{At2}=y(-\omega-c_2)+(1-y)(-\omega)$$

$$\overline{E_{At}}=xE_{At1}+(1-x)E_{At2}$$

则，高校采取配合策略的复制动态方程为：

$$\begin{aligned}F(x)&=\frac{\mathrm{d}x(t)}{\mathrm{d}t}\\&=x(E_{At1}-\overline{E_{At}})\\&=x(1-x)[y(2\omega+\beta i_2)+p_2-\beta i_2-\omega]\end{aligned}$$

银行选择发放贷款和不发放贷款策略的期望收益和平均收益分别为：

$$E_{Bt1}=x(i_1+i_2-c_1)+(1-x)[(1-\alpha)i_1+i_2+i_3-c_1]$$

$$E_{Bt2}=x(-f_1)+(1-x)*0$$

$$\overline{E_{Bt}}=y*E_{Bt1}+(1-y)E_{Bt2}$$

则，银行采取配合策略的复制动态方程为：

$$\begin{aligned}F(y)&=\frac{\mathrm{d}y(t)}{\mathrm{d}t}\\&=y(E_{Bt1}-\overline{E_{Bt}})\\&=y(1-y)[x(\alpha i_1-i_3)+(1-\alpha)i_1+i_2+i_3-c_1]\end{aligned}$$

把方程 $F(x)$ 和方程 $F(y)$ 联立，得到一个新的方程组。令该方程组等于 0，则得到两组稳定状态的解，为：

$$x_1=0, x_2=1, x_3=\frac{c_1-(1-\alpha)i_1-i_2-i_3}{\alpha i_2-i_3}$$

$$y_1 = 0, y_2 = 1, y_3 = \frac{\beta i_2 - p_2 + \omega}{2\omega + \beta i_3}$$

5.3.3 演化博弈结果分析

根据高校 A 和银行 B 的复制动态方程，用坐标轴把两个群体的决策行为比例变化复制动态关系表示出来，结果如图 5-1 所示。假设博弈的初次演化系统是随机的，且双方的行为选择比例均匀地分布在平面 $H=\{(x,y);0<x<1,0<y<1\}$ 内，通过复制动态，最终有 $[c_1-(1-\alpha)i_1-i_2-i_3]/(\alpha i_1-i_3)$ 比例的高校选择配合催收并提供真实信息，有 $(\beta i_3-p_2+\omega)/(2\omega+\beta i_3)$ 比例的银行选择发放助学贷款。

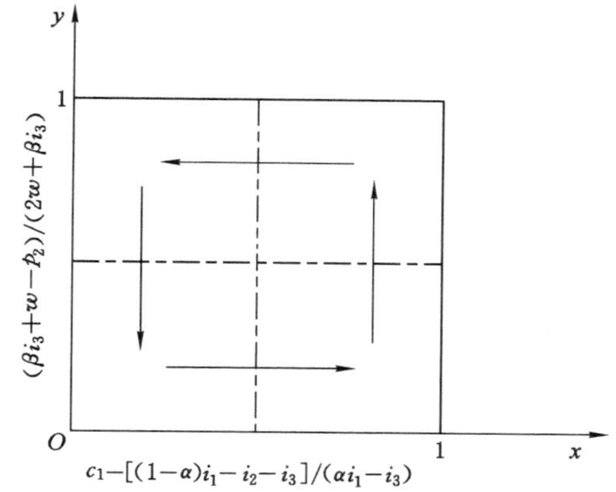

图 5-1 高校配合 A 和银行发放贷款 B 的比例变化复制动态关系

令 $x_3=[c_1-(1-\alpha)i_1-i_2-i_3]/(\alpha i_1-i_3)$，$y_3=(\beta i_3-p_2+\omega)/(2\omega+\beta i_3)$。其中，$\alpha i_2-i_3>3$[①]，$2\omega+\beta i_3>0$。以 x_3，y_3 为坐标轴的平面图形表示高校配合 A 与银行发放贷款 B 的比例变化复制动态关系，得出四个结论，如图 5-2 至图 5-5 所示。

当 $c_1-(1-\alpha)i_1-i_2-i_3>0$，$\beta i_3-p_2+\omega>0$ 时(条件 A)，由图 5-2 可知，模型的稳定策略为 $x_3=0$，$y_3=1$ 和 $x_3=1$，$y_3=0$。这说明，经过长期演

① 即违约比例的助学贷款利息大于银行获得的风险补偿金。如果此结论不成立，即意味着银行获得的风险补偿金大于违约比例的助学贷款的利息，此时的助学贷款毫无风险，完全是盈利的贷款行为，亦即银行无须采取任何的贷款管理，贷款都是没有风险的，而现实中这种情况是不可能存在的。

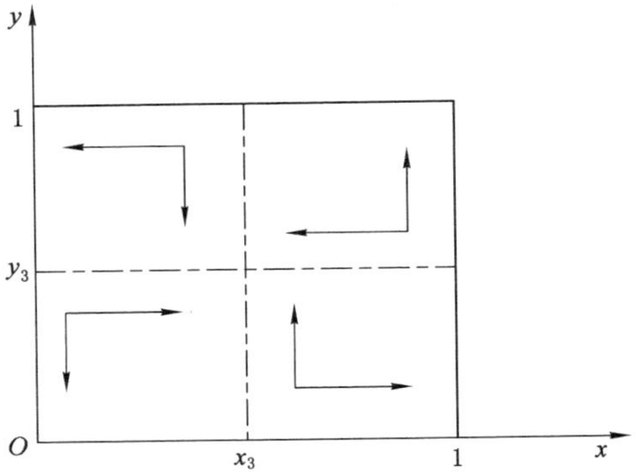

图 5-2　A 条件下博弈主体比例变化复制动态

化博弈，可以得到以下结果：一是银行选择发放贷款，高校选择不配合；二是银行选择不发放贷款，高校选择配合。第一种情况一般发生在银行发放的国家助学贷款规模比较小、尚不能形成规模经济效益的时期，高校从国家助学贷款中获得的收益小、选择配合的成本高，就失去了配合的动力。另外，由于发放的贷款规模小，即使高校积极配合催收，也会因为违约学生个体异质性意愿而造成催收的效果不好，违约率比较高。此种情况下，银行发放贷款的风险反而比较高，银行最终会选择不发放贷款。

当 $c_1-(1-\alpha)i_1-i_2-i_3>0,\beta i_3-p_2+\omega>0$ 时（条件 B），由图 5-3 可知，演化模型的稳定策略为 $x_3=0,y_3=1$。这说明经过长期演化博弈，模型的结果为：银行选择发放贷款，高校选择不配合催收。这种情况一般发生在高校获得贷款的收益后，宁愿启动风险补偿金而不愿意付出更多的成本配合催收。其原因是高校选择不配合的成本过低，主要是指风险补偿机制启动的阀值过高，或者是高校承担的风险补偿金比例过低，即 β 过低。此种情况下，高校易形成一种经验判断，即使高校不配合催收，毕业学生的违约率也可能达不到风险补偿机制启动的临界值。

当 $c_1-(1-\alpha)i_1-i_2-i_3<0,\beta i_3-p_2+\omega<0$ 时（条件 C），由图 5-4 可知，演化模型的稳定策略为 $x_3=0,y_3=1$。这说明，经过长期演化博弈，模型的结果为：银行选择不发放贷款，高校选择配合催收。这种情况一般出现在银行发放贷款的成本高、风险高、贷后管理成本也高的情况下，银行选择不发放贷款以减少成本支出，降低风险。但由 $\partial x_3/\partial c_1=1/(\alpha i_1-i_3)>0$ 可知，当

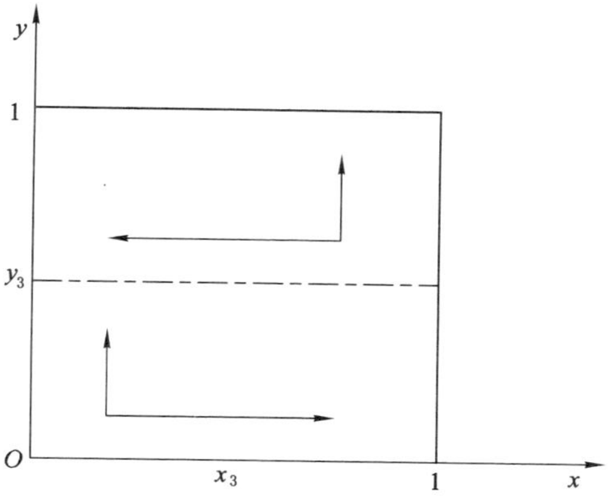

图 5-3 B条件下博弈主体比例变化复制动态

银行发放贷款的成本越高时，高校选择配合催收的概率也会越大，因此，银行的贷后管理支出应适当增大。

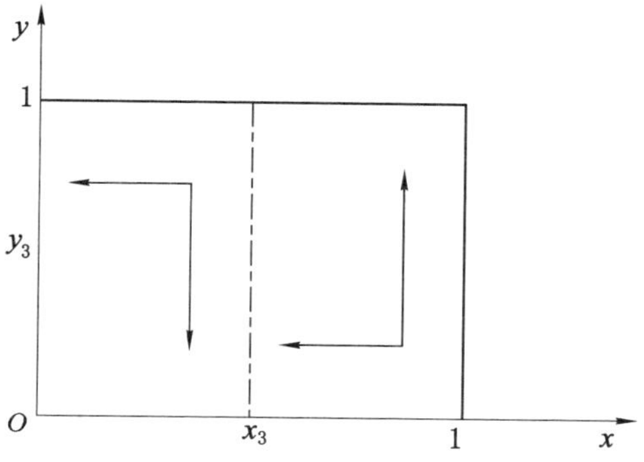

图 5-4 C条件下博弈主体比例变化复制动态

当 $c_1-(1-\alpha)i_1-i_2-i_3<0$，$\beta i_3-p_2+\omega<0$ 时（条件 D），由图 5-5 可知，演化模型的稳定策略为 $x_3=0$，$y_3=1$。这说明，经过长期演化博弈，模型的结果为：银行选择发放贷款，高校选择不配合催收。由 $\partial y_3/\partial w_1=2(2p_2-\beta i_2)/(2w+\beta i_2)^2>0$ 可知，高校不配合催收的机会成本越高，银行发放贷款的概率越大。反之，如果银行选择了发放贷款而高校选择不配合催收，原因只能是高校选择不配合的机会成本不够高。

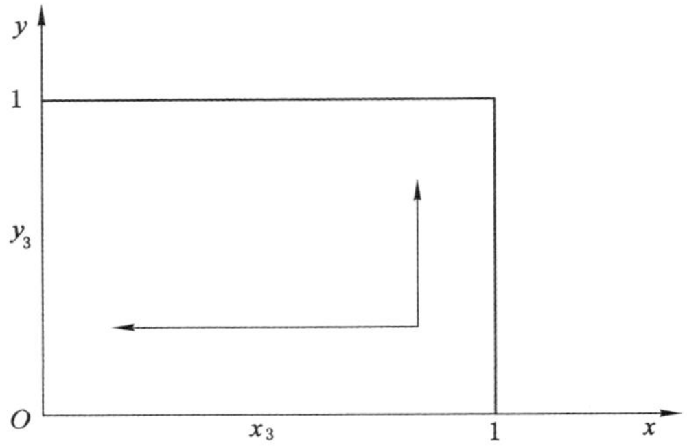

图 5-5　D条件下博弈主体比例变化复制动态

5.4　本章小结

本章主要论述了以下问题。

第一，国家助学贷款过度需求导致违约风险的原因及渠道。根据笔者于 2016 年 11 月进行的第二次调查（共发放调查问卷 1 000 份，除去无效问卷最终获得有效问卷 875 份，有效率为 87.5%。），结合需求理论、行为金融理论进行了分析。提出影响国家助学贷款过度需求产生违约的渠道主要为在校收入、认知因素、个性特征和学生诚信。

第二，对国家助学贷款过度需求违约风险管理的主体——高校和银行的风险管理策略选择进行了演化博弈分析。重点分析了国家助学贷款运行体系中高校与银行的收益和成本，运用演化博弈的方法对高校和银行在助学贷款风险管理中的策略选择进行了具体的分析。研究表明，助学贷款发放的规模较小时，即使高校积极配合催收，也会因为违约学生个体异质性意愿而造成催收的效果不好，违约率比较高，银行最终会选择不发放贷款；在风险补偿机制启动阈值较高或是高校承担的风险补偿金比例低的情况下，高校易形成一种经验判断，即使高校不配合催收，毕业学生的违约率也可能达不到风险补偿机制启动的临界值，高校配合催收的实际效果会比较差；银行发放国家助学贷款成本较高的情况下，高校选择配合催收的概率会越大。

6 国家助学贷款过度需求违约风险防范的对策与建议

除大学生作为国家助学贷款需求的主体外，在国家助学贷款运行体系中，政府、高校和经办银行对大学生的国家助学贷款过度需求违约风险均有相应的管理责任。大学生是一个特殊的群体，既通过国家助学贷款的资金支持接受高等教育、掌握专业知识与专业技能、顺利完成大学学业，又在国家助学贷款借款和还款过程中接受关于诚信的道德与行为规范教育及经济理性思维教育，能够理性地看待问题的利弊，从而自觉地规范自己的行为，科学合理地处理遇到的问题。

有鉴于此，国家助学贷款过度需求违约风险的防范可以分为两个层面，一是对大学生已经做出的国家助学贷款申请决策中包含的过度需求进行识别和管理，二是对大学生经济理性的教育引导，使其在后续的国家助学贷款申请及续贷确认时更加科学合理，主动规避过度需求，从而防范违约风险。

与此相应，对国家助学贷款过度需求违约风险相关管理主体的政策建议也包含两个层面，即管理层面对过度需求行为及风险的识别与管理，防范层面对学生诚信及经济理性的教育与引导。

6.1 风险防范体系设计

6.1.1 国家助学贷款风险管理实践评析

6.1.1.1 国家助学贷款违约风险管理的管理现实

学生在第一次申请国家助学贷款的时候，签订合同并约定以后年度的贷款计划，在以后每年开学初由申请学生与银行进行续贷确认，通常学生均在大学一年级入学初签订国家助学贷款申请合同。国家助学贷款的风险管理由政府、高校和银行共同完成。目前，政府是风险补偿机制的制定者，也是经办银行和高校进行助学贷款风险管理的要求者和监督者。高校和经办银行是助学贷款风险管理的具体实施者。

（1）政策宣讲：安排在学生申请国家助学贷款之前进行。生源地国家助学贷款由县一级国家资助管理中心面向升学的应届高中毕业生进行宣讲，校园地国家助学贷款由高校向申请学生进行。宣讲的内容主要为国家助学贷款政策介绍，包括申请条件、贷款期限、计息、还款等。

（2）贷款审查：主要是高校审查申请学生是否具有乡镇（街道）及以上民政部门开具的家庭经济贫困证明。通过经办银行提供的校园卡实施学生考勤签到、图书借阅、校内消费及充值自动转账等金融与非金融功能，高校和银行对贫困生进行了一定的鉴别，有效防范部分学生利用虚假信息套取和骗取国家助学金的行为（杨益民，2018）。

（3）年度续贷申请确认：审查学生是否能够继续完成学业。

还款确认：在学生毕业前，经办银行向申请学生提供还款单，包括提供合同约定期限和现行利率计算的还款日期及每期还款数额。

（4）诚信教育：高校在助学贷款申请政策宣讲、毕业还款确认等活动中单独进行或邀请经办银行共同进行国家助学贷款诚信教育，主要包括对诚信还款的要求和国家助学贷款失信违约对学生的影响。

（5）信息提供：学生毕业离校时，高校向经办银行提供学生就业的信息及联系方式,主要为移动电话和邮箱。

(6) 违约提醒:学生未按时足额还贷,开始出现违约时,经办银行通常不直接联系学生,而把违约学生名单和违约期数反馈给高校,要求高校协助向已毕业学生进行违约提醒。在一段时期内,高校将违约提醒的工作情况和违约学生的联系方式反馈给经办银行。

(7) 贷款催还:最初的催还由高校完成。高校通常安排学生辅导员进行此项工作。在一段时期内,将贷款催还的工作情况和贷款违约学生的联系方式反馈给经办银行。

6.1.1.2 对国家助学贷款过度需求违约风险管理的不足

目前的国家助学贷款风险管理体系完备,各相关主体各有其责,管理措施覆盖了国家助学贷款从申请到还款的全过程。但在风险管理内容上,缺乏对国家助学贷款过度需求违约风险的关注,在政策宣讲、贷款审查、续放确认和诚信教育四个环节有明显的不足。

(1) 政策宣讲,只注重国家助学贷款申请条件及政策本身的解读,关注的重点在于国家助学贷款需求者是否满足贷款政策要求,而未包含申请贷款额度中是否存有助学贷款过度需求的思考。

(2) 贷款审查,只有形式审查和是否套取、骗取国家助学贷款主动恶性行为的鉴别,未进行个人重要收入审查,未进一步结合校园卡的金融和非金融服务大数据,防范学生过度需求的助学贷款风险审查。

(3) 年度续贷确认,应该是学生申请助学贷款发生过度需求的重要审查环节。现行的工作实践中,未审查学生是否继续需要原有约定的计划申请数额。时间安排上,生源地国家助学贷款的确认时间在学年开始之前的暑假中,校园地国家助学贷款的确认时间放在学年初,均在学生奖助学金评审完毕之前。学生在进行续贷确认时,尚不明确自己下一年度所获得的奖助情况,无法有针对性地调整续贷计划。

(4) 诚信教育,应该是防范学生在申请助学贷款中形成过度需求行为的重要环节。现行的诚信教育实践中,注重活动形式与宣传效果,教育活动在价值观层面对学生有较高的要求,未注意对大学生经济理性思维的教育。在教育环节上对诚信知识宣传多,对诚信意志的培养和诚信行为的引导少，在教育方式上沿用传统的做法，创新不足、“知、情、意”的教育内容和教育过程都不完整，缺乏对申请国家助学贷款学生经济理性思维培养的探索。

综合来看，目前管理实践对国家助学贷款过度需求行为及其违约风险管理和防范不足的表现是对学生申请的国家助学贷款中的过度需求未形成统一的认识，未予以关注。

6.1.2 国家助学贷款过度需求违约风险防范体系构建

根据前文的分析，结合国家助学贷款过度需求违约风险产生的影响因素、风险管理责任演化博弈分析和风险管理实践评析，构建国家助学贷款过度需求违约风险防范体系，如图 6-1 所示。

6.2 学生层面的建议

6.2.1 学生在国家助学贷款中的角色

学生是国家助学贷款的合理需求者与履约还款者。由理论分析和实证检验可知，现实操作中，贫困大学生在申请国家助学贷款决策过程中，未形成正确的认知，对国家助学贷款政策、是否考虑预期收入与支出、对获批国家助学贷款的使用约束及对助学贷款利息调整四个因素不清楚，大学生在国家助学贷款决策中形成逆向选择；在国家助学贷款决策中产生对国家助学贷款的偏好，受到身边申请助学贷款同学的数量、对预期收入的过度自信等个性心理活动及生活环境的影响，产生异质性行为；未树立诚信的意识，非贫困大学生利用家庭贫困证明易得性顺利获批国家助学贷款，在贷款的使用中，超出学费和住宿费的用途约束。上述行为表明，大学生对国家助学贷款产生了过度需求。

究其原因，国家助学贷款学生违约的原因不能仅仅简单地归结于学生的不诚信。缺乏经济理性思维，是导致国家助学贷款违约的深层次原因。做出是否申请助学贷款、申请多少额度的助学贷款的决策可能是大学生

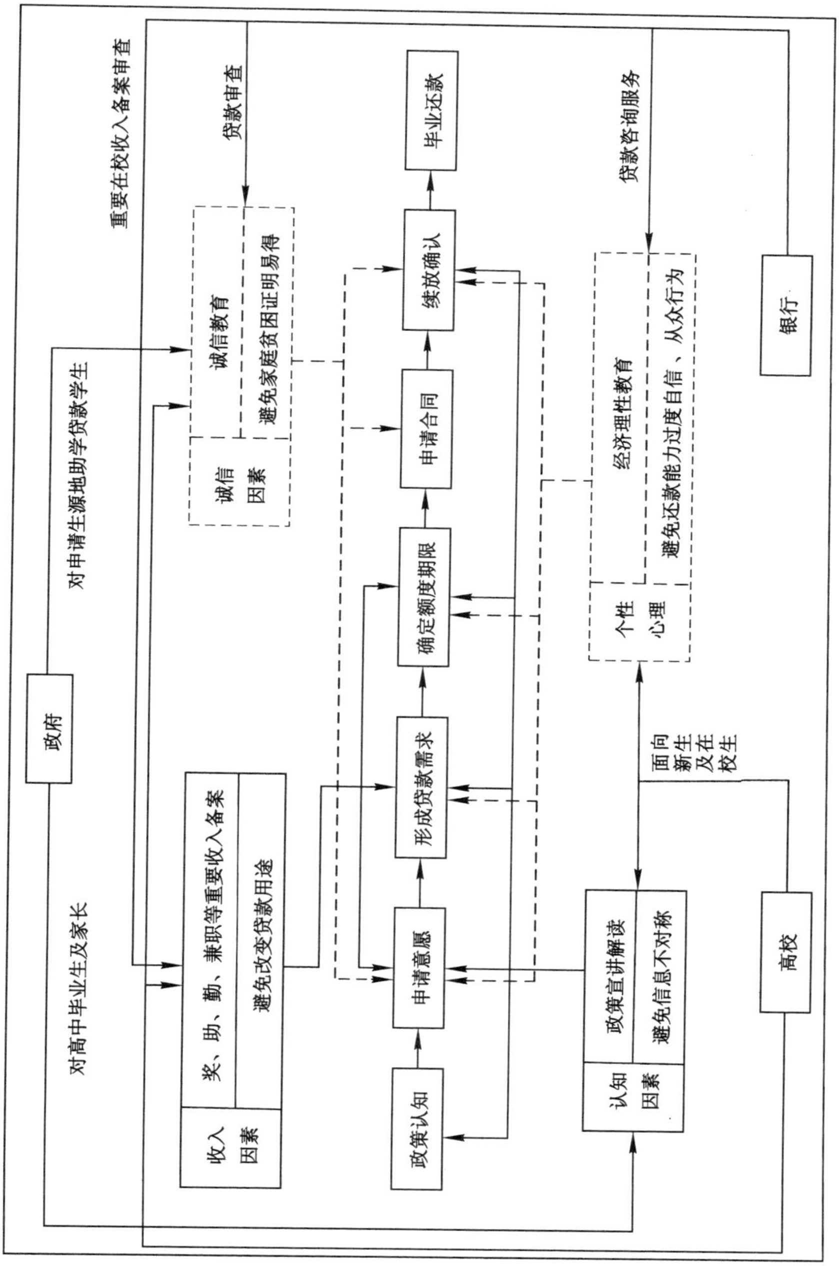

图6-1 国家助学贷款过渡需求违约风险综合防范体系

注：虚线和实线是为了更清晰地表明线条交叉中的逻辑关系，没有实际意义区别。

在其人生中做出的最早的重大经济决策行为，决策过程要受到家长、家庭、生活环境、个人认知与思维过程等诸多因素的影响。一方面，贷款偏好、从众行为、预期收入高估对贫困大学生的国家助学贷款申请决策产生了一种综合性的影响，这种综合影响显示出这部分贫困大学生在申请国家助学贷款时存有一种非理性的倾向；另一方面，对国家助学贷款的审批机制、用途约束、利息调整、违约后果等认知不准确，反映了贫困大学生忽视或者不知道国家助学贷款的经济意义甚至是法律意义，也体现了他们对经济现象思考的非理性。传统的助学贷款诚信教育多注重诚信价值观与诚信道德教育，缺乏经济理性内容，效果欠佳。

6.2.1.1 助学贷款中经济理性与诚信密不可分

经济理性与诚信密不可分。经济理性是亚当·斯密在《国富论》中提出来的，指个体在社会经济生活中选择一定的手段实现既定的目标，追求个体经济利润最大化指向的价值理念。其主要特征为追求经济利益最大化，体现了效率原则。即要求个体按照利益最大化进行决策，对比投入和产出，投入既定时追求最大的产出，产出既定时追求最小的投入，当资源限定时追求产出与投入之间最大的差距。经济学研究的目的正是试图通过"最大化"的决策提高全社会的福利水平，这个目的影响着经济研究的方向，它既指引实证经济学进行描述内容与因果的关系研究，又指引人们根据实证经济学的研究成果提出各种经济政策，不论是政策建议还是政策批判，都包含着对经济行为的价值伦理判断，需要健康和公正的伦理规则。市场经济虽然具有健全和公正的规则，但每一个行为主体都具有其各自的行为意愿和复杂的心理情感，他们或许可以相信市场提供的条件和包含的规则，但他们也必须确信其他行为者的心态和经济行为是公正的。因此，相信和确信——必要的公共伦理信念和道德规范——就是市场经济普遍可能和持久进行的前提条件之一，经济理性离不开诚实守信。

现代微观经济理论也表明，没有相互的信任，交易中就会出现违约问题，生产的持续进行有赖于多方当事人的诚信。著名经济学家施蒂格勒曾说过："伦理问题是肯定无法回避的，因为人们在对各种政策进行评判时必须依据一定的宗旨，这些宗旨就必然会包含着伦理的内容”①。诺贝尔经济学奖获得者诺思教授也认为，自由市场制度本身并不能保证效率，一个有效率的自由市场制度除了需要一个有效的产权和法律制度相配合之外，还需要在诚实、正直、合作、公平、正义等方面有良好道德的人去操作这个市场②。经济理性注重交换价值，在交易中追求利润最大化。交换要顺利进行的前提是交易主体相信对方的产品所包含的价值是等价的，交易对方也是值得相信的，否则就会陷入“囚徒困境”。正是在诚信的基础上，现代经济以市场化为手段，以其特有的扩张力量，极大地增进了各交易主体、交易群体、经济体系之间相互沟通和交往的机会、深度和广度，形成了较为充分的人际、群际和国际经济交换活动，出现了日益广泛而深入的跨集团、跨地区、跨国界的经济贸易。③

诚信建设也离不开经济理性。道德作为人的一种行为规范，其形成动因源于社会的生产活动。恩格斯指出，“在社会发展的某个很早的阶段，产生了这样一种需要；把每天重复着的产品生产、分配和交换用一个共同的规则约束起来，借以使每个人服从生产和交换的共同条件。这个规则首先表现为习惯，不久便成了法律”④。这就是说，道德和法律的产生，来自于人们维持生产、分配、交换的共同秩序的需要，道德的形成不能脱离当时社会的经济活动。现代市场经济条件下，诚信至少包含三层意思，一是作为经济个体的行为与人格要求。个体的生存离不开生产与交换，双方在达成交易的时候，都以为对方会像自己一样，提供的产品是货真价实的、具有相应的价值的、能让对方满意并认为物有所值的。这样经济个体才能认为对方具有可以信赖的品质。二是经济集团，包括经济个体的自由联合体，尤其是作为人格化的经济集团——法人的经济行为，其生产、交易、利润分配活动都必须尊重并严格遵循法律规定和自己的生产管理规范(经济集团对自己行为约定)，让其利益相关者认为它是可以信赖的，也才能形成良好的集团文化和集团管理团队。三是国家层面的经济行为，

---

① 施蒂格勒：《施蒂格勒论文精粹》，商务印书馆1999年版，第390页。

② 张军：《道德：经济活动与经济学研究的一个重要变量》，《中国社会科学》1999年第2期，第90-93页。

③ 万俊人：《论市场经济的道德维度》，《中国社会科学》2000年第2期，第4-13页。

④ 《马克思恩格斯选集》(第2卷)，人民出版社1995年版，第211页。

对外与世界各经济主体达成各种交易和协议，对内对个体和集团进行管理和利益分配，如发行国债、征税、社会救济等。

因此，诚信之于经济活动，其内容体现了经济活动在道德层面的需要，两者不能分离。当前高校的诚信教育强调思想领域的诚信道德建设，强调道德理想作为共同意志的神圣性，而对实现个体利益要求的合理性缺乏基本的尊重和满足，造成了诚信教育的教育主导方式与市场经济的外部环境呈现了一定程度的不兼容。助学贷款作为现代市场经济下的一种个人信用贷款，其本质是利用个人信用获取专门用于学费和住宿费的贷款完成学业、实现个人智力资本的增值、在毕业后用智力资本获得的收入偿还贷款。教育应当服务于社会经济建设，高校的助学贷款诚信教育必须进行实事求是的改革，在社会诚信道德规范和个体利益主张之间寻找一种合理的平衡，实现有效的助学贷款诚信教育。如果助学贷款诚信教育的内容中缺少经济理性的内容，其诚信教育的效果也就难以保证，这也正是助学贷款实施多年来一方面高校不断加强诚信教育而另一方面助学贷款违约率一直较高的根本所在。

6.2.1.2 助学贷款中经济理性与诚信的德性伦理特征

(1) 根源一致，源于实践理性。德性理论认为，把德性的要求置于特定的情境中，结合特定的问题思考，个体才能做出德性的行为。这种行为倾向，其起点是基于实践的行动，其结果是创造了一种基于主观的约束与自我约束。这种约束作为一种实践理性，其形成过程与保罗·迪森所指出的“理性—秩序—理性”过程是一致的。经济理性既包含个体对行为规范的要求，即个体期望知道选择怎样的行为方案对于自己利益的取得最有利，又包含约束条件下对特定目标达成的期盼，即期望在特定约束下以最小的投入实现自己的目标。在自然经济时代，由于生产力低下，人们需要相互协作才能收获食物(如狩猎)，随着生产工具的改进，个体逐渐能够独立进行生产，这时的“自我”意识才逐渐萌发，随着分工的细化，个体才不断地通过生产和交换实现较多的获得，于是产生了复杂的经济计算。复杂的市场经济条件下，在分工更加细化的同时又注重相互之间的协作(这种协作也是源于分工)，需要秩序的规范、团结的精神等，因此经济理性呼唤诚信的氛围。经济理性和诚信都是在自然经济到商品经济再到现代市场经济的过程中发展起来的。

（2）逻辑一致，统一于理智能力。德性伦理认为，德性是一种实践功能的理性能力，是人类特有的本质能力。德性是理性通过人的自知形成自我约束，人们据此而进行各项活动，成为一个理性的人。在对客观事实评价的基础上，诚信的显性表现为个体说真话、守承诺、做行动，隐性的表现为个体主观上愿意但迫于某些因素没有表达其真实的评价和体验。在积极的态度之下，这种显性诚信与隐性诚信的呈现由个体根据具体情境做出选择，体现了个体的理智能力，如"善意的谎言"就是隐性诚信的表现。经济理性是人们在社会生活中以经济效益最大化为理念，经济理性突破了"够了就行"的原则，崇尚"越多越好"的原则，个体在各种可能的经济方案中选择预期效用最大化的方案。经济理性体现了个体对自我需求的关照，体现了自我中心下的逐利、趋乐避苦和自我满足的人的本能理性。而在资源限定的条件下如何做到既遵守规则、信守承诺，又实现自我利益的最大化，如何做出合适的行为决策，是个体理智能力在复杂经济条件下的综合运用。

（3）动力一致，皆因获得满足的情感。一方面，个体的道德从认知到行为，中间必须有情感和意志的推动。在这个过程中，基于对诚信的认知，通过道德的判断化解心理的冲突，形成丰富的情绪体验，形成诚信的动机，才能实现从诚信认知到诚信行为的过度，形成诚信的品质，进而产生诚信的行为。另一方面，从社会诚信的起源和发展来看，诚信的结果必定是带来了社会的集体收益，如降低支出、减少交易障碍等，而得到大部分人的认同，才能形成一种道德建设的氛围，从而形成对个体诚信的肯定、引导和支持。个体在主观上愿意做这样的诚信行为，其背后隐藏的逻辑为个体在潜意识里需要或者依赖于这种肯定和支持的情感体验的满足。经济理性则直接以物质需要的满足带来的体验给个体以肯定的动机，支持其追求利益最大化的行为。

（4）目的一致，追求幸福美好生活。助学贷款中的诚信是个体的一种优秀品德，其目的是贷款申请者实现生活美好、幸福。这与德性理论学的主张是一脉相承的。当代德性伦理学继承了古希腊亚里士多德的善、品性、德性等思想，认为德性是人类幸福和美好生活的必需品。助学贷款中的利益最大化，主要体现为两个层面，一是在个体视角下帮助贫困大学生利用助学贷款以较低的成本顺利完成大学学业、提高个体智力投资价值，二是在整体视角下有助于高等教育的顺利发展，提高高等教育发展的经济效益和社会效益。个体具有较高的智力投资价值，在未来的工作中能获得较大的工资回报，是个体生活品质改善、家庭生活幸福的物质基础。高等教育发展培养了高素质的人才，开展了高质量的科学研究，提供经济社会文化发展的综合服务，传承文化提高整个社会的文明程度，为社会中的每一个人创造了更好实现个人追求的良好外部环境。因此，无论是从整体视角还是从个体视角，助学贷款利益最大化的经济理性目的与诚信教育的目的都是一致的。

需要说明的是，尽管在四个特征上，经济理性与诚信有着高度的一致性，但不能否认经济理性也有其负向的外部性，如个体的自私自利与贪婪、片面追求经济发展而带来的环境污染等，需要法律规范与社会道德规范一起约束人们的行为，使其更加合理。

6.2.2 学生层面的政策建议

贫困大学生是申请国家助学贷款的主体，其对国家助学贷款过度需求的认知、需求与申请行为均受其对国家助学贷款认知的准确性、对毕业后预期收入的合理估计、对周围同学申请国家助学贷款情境的理性思辨等影响。因此，只有在国家助学贷款“政策认知—产生过度需求申请意愿—形成助学贷款过度需求—确定额度期限—发生申请行为”的全过程中坚守诚信的品质和经济理性思维，从而避免产生对国家助学贷款的过度需求。

诚信是个体在道德生活中形成的可信品性，其形成过程遵从道德建设的必然规律，而道德既是一种精神又是一种理性能力，兼具创造性和实践性。因此，必须遵循诚信品质建设的知识性、实践性、人格化和逻辑性，并在遵循个体品德成长与个性心理变化规律的基础上探讨如何加强国家助学贷款诚信教育中的经济理性教育。

（1）遵从道德建设的知识性原则，引导学生理解并形成经济理性是助学贷款诚信教育建设重要的价值基础的认识，把经济理性纳入助学贷款诚信教育的内容体系。

通过诚信知识宣讲、诚信思想辩论、典型贷款决策案例分析、失信违约案例经验分享等多种方式把助学贷款顺利实施背后的经济理性讲清、讲透,让学生对其形成正确认识。一方面,必须让学生知道,个体最具经济理性的表现就是个体需求满足的程度最大,但作为经济学重要的定律“需求定律”早已揭示“任何人选择一可选方案的欲望,与这一可选方案的代价成反比”①。另一方面,可以结合适当的负面案例剖析讨论,让学生“身临其境”地思考当事人行为所欠缺的经济理性思维,反思自己所接受到的诚信教育的内容,在此基础上形成自己对助学贷款诚信内容的辩证思考。引导学生正确理解何为国家助学贷款实施中的利益最大化,形成关于自身助学贷款利益的正确认知,准确理解国家助学贷款申请决策背后需要对未来的收入和预期进行科学的评估、恰当地衡量当下的利益和较长一段时间后的利益而做出合适的选择,深刻理解违反经济活动约束带来的相关后果,以此对自己的诚信素养和对影响申请国家助学贷款因素的评估能力水平做出判断,指导自己在国家助学贷款年度续贷确认时调整后期助学贷款的年度申请额度。

(2) 遵从道德建设的实践性原则,引导学生通过助学贷款诚信建设实践把经济理性内化于心。

道德实践是个体自由地运用意志实现自己思想的活动,高国希在《德性的结构》中提出,道德实践独有善恶评价性、自主自律性、内在超越性、自由意志性和规范约束性②。高校开展国家助学贷款诚信教育,一方面,要在传统的诚信教育的基础上,多开展包含经济理性的诚信实践教育活动,开展“智力投资教育算账活动”,综合运用贷款、计息、折现等经济计算方法,指导学生计算自己的国家助学贷款申请的成本和未来需要偿还的国家助学贷款本息,让学生对自己的申请行为进行经济理性的评价。③ 另一方面,在国家助学贷款偿还违约案例讨论的教育中开展“失信违约代价算账活动”,结合征信、仲裁、起诉等多学科的相关知识,让学生知晓违约

① 汪丁丁:《行为经济学要义》,上海人民出版社 2015 年版,第 29 页。

② 高国希:《德性的结构》,《道德与文明》2008 年第 3 期,第 37-42 页。

③ 朱学义、朱亮峰:《智力投资支撑理论及其效应研究》,中国经济出版社 2011 年版。

的代价和助学贷款经办银行可以采取的应对措施，引导学生思考和体验助学贷款失信行为背后需要付出的经济上的代价和可能陷入的法律上的困境。即通过正反两方面的“算账实践”形成对国家助学贷款的科学认知，进而形成符合国家助学贷款规则、诚实守信品德和经济理性思维的自律。引导学生最终形成不必经过缜密考虑便可以做出符合经济理性的行为决策，形成对自己参与经济活动的潜移默化的规范和约束，逐渐具备从经济理性视角思考问题的能力。

（3）遵从道德建设的过程性原则，引导学生在助学贷款诚信教育活动中形成对经济理性的良好情绪情感，形成追求利益最大化的意志。

道德建设是一个长期的过程，除了表现为社会对个体行为的规范要求外，德性伦理更注重个体表现出的道德心理状态和行为上的品质特征。按照亚里士多德的观点，要形成一种特质需要做出体现该特质品性的行为，需要不断重复此类的行为而内化。高校在开展助学贷款诚信教育的过程中，一方面在处理学生的各种思想、学习、生活实践中，构建起师生之间真诚的信任关系，引导学生在遵守学校的规章制度和不损害他人利益的前提下，做好符合自己利益最大化的发展规划，让学生真切地感受到老师是在为其利益着想。另一方面应多开展社会经济考察实践活动，鼓励学生分析自身的行为和社会经济现象，引导学生长期坚持，不断自我暗示，强化经济理性思维训练，逐步形成经济理性思维下诚信的认知与行为习惯，综合考察各种影响因素按照经济理性做出决策，形成对自己和外部的双重承诺，并在以后的生活中坚持与执行。

（4）遵循道德建设的逻辑性原则，引导学生按照生涯与职业规划的要求，提高学生进行理性思考的积极性，提升理性思维能力，避免国家助学贷款过度需求行为。

开展生涯与职业规划，是借鉴管理学中目标导向理论而实施的教育活动。通过对职业目标的设计与论证的过程，使学生逐渐了解自己毕业后能够从事的职业范围、大学期间需要获得的能力，合理规划目标实现的路径，进而对毕业后几年内的收入有较为准确的预测，避免对未来预期收入盲目的自信，以合理地评估自己毕业后的国家助学贷款还款能力，从而申请合适额度的国家助学贷款，避免产生过度的需求。

6.3　高校层面的建议

6.3.1　高校在国家助学贷款中的角色

6.3.1.1　1999—2004年高校在国家助学贷款中的角色

1999年5月，国务院办公厅转发《关于国家助学贷款的管理规定（试行）》，对国家助学贷款的管理体制、管理主体及操作程序做了规定。高校负责贷款初审，受政府委托，协助经办银行进行贷款的发放、回收工作和催收贷款。2000年2月，国务院办公厅转发的《关于助学贷款管理的若干意见》规定，对在校大学生发放国家助学贷款，学生所在学校必须提供贷款的介绍人和见证人。2002年2月，中国人民银行、教育部、财政部《关于切实推进国家助学贷款工作有关问题的通知》明确高校要做好诚信教育工作，严格贷款初审，并在高等院校毕业生学历查询系统中及时输入经办银行提供的信息，逐步建立普通高等院校学生个人信用征询系统。高校承担了国家助学贷款业务的介绍人、见证人和后期协助催还者的角色。

6.3.1.2　2004年以后高校在国家助学贷款中的角色

2004年6月，国家出台了《关于进一步完善国家助学贷款工作的若干意见》（以下简称《意见》）。《意见》进一步明确了高校在国家助学贷款业务中的责任。高校负责向学生宣讲国家助学贷款政策、接受并审核学生的申请资料、联络银行积极发放助学贷款、监督学生使用国家助学贷款、开展助学贷款诚信教育等工作，在贷前、贷中、贷后为学生提供全方位的服务。为分担风险，《意见》规定实施国家助学贷款风险补偿机制，即国家助学贷款风险补偿资金由政府和高校分别承担50%，每所高校具体承担的份额则与该校的毕业生还款违约情况挂钩。从此，高校承担着国家助学贷款业务介绍人、见证人、后期协助催还者和风险共同承担者的角色。

6.3.1.3　高校辅导员在国家助学贷款中角色

(1) 政策宣讲者。宣传党和国家的方针政策与管理规定,有针对性地帮助学生处理好思想认识、价值取向、学习生活等方面的具体问题是高校辅导员思想理论教育和价值引领工作职责的重要内容。就国家助学贷款而言,首先是宣讲国家对助学贷款的政策,让每个有申请国家助学贷款意愿的学生都知道教育部、银监会相继出台的国家助学贷款改革措施和风险管理的措施。

(2) 咨询服务者。咨询是运用相关的理论和方法 ,对来访者进行有针对性帮助的过程。咨询关系的建立需要以双方相互的信任与期望为基础。辅导员了解学生的兴趣点、关注点,能掌握学生的需求和心理动态,期望学生顺利成长。学生与辅导员最亲近,相信辅导员,更愿意将学习、生活中的细节与辅导员分享,并且在遇到问题时主动寻求帮助。在国家助学贷款申请过程中,一方面,学生在遇到资金困难有借贷需求时,如果能主动向辅导员咨询,辅导员能够理清学生产生借贷需求的原因,帮助学生分析资金融通的方式,给予合理的引导,对于贫困生的生活困难在政策允许范围内尽最大的努力帮助学生。另一方面,辅导员可以根据学生的在校收入情况和家庭支持情况,帮助、提醒学生思考对国家助学贷款需求的合适额度。

(3) 理性教育者。从已有的案例报道分析中可以发现,学生缺乏经济理性是主要的问题之一。在国家助学贷款教育中,教育的着力点应聚焦于让学生知道什么是理性,怎样做到理性。第一,要教育大学生知道理性在日常生活无处不在的权衡中,在资源有限的条件下,理性地做出效用最大化的选择就是对“心目中对最重要的问题:我将怎样安排生活?什么是生活的合理途径?……应该怎样行动?”[①]有清楚的回答。引导学生形成经济理性思维,即使在认知因素、心理因素、个人历史因素等影响下,大学生的偏好尚不稳定的情况下[②],要通过教育活动,引导学生形成有限的经济理性思维。第二,教育学生运用法律的知识理性对待社会现象。在面

① [美]梯利著,伍德增补:《西方哲学史》商务印书馆 2016 年版,第 57 页。

② 汪丁丁:《行为经济学要义》上海人民出版社 2015 年版,第 22 页。

对即将出现国家助学贷款违约时，提高法律敏感性，通过合适的途径筹借资金，避免违约。第三，教育引导学生做出合理消费、适度消费的理性选择，大力倡导勤俭节约、自强自立精神，帮助学生养成勤俭节约的生活习惯。纠正超前消费、过度消费、从众消费等错误思想观念，以避免产生对国家助学贷款的过度需求。

④ 成长指导者。青年是引风气之先的社会力量，要积极为青年实现梦想提供服务，努力为广大青少年成长成才创造良好环境。第一，辅导员应重点加强思想引领，在国家助学贷款申请过程中，以中国优秀传统文化影响大学生的核心价值观，拓宽大学生自我认知以及对外部经济事件反应的认知范围，引导学生形成正确的价值观。第二，辅导员要对大学生的成长规划进行指导，按照习总书记的要求指导学生“求真学问，练真本领”，为大学生提出关于目标、过程、事件处理的或宏观或具体的成长建议，从而为其重构人生理想和动力体系，重建生活理念、原则和信心，丰富人生见识和生活阅历，增进人生智慧和人生选择技巧。第三，指导学生加强对社会现实的认识，运用经济理性思维，合理进行生涯与职业规划，以合理地评估毕业后的预期收入，避免过度自信带来的对国家助学贷款的过度需求。

6.3.2 高校未进行国家助学贷款过度需求违约风险管理的原因

(1) 助学贷款过度需求违约风险识别与管理方面，高校尚未树立帮助学生申请合适额度的国家助学贷款的工作理念。目前，高校对国家助学贷款管理工作的理念为帮助学生申请更多的国家助学贷款。在国家助学贷款申请材料的审核环节，高校和银行只审核申请学生是不是建档贫困生，一般情况下，不是贫困生的学生申请国家助学贷款不会通过初审。同时，还要进行国家助学贷款申请材料的形式审核，即审查申请材料中是否有乡镇(街道)及以上民政部门开具的家庭经济贫困证明，未审核其奖助学金、勤工助学及兼职收入等重要收入情况。在学生申请环节，生源地国家助学贷款不需要高校的业务介绍和初审，针对校园地国家助学贷款，高校会对贫困生进行集体的政策宣讲、疑问解答、填写贷款合同书指导等活动，但缺乏对个体申请学生开展有针对性的国家助学贷款申请额度的具体指导。

（2）助学贷款过度需求行为防范教育引导方面，开展国家助学贷款诚信教育创新的积极性不高。高校通常选择在相关节日、有特殊意义的纪念日和学生毕业离校之前举行诚信教育活动，以满足助学贷款相关政策要求。注重活动形式与宣传效果，轻视了诚信教育活动在价值观层面对学生的更高要求，更未注意对大学生进行经济理性教育。在教育环节上对诚信知识宣传多，对诚信意志的培养和诚信行为的引导少，“知、情、意”的教育内容和教育过程都不完整，申请国家助学贷款学生缺乏经济理性思维。受预期收入过度自信和贷款从众行为影响，大学生容易产生对国家助学贷款的过度需求。

6.3.3 高校层面的政策建议

（1）更新高校资助管理中心助学贷款工作的理念。随着国家对教育经费的不断投入，对贫困大学生资助体系的不断完善，在国家助学金、国家励志奖学金、企业的资助类奖学金、公益组织及个人捐助的基础上，接受这些奖励和资助的贫困大学生对国家助学贷款需求的额度会有所变化。高校资助管理中心要把帮助贫困大学生申请更多的助学贷款的传统理念更新为帮助贫困大学生申请合适额度的助学贷款，指导贫困大学生确定合适的助学贷款申请额度，避免产生过度需求，努力探索实现国家助学贷款的精准资助。

（2）在助学贷款过度需求违约风险管理层面，一方面，加强国家助学贷款政策的宣传与解读。对应届高中生应在高考招生宣传时或发放录取通知文件中增加针对学生及家长的政策解读内容，使农村贫困大学生（家庭）对国家助学贷款政策有正确的认知；对在校生，在校园地国家助学贷款申请与贷款续贷确认时做好国家助学贷款政策的宣传与解读，避免学生在政策模糊情况下的盲目贷款。另一方面，继续认真细致地对待贫困生资格的认定工作。通过电话向基层民政等部门了解学生的家庭，利用开展贫困学生家访等活动，加强对大学生家庭情况的了解。通过校园消费大数据、班级同学评议等方式，进一步了解学生的消费情况及家庭经济情况，以验证学生家庭贫困证明的真实性，防止不困难学生申请国家助学贷款，规避过度需求违约风险。

（3）在助学贷款过度需求行为防范层面，提高国家助学贷款诚信教育的实效性，把经济理性、案例警示、实践访谈等多种方式结合起来开展诚信教育，探讨采用算账的方法，指导学生计算接受高等教育的成本投入和收益，强化学生形成助学贷款还款计划的意识。通过智力投资算账教育活动，计算求学过程中的智力投资增值额，形成初步的助学贷款还款方案。同时，开展智力投资算账教育活动，引导大学生通过思考、体验、自励、自省等实践体验方式开展自我教育和生涯规划，减少因助学贷款过度需求导致的违约。加强对贫困女大学生及非东部生源地区的贫困大学生开展经济理性教育。除了传统的诚信教育之外，应结合女性与非东部地区生源贫困大学生的大学生涯设计和职业发展规划及其对助学贷款政策的正确认识，引导他们关注与自身职业发展规划相关的信息，合理预测未来收入，正确理解"成本与收益"的权衡法则和理性经济思维，使他们能够正确评估失信行为的违规成本，改变对助学贷款的非理性偏好，科学理性地确定申请助学贷款的额度。

（4）发挥辅导员在国家助学贷款中的教育功能。一方面，发挥辅导员根据学生在国家助学贷款咨询和管理中主动开展相关活动的教育功能。通过开展主题班会、学生座谈会、谈心谈话、个体咨询、案例分析等形式，教育引导学生树立科学合理的消费观念。另一方面，了解学生的所思所需所为，从学生角度分析资金需求，指导学生做出国家助学贷款申请的初步方案。第三，就国家助学贷款过度需求对学生进行深层次的思维教育引导，拓展过度需求行为背后的学生教育与成长辅导着眼点，教育学生掌握科学的思维方法，学会思考、学会分析、学会选择①。引导学生主动思考过度需求背后反映出的消费追求和价值追求，如对国家助学贷款的态度、贷款需求的动机、对合同约束的认知、对还款能力的评估等。引导学生思考有没有做出这些重要决定的能力，反思自己大学期间应该学什么，应该储有哪些知识、具备哪些能力，从而教育引导学生做一个有思想、有能力的人。

① 中共教育部党组：《深入学习贯彻习近平总书记关于青年学生成长成才重要思想　大力培养中国特色社会主义建设者和接班人》，《光明日报》2017年9月8日。

(5) 提高辅导员进行国家助学贷款咨询和管理的能力。一是统一辅导员对国家助学贷款咨询和管理中自身的形象与功能的认识，树立辅导员形象与功能的隐性思想政治教育理念，更好地优化辅导员在国家助学贷款咨询和管理中的角色形象，发挥其功能。二是不断强化辅导员在工作中的自我效能感和胜任感，最大限度地调动辅导员开展国家助学贷款咨询和管理的积极性、主动性，提高辅导员对贷款咨询和管理的角色期待，促进辅导员角色知觉的形成。三是搭建角色实践的平台。针对辅导员在国家助学贷款咨询和管理实际工作中会碰到的各种典型问题，设计相应的角色训练项目，通过讨论、示范、角色互换等方式，让辅导员模拟处理，以专业化的标准不断提高辅导员处理国家助学贷款咨询和管理问题的角色技能。四是搭建技能提升的平台。开展针对辅导员的国家助学贷款咨询和管理专项培训，组建专门的国家助学贷款咨询和管理学术研究和咨询管理团队，凝练研究与应对方向，增强辅导员在国家助学贷款咨询和管理中的应对能力。诚然，不可能让每一个辅导员都成为国家助学贷款咨询和管理的专家，对辅导员的相关培训也应考虑按照专业化和专家化的发展方向进行分层次的培训，把少部分辅导员培养为国家助学贷款咨询和管理专家。

6.4 经办银行层面的建议

6.4.1 经办银行在国家助学贷款中的角色

6.4.1.1 经办银行在国家助学贷款中的角色

经办银行负责编制国家助学贷款授信计划、审核国家助学贷款的发放、与高校一起开展贷款年度续放确认和学生毕业前的助学还款确认、贷款偿还过程中积极联系贷款学生进行违约提醒、对多期违约形成的呆坏账进行管理，因此，经办银行是国家助学贷款的发放者和管理者，承担着助学贷款违约风险。贷款发放后，学生在校期间的利息由中央或地方财政贴息，贴息的资金按季度由财政部门直接划转给贷款银行，与其他贷款相比，国家助学贷款利息可以较早地收回作为流动资金使用；国家免征助学贷款的营业税，对国家助学贷款形成的呆坏账全额核销；如果某高校的毕业生还款违约率高，超过了启动国家助学贷款风险补偿金的比率，银行会收到相应的风险补偿金。大学生毕业后往往是收入较高、对银行业务需求较多的群体，助学贷款业务为承办银行提前开拓了质量较好的资产业务。因此，银行不单是风险承担者，同时也是国家助学贷款政策的受益者。

6.4.1.2 经办银行对国家助学贷款的负向态度

建立国家助学贷款风险补偿机制，目的是提高商业银行开展国家助学贷款业务的积极性，强化高校在国家助学贷款工作中的主动性。但是这一机制在设计上存在不合理之处：国家助学贷款风险补偿资金是按照当年贷款总发生额的一定比例提前提取，而不是按照呆坏账损失的一定比例提取，超过启动阈值时支付给银行。这就意味着银行可以在收回助学贷款本金和利息之前先获得政府财政和高校共同支付的风险补偿金，这种做法在一定程度上把风险补偿变成了一种固定收费。因此，在一定程度上，使经办银行不去积极寻求并采取风险控制措施，甚至有可能会利用政策寻求抬高风险补偿资金的提取比例，进而把国家助学贷款风险转嫁给政府和高校。

成熟市场经济体系的国家，最初国家助学贷款是通过政府财政直接投入来建立，待时机成熟时再转到商业银行并实施资金来源的多元化。我国国家助学贷款制度在最初设计时选择了由商业银行来运作，而不是由政府直接提供贷款。这样的制度安排可以尽快地将国家助学贷款业务开办和推广起来，因为由商业银行来承办这项业务是利用其现成的营业网点多，人员多和业务经验丰富的优势，但是没有充分考虑到商业银行的市场主体地位和盈利的需要，为此，政策实施初期一些地方高校得不到银行发放的校园地国家助学贷款。出现了虽然政府的初始成本投资少，但是很难达到社会公众的预期值，导致无论其内部经济还是外部经济都未能实现预期收益递增的现象，影响了经办银行积极开展国家助学贷款管理的积极性。

6.4.2 经办银行未进行助学贷款过度需求违约风险管理的原因

(1) 经办银行对学生申请国家助学贷款的资料只进行形式审查,不审查申请贷款学生的在校的具体经济情况。只要高校介绍的、符合国家助学贷款审批政策规定的材料即可通过审查。未要求学生进行重要收入申报,经办银行可能不知道存有过度需求、存在改变贷款用途的情况。

(2) 经办银行助学贷款过度需求风险管理的积极性尚未完全激发。经办银行是助学贷款的发放者、管理者、风险承担者,更是助学贷款中的受益者。贷款发放后,学生在校期间的利息较早地收回作为流动资金使用,免征助学贷款的营业税,对国家助学贷款形成的呆坏账全额核销,可以在收回放贷本金和利息之前先获得政府财政和高校共同支付的风险补偿金,在一定程度上,使经办银行不去积极寻求并采取违约风险控制措施。

6.4.3 对经办银行的政策建议

(1) 树立为学生审批合适额度国家助学贷款的工作理念,在国家助学贷款风险管理的内容体系中增加助学贷款过度需求违约风险管理内容。对多期违约的学生通过法律的途径等采取进一步的贷后管理措施,以带动高校配合进行助学贷款贷后管理的积极性。

(2) 加强对申请助学贷款学生的业务政策宣讲,让学生真正了解国家助学贷款合同约定,知道国家助学贷款计息、贴息、利息调整、还款的详细规定与流程。另外,通过一定的形式开展国家助学贷款失信违约案例警示宣讲,让学生知道违约的代价,形成形象的体验,规避改变助学贷款用途等过度需求行为带来的违约行为。

(3) 建立助学贷款申请者重要收入备案制度。在贫困大学生申请国家助学贷款及年度申请额度续放确认时,将自己在本年度内获得的重要奖学金、助学金、其他额度较大的受助情况及兼职收入向学校资助管理中心和助学贷款经办银行备案,以便经办银行审慎地审批发放合理额度的助学贷款。

（4）调整年度申请额度续放确认时间，改为在所有的奖学金、助学金评定结束后进行。同时，提高国家助学贷款申请者按照年度调整助学贷款申请额度的便捷性。通常情况下，国家助学贷款合同在签订的时候就约定了大学期间以后每年的贷款额度，实践中通常在9月初即每学年的开学初完成续放确认。而高校学生的年度评优和资助发放稍有滞后，往往在10月份以后才能最终完成，意味着申请国家助学贷款学生在续放确认的时候尚不能完全知道自己的奖助收入情况。把续放确认环节放到学生奖助学金评定结束后，便于学生合理确定自己申请国家助学贷款的具体额度，在有较高收入的情况下可以便利地调整下一年度贷款申请额度，规避过度需求。

6.5 政府层面的建议

6.5.1 政府在国家助学贷款中的功能

6.5.1.1 政府首先是国家助学贷款政策的制定者

20世纪末，高等教育收费改革之后，面对新出现的贫困大学生交不起学费的现象，政府推动实施了国家助学贷款业务。从2005年开始，国家试点实施了助学贷款代偿制度，鼓励学生到西部边远和基层地区就业，并于2006年9月颁布了《高等学校毕业生国家助学贷款代偿资助暂行办法》，在全国推行了国家助学贷款代偿工作。2007年8月，财政部、教育部、国家开发银行联合在江苏、重庆、甘肃、湖北、陕西5省市开展生源地国家助学贷款业务的试点工作。2008年9月，财政部、教育部、银监会联合下发了《关于大力开展生源地信用助学贷款的通知》，全面推行生源地信用助学贷款政策，逐步建立了现阶段我国的国家助学贷款资助体系。

6.5.1.2 政府是国家助学贷款的最终受益者

国家助学贷款实施以来，受益学生众多。仅以国家开发银行为例，据央广网报道，截至 2018 年 2 月，国家开发银行已累计发放贷款 1 360 亿元，累计支持困难学生 2 220 万人次、1 039 万人。国家助学贷款具有公共产品的属性，申请助学贷款的大学生接受高等教育顺利完成学业后，均成为各行各业的科技中坚力量，在国家经济建设和社会进步中发挥着重要作用。因此，政府是国家助学贷款的最终受益者。

6.5.1.3 政府是国家助学贷款风险的最终承担者

为了加强风险管理，明确责任，激发相关主体的积极性，在国家助学贷款资助体系建立和不断完善的过程中，国家对申请助学贷款大学生在校学习期间产生的利息进行全额贴息，对经办银行的相关营业税进行减免、核销国家助学贷款不良贷款等都有特殊的规定。同时，建立了助学贷款风险补偿机制，高校和政府各承担 50％的风险补偿金，如果高校学生的违约率达到启动阈值，高校就要承担实际的风险补偿损失。我国民办高校较少，绝大多数高校的运行经费，除学生缴纳部分学费外，基本上均来自政府财政投入。因此，政府是国家助学贷款风险的最终承担者。

6.5.1.4 政府是国家助学贷款体系运行的维护者

高校和银行作为国家助学贷款体系运行中的重要主体，均接受政府的管理和监督。针对学生违约率高、银行惜贷等问题，2004 年 6 月，教育部、财政部、人民银行、银监会联合下发了《关于进一步完善国家助学贷款工作的若干意见》，对助学贷款政策进行了规范和调整，改革了国家助学贷款的还款方式，进一步明确了银行与高校的责任义务，按照“风险分担”原则建立国家助学贷款风险补偿机制。根据学费的调整和大学生就业情况，2014 年 7 月，财政部、教育部、中国人民银行和银监会联合下发《关于调整完善国家助学贷款相关政策措施的通知》，调整国家助学贷款额度；2015 年 7 月，将国家助学贷款最长期限由原先的 10 年、14 年，统一延长至 20 年。

6.5.2 政府未进行国家助学贷款过度需求风险管理的原因

政府层面，未进行国家助学贷款过度需求风险管理的原因主要是尚未关注国家助学贷款中存在的过度需求行为。面对扶贫攻坚的任务,政府提出了从“保障型资助”到“发展型资助”转变的工作理念,但对“发展型资助”包含的内容尚在探索中。就国家助学贷款而言,只考虑了通过助学贷款在帮助贫困大学生完成学业的同时提高诚信、责任、感恩等意识,实现资助育人,尚未意识到少部分学生的国家助学贷款资助过度问题,也尚未出现基于奖学金、助学金、勤工助学收入、兼职收入等结合起来的防范和管理大学生国家助学贷款过度需求的相关经验做法和管理制度。

6.5.3 政府层面的政策建议

6.5.3.1 更新国家助学贷款实施理念,提高国家助学贷款资助精度

伴随着我国高等教育收费改革,在国家助学贷款政策实施初期,对贫困生的资助体系尚不完善,只有校园地国家助学贷款,贷款规模较小,一些地方高校的贫困大学生得不到国家助学贷款,因此,实际工作中形成了帮助学生获得更多国家助学贷款的资助工作理念。成立国家资助管理中心、实施生源地国家助学贷款后,县一级国家资助管理中心直接参与生源地国家助学贷款业务介绍工作。随着教育改革的深入、国家教育投入的持续增长,国家对贫困大学生的资助体系不断完善,贫困大学生的资助体系呈多元化,贫困生接受的资助力度越来越大,对国家助学贷款的需求逐渐发生变化。国家助学贷款在学生对贫困生资助体系的接受中居于末位,有的贫困生已经不需要国家助学贷款。故助学贷款工作中的理念应由帮助学生获得更多的国家助学贷款转变为帮助学生获得合适额度的国家助学贷款。

6.5.3.2 加强国家助学贷款政策的宣传与解读

在高考报名时或高考志愿填报时,县级资助管理中心应针对高中毕业生及其家长开展国家高等教育资助体系及国家助学贷款政策解读活动,使贫困大学生(家庭)对国家助学贷款政策有正确的认识,基于资助体系,提出合理的国家助学贷款申请额度,避免从众行为,消除过度需求。

6.5.3.3 直面大学生的合理需求，从宏观层面实施校园金融供给侧改革

建立包含“保障型—发展型”的不同层次的大学生贷款供给体系。商业银行和政策性银行应在风险可控的前提下，向大学生提供规范化、定制化的金融服务，提高大学生校园金融服务质效，满足大学生在理性消费、创业、培训等方面多层次的合理的信贷资金和金融服务需求，从而降低作对为保障型的国家助学贷款的过度需求及其风险。

6.5.3.4 进行国家助学贷款定价与风险补偿改革

一是给予银行上调助学贷款利息率的权限。如给予银行可以在中国人民银行同期公布的同档次基准利率的基础上上调10%或者更高比例的权限，以提高银行发放国家助学贷款的积极性，激励银行扩大助学贷款发放规模，形成规模经济效益。二是提高国家助学贷款风险补偿金的计提比例或降低启动风险补偿金的临界值，利用风险补偿机制加大高校因毕业学生助学贷款违约而导致更大财务支出的可能，加大对高校执行国家助学贷款政策的检查，对落实政策不到位的高校给予处罚，提高毕业生违约率高的学校的国家助学贷款管理成本，促使高校更好地做好助学贷款过度需求管理工作。

6.5.3.5 重视信贷体系建设，建立健全国家助学贷款金融生态体系

加强宏观层面的改革和制度建设，构建学生贷款资产的信用评级机制，推动金融产品创新，增强国家助学贷款资产的流动性，加强风险管理，重视法规建设，完善大学生个人信用信息库，为学生申请国家助学贷款营造良好的金融生态环境。从信贷金融生态环境和法律的视角，促进学生科学合理地申请国家助学贷款，挤掉对国家助学贷款的过度需求。

6.6 本章小结

本章对目前国家助学贷款实施实践与风险管理实践进行了评析，指出

相关主体对国家助学贷款过度需求违约风险管理的不足。综合风险影响原因、影响因素与相关主体的风险管理责任，设计了国家助学贷款过度需求违约风险综合防范体系。

针对国家助学贷款运行的四个相关主体，提出了避免国家助学贷款过度需求的政策建议。

第一，大学生对国家助学贷款产生过度需求，深层次的原因是大学生在国家助学贷款申请决策中缺乏经济理性思维，产生了异质性行为，不能仅仅简单地把过度需求归结于学生的不诚信。现代市场经济条件下，诚信与经济理性密不可分，国家助学贷款的诚信和经济理性具有根源一致、逻辑一致、动力一致、目标一致的德性伦理特征。可以把经济理性教育和助学贷款诚信教育结合起来，遵从知识性、实践性和人格过程化原则，在国家助学贷款诚信教育中加强对大学生的经济理性教育。

第二，高校承担着国家助学贷款业务介绍人、见证人、后期协助催还者和风险共同承担者的角色。高校的学生辅导员在国家助学贷款实施过程中承担着政策宣讲者、咨询服务者、理性教育者和成长指导者的角色，发挥着主动教育的功能。应更新高校资助管理中心助学贷款工作的理念，把帮助大学生申请更多的国家助学贷款的传统理念更新为帮助大学生申请合适额度的国家助学贷款。加强国家助学贷款政策的宣传与解读，指导贫困大学生确定合适的助学贷款申请额度，避免产生从众行为和过度需求，进一步了解学生的消费情况及家庭经济情况，验证学生家庭贫困证明的真实性，防止不困难学生申请国家助学贷款，避免形成过度需求。发挥辅导员在国家助学贷款中的教育功能，提高辅导员进行国家助学贷款咨询和管理的能力，提高对学生的助学贷款指导与咨询的科学性，指导学生申请合适额度的国家助学贷款。

第三，经办银行是国家助学贷款的发放者和管理者，承担着国家助学贷款违约风险。贷款发放后，学生在校期间的利息由中央或地方财政贴息，贴息的资金按季度由财政部门直接划转给贷款银行，与其他贷款相比，国家助学贷款利息可以较早地收回作为流动资金使用。通过风险补偿机制，银行可以在收回放贷本金和利息之前先获得政府财政和高校共同支付的风险补偿金，在一定程度上，使经办银行不去积极寻求并采取风险控制措施。应进一步推动经办银行增加国家助学贷款风险管理投入，注重对申请国家助学贷款学生的业务政策宣讲，建立助学贷款申请者重要收入备案制度，调整年度申请额度续放确认时间，提高国家助学贷款申请者按照年度调整助学贷款申请额度的便捷性。同时，进一步落实国家助学贷款贷后管理的责任，通过一定的形式开展国家助学贷款违约案例警示宣讲，让学生知道违约的代价、形成形象的体验，科学合理地确定国家助学贷款申请额度，避免过度需求。

第四，政府首先是国家助学贷款的政策制定者、受益者、风险最终承担者，同时，政府还管理着高校、银行等主体，因此也是国家助学贷款有效运行的维护者。应更新政府的国家助学贷款资助理念，由帮助学生获得更多的国家助学贷款转变为帮助学生获得合适的国家助学贷款。进行国家助学贷款定价与风险补偿改革，提高经办银行加强国家助学贷款风险管理的积极性。加大对高校执行国家助学贷款政策的检查，促使高校更好地做好国家助学贷款的还款提醒和催收工作。在高考报名时或高考志愿填报时，县一级国家资助管理中心应针对高中毕业生及家长开展国家高等教育资助体系及国家助学贷款政策解读活动，使贫困大学生（家庭）对国家助学贷款政策有正确的认识，提出合理的国家助学贷款申请额度，消除过度需求。直面大学生的合理需求，从宏观层面实施校园金融贷款供给侧改革。建立包含“保障型—发展型”的不同层次的大学生贷款供给体系，建立健全学生助学贷款金融生态体系，降低学生对作为保障型的国家助学贷款的过度需求及其违约风险。

7 研究结论及展望

7.1 主要研究内容和基本结论

我国国家助学贷款从试点实施到如今已20余年。伴随着教育收费改革深入和国家资助体系的健全，国家助学贷款风险管理已经有了良好的研究基础。在相关研究的基础上，本书聚焦于国家助学贷款审批前贫困大学生的国家助学贷款申请决策，界定了国家助学贷款过度需求的内涵，从理论上分析了国家助学贷款过度需求的表现、特征、产生原因、影响因素、对违约风险的影响、相关主体风险管理责任划分及违约风险综合防范体系。本书运用江苏省8所高校的调查数据，对大学生的国家助学贷款需求和申请助学贷款行为、国家助学贷款过度需求的产生原因及影响因素进行了实证研究，并有针对性地提出了政策建议。本书通过研究，主要得出了以下几个层面的结论。

7.1.1 国家助学贷款过度需求的理论体系层面

第一，在家庭经济支持的基础上，大学生申请、获批并承诺愿意按期还款的未受学费和住宿费的用途约束而用于其他支出的国家助学贷款需求，构成了大学生对国家助学贷款的过度需求。国家助学贷款过度需求直接表现为两部分内容：一是申请者获得了较高的奖学金、助学金或者有较高的勤工助学以及兼职收入，结合家庭的经济支持，在只需要少量的国家助学贷款甚至不需要国家助学贷款支付学费和住宿费的情况下，仍然按照政策规定的上限额度申请国家助学贷款；二是申请者有支付学费和住宿费的能力而不缴费，把这部分资金挪作其他支出转而申请国家助学贷款，用获批后的国家助学贷款冲抵学费和住宿费，是一种变相改变贷款用途的过度需求。大学生对国家助学贷款的过度需求具有非恶意性、非普遍性和复杂性的特征。

第二，大学生在申请国家助学贷款决策中缺乏经济理性思维是导致其产生过度需求的根本原因。作为一种个人信贷行为，学生申请国家助学贷款呈现为一个完整的心理过程，学生对国家助学贷款的认知、对国家助学贷款的申请意愿和申请国家助学贷款的行为受学生本人、家庭成员、主要社会关系、学生成长的经济社会环境等多种因素的影响，具有复杂的形成机制。

在国家助学贷款“政策认知—产生申请意愿—形成贷款需求—确定额度期限—发生申请行为—续贷申请确认—还款”的全过程中：① 就政策认知阶段而言，学生不了解国家助学贷款政策，未形成正确的认知，部分学生将国家助学贷款错误地理解为国家的资金，不需要偿还；部分学生对助学贷款的财政贴息产生误解，认为不需要承担利息等成本，从而申请高额度的国家助学贷款，形成国家助学贷款过度需求。② 就产生申请意愿而言，主动的过度需求，归结于学生的诚信问题；非主动的过度需求，则要分析影响学生意愿的因素。心理学认为，个体的行为有其完整的心理过程，发生申请国家助学贷款行为是知、情、意过程的组后一个阶段，要受到认知、情绪情感的影响，即政策认知、偏好等的影响。③ 就产生需求阶段而言，受在校收入高、其他相关贷款的成本高、学生对国家助学贷款的偏好大、对未来收入的预期高、申请国家助学贷款的学生数量多等因素的综合影响，大学生容易对国家助学贷款产生过度需求。④ 就确定额度期限而言，学生确定贷款额度的主要依据包含两部分内容，一是对未来还款能力的分析。二是对贷款申请不能获得批准风险的补偿，即基于贷款后（事后）的边际收益做出判断，学生为了应对国家助学贷款不能获批的可能性，在确定贷款额度时倾向于申请较大额度的贷款。⑤ 就发生申请行为而言，主要为从众影响下三个方面的统一，一是大学生自己认为签订助学贷款合同时相关的决策已经完成，忽视了对以后年度贷款续放申请额度调整的再思考；二是决策结果与申请的行为得到家长的支持；三是有可能受亲属、同学等其他相关者的影响。

第三，国家助学贷款过度需求增大了助学贷款违约风险。主要体现在申请国家助学贷款贫困大学生毕业后的还款能力风险和道德风险两个方面。其一，在国家助学贷款审批的过程中，经办银行很难对申请学生的在校经济情况进行详细的审查，只对申请贷款大学生是否持有乡镇（街道）及以上民政部门开具的贫困证明进行形式上的审查。在奖学金、助学金和兼职收入等在校收入能够满足学费和住宿费总额的情况下，大学生申请的过度需求的助学贷款，无论是合理地用于其他教育性投资还是非合理地用于其他获利性投资或高档消费，本质上都是改变（或是变相改变）了这部分国家助学贷款的用途，形成道德风险，从而增大了国家助学贷款的违约风险。其二，在还款能力评估中，一方面，学生做出国家助学贷款申请决策时可能未考虑对未来职业的预期，甚至更不可能设想自己毕业独立生活后的各项经济支出。另一方面，贫困生能充分理解父母的生活辛苦，更易倾向于用自己的信用申请国家助学贷款。如果申贷学生毕业后总体收入偏低，在扣除基本生活支出后，收入不足以支付国家助学贷款本息，就会产生违约；或者还款期内，因临时性支出过大导致无力偿还该期还款额度，也会产生违约，陷入还款能力过度自信的陷阱，增大了贫困大学生因实际还款能力低导致的违约风险。

7.1.2 国家助学贷款过度需求的实证分析层面

第一，贫困大学生对国家助学贷款存有普遍的需求，以小额借贷需求为主，期望借贷期限以中期为主，超过 1/3 的贫困学生生活费需要借贷支持，但主要借贷需求仍以满足学费和住宿费为主；选择行为上，国家助学贷款是农村贫困大学生借贷的主渠道，部分贫困大学生对借贷渠道拘于传统认识，对国家助学贷款政策不了解。贫困生家庭中，家长的文化水平、人均收入水平、家庭接受非义务教育的人数对贫困大学生的国家助学贷款需求和实际发生申请助学贷款行为均有正向影响，家庭拥有的固定资产价值对贫困大学生的国家助学贷款需求和实际发生申请助学贷款行为均有负向影响。非农业收入占比只对贫困大学生的国家助学贷款需求有负向影响。劳动力数量和医疗支出只对贫困大学生实际发生申请助学贷款行为有正向的影响，家庭的人口数量只对贫困大学生实际发生申请助学贷款行为有负向的影响。

第二，大学生对国家助学贷款存有过度的需求。构建的国家助学贷款需求模型及国家助学贷款过度需求影响因素假设检验模型均通过了检验。对国家助学贷款过度需求影响因素假设检验模型的实证检验发现，在校收入、替代贷款、贷款偏好、预期收入、申贷者数量、对助学贷款政策的认识等是贫困大学生形成国家助学贷款过度需求的主要影响因素。获得的较高额度的奖助学金与兼职收入、对国家助学贷款有较大偏好、对工作后的预期收入和支出估计越不准确、易受其他申请贷款者的影响、对助学贷款违约后果越不清楚、越容易获得乡镇（街道）民政部门贫困证明的大学生其申请的国家助学贷款中存在过度需求的可能性越大。加入虚拟变量的国家助学贷款过度需求影响因素假设检验模型的实证检验发现，女性和非东部生源地区的大学生更容易产生对国家助学贷款的过度需求。国家助学贷款还款期限延长易导致过度需求。

7.1.3 国家助学贷款过度需求违约风险产生原因分析层面

第一，国家助学贷款风险管理理念未及时更新。政府层面，面对扶贫攻坚的任务，提出了“保障型资助”到“发展型资助”的理念，但对“发展型资助”包含的内容尚在探索中。就国家助学贷款而言，只考虑到了通过助学贷款在帮助其完成学业的同时提高诚信、责任、感恩等意识，实现资助育人，尚未形成完整思路对待少部分学生的资助过度问题。高校层面，基于不断完善的资助体系，某些高校对获得国家奖学金的贫困生不再给予国家助学金最高 4 000 元的资助。有的高校做出了奖助不超过 10 000 元的限制，还有的高校不允许国家奖学金连续获得。这些措施的出现，体现了高校对待学生资助工作的公平性。但尚未出现基于奖助学金、勤工助学、兼职收入等结合起来的防范和管理大学生国家助学贷款过度需求的相关经验做法和管理制度。

第二,经办银行助学贷款过度需求风险管理的积极性尚未完全激发。经办银行是助学贷款的发放者、管理者、风险承担者,更是助学贷款中的受益者。贷款发放后,学生在校期间的利息由中央或地方财政贴息,贴息的资金按季度由财政部门直接划转给贷款银行,较早地收回作为流动资金使用;国家免征助学贷款的营业税,对国家助学贷款形成的呆坏账全额核销。风险补偿机制中,国家助学贷款风险补偿资金是按照当年贷款总发生额的一定比例提取,而不是按照呆坏账损失的一定比例提取,并全部支付给银行。这就是说银行可以在收回放贷本金和利息之前先获得政府财政和高校共同支付的风险补偿金,这种做法在一定程度上把风险补偿变成了一种固定收费。因此,在一定程度上,使经办银行不去积极寻求并采取风险控制措施,甚至有可能会利用政策寻求抬高风险补偿资金的提取比例,进而把助学贷款风险及其管理责任转嫁给政府和高校。另外,经办银行对学生申请国家助学贷款的资料只进行形式审查,只要高校介绍的符合政策规定的即可通过,未进行申贷学生重要收入申报,银行不知道审批的贷款中存有过度需求,存在改变贷款用途的情况。

第三,高校的原因主要有两个方面,一是风险识别与管理上,国家助学贷款管理工作理念为帮助学生申请更多的国家助学贷款,尚未转变到帮助学生申请合适额度的国家助学贷款。在国家助学贷款学生的初审环节未审核其奖助学金及兼职收入等重要收入情况,在学生申请环节缺乏有针对性的个体指导。二是学生行为教育引导上,开展国家助学贷款诚信教育的有效性不足,只是在价值观、行为规范层面进行诚信教育,忽视了对大学生经济理性教育。申请国家助学贷款学生缺乏经济理性思维,受预期收入过度自信和贷款申请从众行为影响,容易产生对国家助学贷款的过度需求。

7.1.4 国家助学贷款过度需求违约风险防范对策层面

第一,设计了国家助学贷款过度需求违约风险综合防范体系。对目前国家助学贷款风险管理实践进行了评析,指出目前管理实践对国家助学贷款过度需求违约风险管理的不足。综合风险影响渠道、影响因素与相关主体的风险管理责任，设计了国家助学贷款过度需求违约风险综合防范体系。

第二，从风险防范政策层面、风险管理操作层面和风险防范教育引导层面，对相关主体进行国家助学贷款过度需求违约风险防范提出以下建议。

在助学贷款过度需求违约风险防范政策层面。坚持“发展型资助”方向，树立帮助学生申请合适额度国家助学贷款的工作理念。政府应从宏观层面实施校园金融供给侧改革，建立“保障—发展”的不同层次的大学生贷款供给体系，支持商业银行和政策性银行在风险可控的前提下，向大学生提供规范化、定制化的金融服务，提高大学生校园金融服务质效，满足大学生在消费、创业、培训等方面合理的信贷资金和金融服务的多层次需求。从而降低其对作为保障型的国家助学贷款的过度需求及其违约风险。进行国家助学贷款定价与风险补偿改革，一是给予银行上调国家助学贷款利息率的权限，激励银行扩大助学贷款发放规模，形成规模经济效益；二是提高国家助学贷款风险补偿金的计提比例或降低启动风险补偿金的临界值，利用风险补偿机制加大高校因毕业学生助学贷款违约而导致更大财务支出的可能，促使高校更好地开展助学贷款过度需求违约风险防范工作。

在助学贷款过度需求违约风险管理操作层面，在国家助学贷款违约风险管理的内容体系中，增加国家助学贷款过度需求违约风险的管理内容。银行与高校要密切配合，建立学生重要奖助、兼职等收入的备案制度，做好对申请国家助学贷款学生在家庭贫困情况、奖助学金及兼职收入情况的审查，指导他们申请合适额度的国家助学贷款，防止过度需求。调整年度申请额度续放确认时间，改为在所有的奖助学金评定结束后进行。同时，提高国家助学贷款申请者按照年度调整助学贷款续放额度的便捷性，便于学生合理确定自己续贷国家助学贷款的具体额度，在有较高收入的情况下可以便利地调整下一年度助学贷款额度，规避过度需求。

在助学贷款过度需求违约风险防范教育引导层面。一方面，加强国家助学贷款政策的宣传与解读。县级资助管理中心应在高考报名时或高考志愿填报时，针对高中毕业生及家长开展国家高等教育资助体系及国家助学贷款政策解读活动。高校在高考招生宣传时或发放录取通知文件中增加针对学生及家长的政策解读内容，使贫困大学生（家庭）对国家助学贷款政策有正确的认识，提出合理的国家助学贷款申请额度，避免从众行为，消除过度需求。另一方面，政府应加强宏观制度建设，构建学生助学贷款的信用评级机制，推动金融产品创新，增强国家助学贷款资产的流动性，积极重视制度和法规建设，完善个人信用信息库，为学生贷款营造良好的金融生态环境。高校在加强诚信教育的同时注重对学生的经济理性教育。从信贷金融生态环境和法律的视角促进学生科学合理地申请国家助学贷款，降低对国家助学贷款的过度需求。

7.2 创新点

本书的有益探索和创新性的研究工作主要体现在以下几个方面：

第一，提出了国家助学贷款过度需求的概念体系，并提出大学生对国家助学贷款的过度需求会增加国家助学贷款违约风险的观点。即在已有文献的基础上，综合需求理论、过度自信理论、从众理论、行为决策理论和信息不对称理论等，对国家助学贷款过度需求的内涵、表现、特征、产生原因、影响因素、对违约风险的影响等进行了系统的理论分析，初步构建了国家助学贷款过度需求研究的理论框架。

第二，提出了国家助学贷款违约风险管理研究新的视角。与已有研究关注国家助学贷款获批后违约风险管理不同，在学生完成助学贷款申请决策之前，把学生对国家助学贷款的过度需求从学生对国家助学贷款的需求中独立出来，作为导致国家助学贷款违约风险的一种异质性行为聚焦研究，匡正了当前国家助学贷款风险管理研究中忽略助学贷款申请决策中学生的异质性行为及其导致违约风险的不足。

第三，设计了国家助学贷款需求与申请助学贷款行为检验模型、国家助学贷款过度需求模型及过度需求影响因素理论模型，并进行了实证检验；分析了国家助学贷款过度需求违约风险的产生渠道，评析了当前国家助学贷款风险管理实践，结合各相关主体在国家助学贷款运行体系中的角色和风险管理责任，构建了国家助学贷款过度需求违约风险综合防范体系，对各相关主体提出了有针对性的建议。

7.3 局限性

本书对国家助学贷款过度需求的研究聚焦于大学生在国家助学贷款申请决策中的相关异质性行为对国家助学贷款需求的影响，进行了国家助学贷款过度需求形成原因、风险分析及管理防范研究。在目前的情况下，由于我国“发展中经济”的特征，现阶段探索的大学生国家助学贷款精准资助，主要是希望做到精准地发现贫困学生、精准地认定建档、鼓励学生申请生源地或者校园地国家助学贷款完成学业，关注学生对国家助学贷款过度需求的文献不多，理论界对于国家助学贷款中的过度需求问题尚没有达成完全一致的认识，这必然会影响到本书研究框架的完善性。此外，与普通个人信用贷款申请者相比，大学生群体缺乏全职性的生产性收入，极具特殊性；处于接受高等教育过程中的大学生，其认知与思维在不断变化、修正，具有很强的动态性。故对大学生助学贷款的违约风险评估与普通的个人信贷风险评估差异较大。综上所述，大学生在国家助学贷款中的过度需求及其风险管理是行为金融理论体系下国家助学贷款风险管理研究的一个崭新的领域，本书只是该领域的初步尝试和探索性研究，许多问题未能进行系统的深入分析。

从样本选择来看，调查高校的范围尚有扩大的空间。受笔者调查能力范围的影响，本书只在江苏省内选择了 8 所高校进行了问卷调查。虽然被调查学生的生源地覆盖了全国 25 个省级行政区域，但选择样本高校的区域和生源地的省级区域仍有可以继续扩大样本范围的空间。因此，样本量如果更加丰富，将有助于更加真实地揭示国家助学贷款过度需求的产生规律。

7.4 研究展望

国家助学贷款过度需求，是伴随着国家资助体系逐步健全和资助力度增大而出现的新现象。本书对其产生原因、影响因素、风险分析及防范对策等探索只是开始，未来的研究可以继续关注：

一是深入挖掘大学生在申请国家助学贷款中对毕业后预期收入的过度自信与贷款申请中的从众行为的内涵并阐明预期收入过度自信、助学贷款申请从众行为与国家助学贷款过度需求之间的逻辑关系。在对研究层次、发生机制、衡量标准、观测指标等进行深入剖析的基础上，进一步完善国家助学贷款过度需求的理论框架。

二是在进行国家助学贷款过度需求风险分析时，本书已经提出了系统的国家助学贷款过度需求违约风险综合防范体系。但在具体的管理操作中，需要根据学生申请国家助学贷款的整个流程和国家助学贷款过度需求的影响因素构建具体的国家助学贷款过度需求预警体系。亦可以运用一定的定量方法，判断过度需求违约风险的存在程度，以便于进一步调整国家助学贷款过度需求违约风险管理的制度与措施。

附　　录

附录1　有关国家助学贷款的部分文件

国务院办公厅转发中国人民银行等部门关于国家助学贷款管理规定(试行)的通知

(国办发〔1999〕58号)

各省、自治区、直辖市人民政府,国务院各部委、各直属机构:

中国人民银行、教育部、财政部《关于国家助学贷款的管理规定(试行)》已经国务院同意,现转发给你们,请遵照执行。为使国家对经济困难的学生助学贷款工作顺利进行,先在北京、上海、天津、重庆、武汉、沈阳、西安、南京等市进行试点,待条件成熟后再逐步推行。有关地方人民政府和国务院有关部门,要注意了解试点情况,总结经验,适时完善管理规定。

中华人民共和国国务院办公厅

一九九九年六月十七日

关于国家助学贷款的管理规定(试行)

中国人民银行　教育部　财政部

(一九九九年五月十三日)

为促进教育事业的发展,依据《中华人民共和国中国人民银行法》、《中华人民共和国商业银行法》、《中华人民共和国教育法》等法律的有关规定,现就实行国家助学贷款有关事项作如下规定:

(一)国家助学贷款适用于中华人民共和国(不含香港特别行政区、澳门和台湾地区)高等学校(以下简称:学校)中经济确实困难的全日制本、专科学生。

(二)国家助学贷款是以帮助学校中经济确实困难的学生支付在校期间的学费和日常生活费为目的,运用金融手段支持教育,资助经济困难学生完成学业的重要形式。

(三)中国工商银行为中国人民银行批准的国家助学贷款经办银行。国家助学贷款的具体管理办法由中国工商银行制定,报中国人民银行批准后执行。

一、管理体制

(四)为保证国家助学贷款制度的顺利实行,由教育部、财政部、中国人民银行和中国工商银行组成全国助学贷款部际协调小组(以下简称:部际协调组)。教育部设立全国学生贷款管理中心,作为部际协调组的日常办事机构。各省、自治区、直辖市设立相应的协调组织和管理中心。

(五)部际协调组主要负责协调教育、财政、银行等部门及学校之间的关系,制定国家助学贷款政策,确定中央部委所属学校年度国家助学贷款指导性计划。其中:教育部主要负责根据国家教育发展状况,会同有关部门研究如何利用助学贷款的有关政策;财政部主要负责筹措、拨付中央部委所属学校国家助学贷款的贴息经费(含特困生贷款的还本资金),监督贴息经费使用情况;中国人民银行主要负责根据国家有关政策,确定国家助学贷款经办银行,审批有关办法,监督贷款执行情况;经办银行负责贷款的审批、发放与回收。

(六)全国学生贷款管理中心负责根据部际协调组确定的年度国家助学贷款指导性计划,接收、审核中央部委所属学校提交的贷款申请报告,核准各学校贷款申请额度，并抄送经办银行总行；统一管理财政部拨付的中央部委所属学校国家助学贷款贴息经费，接受国内外教育捐款，扩大贴息资金来源，并将贴息经费专户存入经办银行；根据经办银行发放的国家助学贷款和特困生贷款数量，按季向经办银行划转贴息经费；与经办银行总行签定国家助学贷款管理协议；向经办银行提供有关信息材料；协助经办银行监督、管理国家助学贷款的发放、使用，协助经办银行按期回收和催收国家助学贷款；指导各地区学生贷款管理中心工作；办理部际协调组交办的其他事宜。

（七）各省、自治区、直辖市国家助学贷款协调组织，根据部际协调组确定的有关政策，领导本行政区域国家助学贷款工作；负责协调本行政区域教育、财政、银行等部门及学校之间的关系；提出本行政区域所属学校的国家助学贷款年度指导性计划。

（八）各省、自治区、直辖市学生贷款管理中心为本行政区域内国家助学贷款协调组织的日常办事机构，根据本行政区域协调组织确定的年度国家助学贷款指导性计划，接收、审核所属学校提交的贷款申请报告，核准各学校贷款申请额度，并抄送同级经办银行；统一管理地方财政拨付的贷款贴息经费及特困生贷款偿还所需经费，贴息经费专户存入经办银行；根据经办银行发放的国家助学贷款和特困生贷款数量，按季向经办银行划转贴息与当地有关经办银行签定国家助学贷款管理协议；向经办银行提供有关信息材料；协助经办银行监督、管理贷款的发放、使用和回收，并负责协助经办银行催收贷款；办理同级协调组织交办的其他有关事宜。

（九）各学校要指定专门机构统一管理本校国家助学贷款工作，负责对申请贷款的学生进行资格初审；按期向学生贷款管理中心报送全校年度贷款申请报告；根据学生贷款管理中心核准的贷款申请额度，将经初审的学生贷款申请报送经办银行；与经办银行签定国家助学贷款管理协议；协助经办银行组织贷款的发放和回收，并负责协助经办银行催收贷款；及时统计并向上级学生贷款管理中心和有关经办银行提供学生的变动（包括学生就业、升学、转校、退学等）情况和国家助学贷款的实际发放情况；办理学生贷款管理中心交办的其他事宜。

（十）国家助学贷款经办银行接受中国人民银行的监督，负责按照国家信贷政策，制定国家助学贷款的具体管理办法；审核各学校报送的学生个人贷款申请报告等相关材料，按贷款条件审查决定是否发放贷款；具体负责贷款的发放和回收；有权根据贷款的回收情况、学生贷款管理中心和学校在催收贷款方面的配合情况，决定是否发放新的国家助学贷款。

二、贷款的申请和发放

（十一）经办银行发放的国家助学贷款属于商业性贷款纳入正常的贷款管理。

（十二）国家助学贷款实行学生每年申请、经办银行每年审批的管理方式。

（十三）经办银行负责确定国家助学贷款的具体发放金额，其中：用于学费的金额最高不超过借款学生所在学校的学费收取标准；用于生活费的金额最高不超过学校所在地区的基本生活费标准。

（十四）学生申请国家助学贷款必须具有经办银行认可的担保，担保人应当与经办银行订立担保合同。

（十五）确实无法提供担保、家庭经济特别困难的学生，可以申请特困生贷款。特困生贷款由学校提出建议，报上级学生贷款管理中心审批后，由经办银行按有关规定办理贷款手续。

（十六）经办银行核批国家助学贷款，并将已批准发放贷款的学生名单及其所批准的贷款金额反馈相应的学生贷款管理中心和学校，学校上报上级学生贷款管理中心备案，并配合经办银行加强贷款管理。

三、贷款期限、利率和贴息

（十七）国家助学贷款的经办银行根据学生申请，具体确定每笔贷款的期限。

（十八）国家助学贷款利率按中国人民银行公布的法定贷款利率和国家有关利率政策执行。

（十九）为体现国家对经济困难学生的优惠政策，减轻学生的还贷负担，财政部门对接受国家助学贷款的学生给予利息补贴。学生所借贷款利息的50%由财政贴息，其余50%由学生个人负担。财政部门每年按期、按规定向学生贷款管理中心拨付贷款贴息经费。

（二十）国家鼓励社会各界以各种形式为经济困难学生提供助学贷款

担保和贴息。

四、贷款回收

（二十一）学生所借贷款本息必须在毕业后四年内还清。为保证国家助学贷款的回收，学生毕业前必须与经办银行重新确认或变更借款合同，并办理相应的担保手续。此项手续办妥后，学校方可办理学生的毕业手续。

（二十二）在借款期间，学生出国（境）留学或定居者，必须在出国（境）前一次还清贷款本息，有关部门方可给予办理出国手续；凡需转学的学生，必须在其所在学校和经办银行与待转入学校和相应经办银行办理该学生贷款的债务划转后，或者在该学生还清所借贷款本息后，所在学校方可办理其转学手续；退学、开除和死亡的学生，其所在学校必须协助有关经办银行清收该学生贷款本息，然后方可办理相应手续。

（二十三）特困生贷款到期无法收回部分，由提出建议的学校和学生贷款管理中心共同负责偿还（其中：学校偿还 60%，学生贷款管理中心偿还 40%）。学校所需的偿还贷款资金在学校的学费收入中列支；学生贷款管理中心所需的偿还贷款资金，在财政部门批准后的贴息经费中专项列支，专款专用。

（二十四）借款学生不能按期偿还贷款本息的，按中国人民银行有关规定计收罚息。

（二十五）对未还清国家助学贷款的毕业生，其接收单位或者工作单位负有协助经办银行按期催收贷款的义务，并在其工作变动时，提前告知经办银行；经办银行有权向其现工作单位和原工作单位追索所欠贷款。

关于印发《国家助学贷款管理操作规程（试行）》的通知

（教财〔1999〕16 号）

各省、自治区、直辖市教委、教育厅、广东省高教厅，计划单列市教委、国务院有关部委教育司（局），北京、上海、天津、重庆、武汉、沈阳、西安、南京等城市的国务院有关部委所属高等学校：

根据国务院办公厅批转的中国人民银行、教育部、财政部《关于国家助学贷款的管理规定(试行)》和中国工商银行制定的《中国工商银行国家助学贷款试行办法》,我部制定了《国家助学贷款管理操作规程(试行)》,现印发给你们,请遵照执行。

附件:国家助学贷款管理操作规程(试行)

教育部

国家助学贷款管理操作规程(试行)

第一章 总 则

第一条 为做好全国学生贷款管理中心负责的国家助学贷款管理工作,依据国务院办公厅批转的中国人民银行、教育部、财政部《关于国家助学贷款的管理规定(试行)》(国办发[1999]58号)和中国工商银行制定的《中国工商银行国家助学贷款试行办法》(以下简称工商银行试行办法),制定本操作规程。

第二条 为保证国家助学贷款政策的顺利执行,教育部设立全国学生贷款管理中心(以下简称:管理中心),为全国助学贷款部际协调小组(以下简称:部际协调组)的日常办事机构,全面管理中央部委所属高校(以下简称:学校)国家助学贷款工作,并对各省、自治区、直辖市学生贷款管理中心的工作加以指导。学校指定专门机构管理本校国家助学贷款工作。

第三条 中国工商银行为中国人民银行批准的国家助学贷款经办银行,制定国家助学贷款的具体管理办法,负责管理国家助学贷款的审批、发放和回收等项工作。

第四条 国家助学贷款的目的是帮助学校中经济确实困难的学生支付在校期间的学费和基本生活费,以完成学业。

第五条 本操作规程所指借款人是指学校申请国家助学贷款的全日制本、专科学生。贷款人是指办理国家助学贷款的工商银行分支机构。

第二章 贷款对象和条件

第六条 贷款对象为学校中经济确实困难的全日制本、专科学生。

第七条 申请贷款的学生应具备以下条件:

(一)具有完全的民事行为能力(未成年人须由其法定监护人书面同

意）；

（二）遵纪守法，无违法违纪行为；

（三）学习成绩较好；

（四）在校期间所能获得的收入不足以支付完成学业所需基本费用（包括学费、基本生活费）；

（五）诚实守信；

（六）符合《中国工商银行国家助学贷款管理试行办法》中规定的其他条件。

第三章　贷款计划的确定

第八条　学校于每年九月十五日前，根据学生的贷款申请，将学校贷款申请报告（包括学校经济困难学生的数量和所占在校生比例，计划贷款额度等内容）报送管理中心。

第九条 管理中心将学校贷款申请报告审核汇总后，根据部际协调组确定的学校国家助学贷款指导性计划及财政部核定的年度贴息经费，按照各学校经济困难学生占在校生的比例分配学校的贷款额度，于每年九月三十日前下达给各学校，同时抄送中国工商银行总行。

第十条　中国工商银行总行根据年度贷款控制总额和各学校的国家助学贷款额度，将贷款控制总额于分解下达到相关分行。

第十一条　各学校收到管理中心下达的国家助学贷款额度通知后，于开始与经办银行办理具体贷款事宜。

第四章　学生贷款金额的核定

第十二条　学生贷款金额的计算公式为：

学生贷款金额＝所在学校收取的学费＋所在城市规定的基本生活费－个人可得收入（包括家庭提供的收入、社会等其他方面资助的收入）。

第十三条　各学校根据管理中心下达的贷款额度控制学校贷款规模，核定每个学生的年度借款金额。

第十四条　经办银行负责最后确定国家助学贷款对学生的实际发放金额，其中，用于学费的金额最高不超过借款学生所在学校的学费收取标准，用于生活费的金额最高不超过学校所在地区的基本生活费标准。

第五章　贷款申请

第十五条　学生在校期间原则上只能申请一次国家助学贷款，并须在新学年开学前后10日内向所在学校提出申请。

第十六条　借款学生须凭本人有效证件向所在学校领取国家助学贷款申请书等有关材料，并如实填写。

第十七条　借款学生须如实提供如下材料：

（一）本人身份证及复印件（未成年人须提供法定监护人的有效身份证明和书面同意借款的证明）。

（二）提供家庭有关人员收入证明，或其他渠道取得收入的证明材料。

（三）经办银行要求提供的其他材料。

第六章　贷款的审批与发放

第十八条　学校负责根据国家助学贷款的有关规定和年度贷款额度对借款的学生进行资格初审。

第十九条　学校在收到借款学生的借款申请后，应按有关规定对申请书内容及所提供证明材料的真实性进行认真审查；在初审合格的学生贷款申请书上加盖公章予以确认，并编制《国家助学贷款申请名册》（一式二份，一份借款学生所在学校留存，一份交经办银行）。

第二十条　学校在收到管理中心下达的国家助学贷款分配额度通知后，应及时将下列有关材料汇总后交经办银行：（一）《国家助学贷款申请名册》。

（二）《国家助学贷款申请书》。

（三）经办银行要求的其他材料。

第二十一条　经办银行在收到学校报送的借款人申请材料后，于20个工作日内将审查后同意发放贷款的《国家助学贷款申请名册》交借款学生所在学校，由学校统一组织借款人办理有关手续。未成年人须按经办银行规定由其法定监护人在贷款合同上签字认可。

第二十二条　经办银行收到学校送达的借款人申请国家助学贷款的合同等材料后，经审核无误，编制放款通知书，并通知借款人所在学校。

第二十三条　国家助学贷款实行一次签定合同、学费贷款分年发放、基本生活费贷款分月发放的办法。

第二十四条　学费贷款由经办银行按学年直接划入借款人所在学校指定的帐户，基本生活费贷款由经办银行于每月 10 日前直接划入借款人的活期存款帐户。基本生活费贷款一学年按 10 个月发放，每年二月和八月不发放。

第二十五条　学校应将经办银行批准发放的国家助学贷款学生名单及贷款金额汇总，上报管理中心备案。

第二十六条　对确实无法提供担保的学生，由学校提出建议报管理中心批准后，由经办银行按规定办理国家助学贷款手续。

第七章　贷款的变更

第二十七条　借款学生的贷款金额确定后，在贷款期限内保持不变。中途要求中止贷款，可通过学校向经办银行申请中止贷款发放。如遇特殊情况需要追加贷款金额的，可另行办理追加贷款及担保手续。

第二十八条　在借款期间转学的学生，必须由所在学校和经办银行与待转入学校和相应经办银行办理该生贷款的债务划转手续后，或者在该生还清借款本息后，所在学校方可办理其转学手续。

第二十九条　借款人在使用贷款期间，如违反经办银行有关规定，经办银行可停止发放贷款，并可要求借款人和担保人偿还全部贷款本息。

第八章　贷款期限、利率及用途

第三十条　国家助学贷款期限最长不超过借款人毕业后四年(由经办银行根据贷款时间相应确定贷款期限)。

第三十一条　国家助学贷款利率按照中国人民银行公布的法定贷款利率和国家有关利率政策执行。

第三十二条　学生的学费贷款用于支付借款学生学习期间的学费，基本生活费贷款用于借款学生自身日常基本生活费用的支出。借款学生应严格按照贷款规定的用途使用借款。

第九章　贷款贴息

第三十三条　为体现国家对经济困难学生的优惠政策，减轻学生的还贷负担，对接受国家助学贷款的学生给予利息补贴。学生所借国家助学贷款利息的 50％由财政贴息，其余 50％由学生个人负担。

第三十四条　管理中心统一管理财政部拨付的学校国家助学贷款贴

息经费，并实行专户管理，专户存入经办银行总行。

第三十五条　管理中心在每季度末按照经办银行总行提供的国家助学贷款贴息清单进行核对。核对无误后，将贴息经费划入经办银行总行。

第三十六条　管理中心应加强对贴息经费的管理，加强国家助学贷款的宣传，不断扩大国内外社会各界的捐款力度，增加贴息经费来源。

第十章　贷款的回收、计息及展期

第三十七条　学生毕业前必须与经办银行办理还款确认手续，并根据经办银行的要求重新办理相应的担保手续。贷款担保方式是保证担保的，如借款人已明确离校后去向，应向贷款人递交其接收单位出具的《保证协助中国工商银行按期催收国家助学贷款承诺书》，由接收单位负责协助按期催收贷款。如借款人不办理确认手续或提交上述材料的，学校暂缓为其办理毕业手续。

第三十八条　借款人应按照签定借款合同时约定的还款方式、还款时间归还本息。借款人需在异地归还贷款的，应按经办银行有关规定办理。

第三十九条　借款人毕业后，学校需将借款人的去向、变动情况、联系地址等函告经办银行，借款人也应按照合同的要求，及时向贷款人和学校通报变动后的单位、联系地址以及还款方式、贷款担保等有关变化情况。

第四十条　借款人毕业后到异地工作的，可采取通过异地工商银行分支机构汇款到贷款机构的方式归还贷款；贷款人也可与借款人工作所在地工商银行分支机构进行协商，办理贷款转移手续。

第四十一条　由学校提出建议，经管理中心批准的无担保国家助学贷款到期无法收回的部分，应按国务院有关规定执行。

第四十二条　国家助学贷款不办理展期。

第十一章　信息管理

第四十三条　学校、管理中心、中国工商银行总行及其有关分支机构银行应制定国家助学贷款信息管理制度，妥善管理有关国家助学贷款的一切信息资料，并对贷款信息实行计算机管理。

第四十四条　各学校应妥善保管学生的国家助学贷款申请书、证明材料等有关信息资料，实行国家助学贷款的发放、回收、变动等的计算机管理，配合经办银行建立学生个人信誉档案。

第四十五条　各学校应及时向管理中心报送经办银行已批准发放的国家助学贷款学生名册(包括无担保学生)、所批准的贷款金额及贷款协议等变动情况。

第四十六条　管理中心应及时了解国家助学贷款计划以及贷款申请、发放、回收、变动等情况。指导学校的贷款工作。

第四十七条　工商银行总行及各学校在每季度结束后的十日内及时向管理中心提供国家助学贷款余额等增减变化情况。

第十二章　附　　则

第四十八条　各省、自治区、直辖市应按照国办发[1999]58 号文件有关规定,参照本操作规程并结合本地区实际情况,制定本行政区域所属高校的国家助学贷款管理操作规程。同时,按期向管理中心报送本地区国家助学贷款计划及贷款工作执行情况。

第四十九条　本操作规程由中华人民共和国教育部负责解释。

第五十条　本操作规程自正式公布之日起实行。

国务院办公厅转发中国人民银行等部门关于助学贷款管理若干意见的通知

(国办发〔2000〕6 号)

各省、自治区、直辖市人民政府,国务院各部委、各直属机构:

中国人民银行、教育部、财政部《关于助学贷款管理的若干意见》(以下简称《若干意见》)已经国务院同意,现转发给你们,请认真贯彻执行。

中华人民共和国国务院办公厅

二〇〇〇年二月一日

关于助学贷款管理的若干意见

中国人民银行 教育部　财政部

（一九九九年十二月二十三日）

为支持教育事业的发展，推动科教兴国战略的实施，根据《中华人民共和国商业银行法》、《中华人民共和国教育法》等法律法规的有关规定，现就完善国家助学贷款管理办法和开展一般商业性助学贷款工作提出以下意见：

助学贷款包括国家助学贷款和一般商业性助学贷款两类。

国家助学贷款是按照《国务院办公厅转发中国人民银行等部门关于国家助学贷款管理规定（试行）的通知》（国办发[1999]号，以下简称《通知》）的要求，由中国工商银行开办的、国家财政贴息的，适用于中华人民共和国（不含香港和澳门特别行政区、台湾地区）高等学校中经济确实困难的全日制本、专科学生的助学贷款。

一般商业性助学贷款是指金融机构对正在接受非义务教育学习的学生或其直系亲属、或法定监护人发放的商业性贷款；只能用于学生的学杂费、生活费以及其他与学习有关的费用。一般商业性助学贷款财政不贴息，各商业银行、城市信用社、农村信用社等金融机构均可开办。

一、完善国家助学贷款管理办法

（一）中国工商银行要继续积极办理国家助学贷款。要在防范风险的前提下，继续探索国家助学贷款的多种担保形式；要简化贷款审批程序，合理确定贷款期限；要在中国人民银行规定的范围内，在利率水平上对借款人给予适当优惠。

（二）停止执行《通知》的第十五条、第二十三条。确实无法提供担保、家庭经济特别困难的学生以及其他学生均可申请信用方式的国家助学贷款。

二、进一步开办一般商业性助学贷款

（一）各金融机构要在信贷原则的指导下，积极开办一般商业性助学贷款业务，其中，包括信用助学贷款和担保助学贷款。要切实提高服务质量，提高工作效率，及时总结经验，完善管理制度；农村信用社也要充分发挥自身优势，在学生家庭所在地对学生或家长发放担保助学贷款和信用

助学贷款。

（二）对年满18周岁的在校大学生一般发放信用助学贷款，对接受非义务教育学生的直系亲属或法定监护人一般发放担保助学贷款。

（三）对在校大学生发放信用助学贷款，学生所在学校必须提供贷款介绍人和见证人。

1. 金融机构与学校要签订银校协议，明确助学贷款申请受理、调查审批、收回监督、建立借款人信誉档案等方面的义务和责任。学校应积极配合助学贷款的发放和管理，借款人转校后，应将其助学贷款情况作为学生档案的内容之一移交新就读学校。借款人毕业后，应将其去向通知贷款金融机构。

2. 介绍人指学校负责助学贷款的部门（如学生处等），其职责是：为借款人联系、介绍贷款银行；向贷款银行集中推荐借款人的贷款申请；根据贷款银行的要求，负责了解借款人的有关情况；负责建立、更新和管理借款人的地址和有效联系方式等有关信用档案；银校协议中约定的其他有关事宜。

3. 见证人是指与借款人关系密切的自然人（如借款人的班主任、专职辅导员、系主任等，其中一人见证即可），其职责是：协助介绍人和贷款银行全面了解借款人的有关情况；在借款人毕业后与其保持联系，向贷款银行提供借款人的最新有效通讯方式。

（四）在校大学生申请信用助学贷款须具备以下条件：

1. 具有完全民事行为能力的自然人。

2. 具有永久居留身份证、所在学校及其院系的详细地址。

3. 具有所在学校发放的《学生证》、学籍证明等有关证件；学生学习期间所需学杂费、生活费等有关学习的费用证明；介绍人提供的贷款申请表或相关证明。

4. 符合贷款人要求的学习、品德表现证明，无不良信用行为。

5. 贷款人规定的其他条件。

（五）信用助学贷款的合同应符合有关法律法规的条款及以下要素：

1. 借款人所在学校、院系及专业的名称。

2. 借款人姓名和身份证号码。

3. 借款人父母姓名、身份证号码、工作单位。

4. 已婚借款者应填写配偶姓名、身份证号码。

5. 借款人家庭地址。

6. 还本付息方式。

7. 金额、期限、利率、违约罚则。

8. 借款人、介绍人、见证人和贷款人的签字(或公章),并备注以上有关当事人的联系方式。

9. 借款人承诺按时履约还款,并保证毕业后在贷款没有还清之前向贷款人提供有效联系的方式。

10. 其他条款。

(六) 对接受非义务教育学生的直系亲属或法定监护人(借款人)一般发放担保助学贷款。借款人应满足以下条件:

1. 具有完全民事行为能力、当地常住户口或永久居留身份证、固定住所和详细的地址,提供其亲属或监护关系的证明。

2. 根据贷款银行的要求,出示学生就读学校的《录取通知书》(或《学生证》和学籍证明)等证件;就读学校开出的学生学习期间所需学杂费、生活费及其它有关学习的费用证明,以及每学期学习、品德表现的证明等。

3. 必须具有一定的经济收入来源,品德优良,无不良信用行为,具备按期偿还贷款本息的能力。

4. 提供贷款银行认可的抵押、质押、保证等担保方式。

5. 贷款银行要求的其他条件。

(七) 助学贷款的金额、期限、贷款方式、还本付息方式,由贷款银行根据学校学制和学生就读情况等因素确定。经贷款银行同意,助学贷款可按有关规定展期。

(八) 助学贷款利率在中国人民银行利率政策规定的范围内,适当给予优惠。若借贷双方约定可以提前归还贷款,对提前归还的部分,贷款银行按合同约定利率收取借款日至还款日之间的正常利息。

(九) 助学贷款实行一次申请、一次授信、分期发放的管理方式。贷款银行应将审批同意的助学贷款申请表副联寄至学生就读学校的有关管理部门,学校应将此申请表存入学生档案。

（十）借款人发生转学、休学、退学、出国、被开除、伤亡等情况，介绍人、见证人和学生所在学校有责任及时通知贷款银行。贷款银行有权按合同约定采取停止发放尚未使用的贷款，提前收回贷款本息等措施。

（十一）借款人毕业后所在的就业单位有义务协助贷款银行督促其偿还助学贷款本息；在其工作变动时，有义务提前告知贷款银行。

（十二）要建立借款人个人信用登记制度。贷款银行定期以学校为单位在公开报刊及有关信息系统上公布助学贷款违约比例和违约借款人姓名、身份证号及违约行为，同时公布其担保人姓名；依法追究违约借款人的法律责任。对不履行职责的介绍人、见证人公布其姓名。

中国人民银行助学贷款管理办法

第一条　为支持教育事业的发展，加速人才培养，各商业银行和城乡信用社（以下简称贷款人）均可根据《贷款通则》自主办理助学贷款。

第二条　助学贷款可采取无担保（信用）助学贷款和担保助学贷款方式。

第三条　贷款人对高等学校的在读学生（包括专科、本科和研究生（以下简称借款人））发放无担保（信用）助学贷款，对其直系亲属、法定监护人（以下简称借款人）发放无担保（信用）助学贷款和担保助学贷款。

第四条　高等学校的在读学生申请助学贷款具备以下基本条件：入学通知书或学生证，有效居民身份证；同时要有同班同学或老师共两名对其身份提供证明。

第五条　高等学校在读学生申请助学贷款要按规定填写借款合同，承诺离开学校后向贷款人提供工作单位和通讯方式，承诺贷款逾期一年不还，又未提出展期，可由贷款人在就学的高等学校或相关媒体上公布其姓名、身份证号码，予以查询。

第六条　助学贷款的最高限额不超过学生在读期间所在学校的学费与生活费。

第七条　助学贷款的期限一般不超过八年，是否展期由贷款人与借款人商定。

第八条　助学贷款利率按中国人民银行规定的同期限贷款利率执行，不上浮。

第九条　助学贷款采取灵活的还本付息方式，可提前还贷，或利随本清，或分次偿还（按年、按季或按月），具体方式由贷款人和借款人商定并载入合同。贷款本息提前归还的，提前归还的部分按合同约定利率和实际使用时间计收利息；贷款本息不能按期归还的，贷款人按规定计收罚息。

第十条　各级政府和社会各界为借款人提供担保或利息补贴的，其贴息比例、贴息时间由贷款人或借款人所在学校与贴息提供者共同商定。

第十一条　借款人要恪守信用，如因各种原因离开学校后，应主动告知贷款人其最新通讯方式和工作单位，按期偿还贷款本息。

第十二条　高等学校应对在读学生申请助学贷款和贷款人发放、收回助学贷款的管理工作予以协助。如借款人在校期间发生转学、休学、退学、出国、被开除、伤亡等情况，借款人所在学校有义务及时通知贷款人。

第十三条　贷款人要根据本办法制定具体的操作规程，改进服务，加强对助学贷款发放和收回的管理，提高助学贷款的使用效益。

中国人民银行

二〇〇〇年八月二十六日

中国人民银行、财政部、教育部、国家税务总局关于进一步推进国家助学贷款业务发展的通知

（银发〔2001〕245 号）

中国人民银行各分行、营业管理部，各省会（首府）城市中心支行，各省（自治区、直辖市、计划单列市）财政厅、教育厅，国家税务局、地方税务局，各国有独资商业银行、股份制商业银行：

中国人民银行、财政部、教育部关于进一步推进国家助学贷款业务发

展的有关政策措施已经国务院批准。最近，三部委联合召开了全国国家助学贷款工作会议，对落实有关政策措施，推进国家助学贷款业务发展工作进行了部署。现将有关要求通知如下：

一、统一思想，提高认识，全面做好国家助学贷款工作

关于国家助学贷款工作，国务院办公厅已先后发出了三个文件，中国人民银行也下发了配套措施。因此，各银行、教育、财政、地方政府部门和有关高等学校一定要以“三个代表”重要思想为指导，从科教兴国战略的高度出发，进一步全面落实已出台的相关政策，重点抓好抓实国家助学贷款工作，努力使国家助学贷款工作取得决定性进展。

二、各经办银行要进一步改进金融服务，切实加强贷款管理，防范金融风险

（一）各经办银行要积极主动地做好国家助学贷款工作，只要学生持有本人入学通知书、有效居民身份证及《高校国家助学贷款申请表》，并符合有关文件规定，都应对其发放国家助学贷款。

（二）为了解决银行与学生联系的困难，各经办银行办理国家助学贷款时，除学校老师和同学可作为见证人以外，还可由家长作为贷款见证人。

（三）国家助学贷款是无担保的贷款，为有效防范助学贷款风险，各经办银行应以学校为单位，在公开报刊等信息媒体上公布助学贷款违约情况，对不讲信用的借款人姓名、身份证号及违约行为公开曝光。对不主动与见证人和贷款银行联系、提供工作单位和通讯方式、不守信用的学生，也要记录在案，将来纳入全国个人信用信息系统。

三、各商业银行应认真执行国家助学贷款呆坏账核销和免征营业税的有关规定

各商业银行要根据财政部颁布的《助学贷款呆坏账损失核销的规定》，尽快完善本系统内助学贷款呆坏账考核办法和核销损失的操作程序，充分调动基层机构和信贷人员开办国家助学贷款业务的积极性。只要基层机构和信贷人员规范操作，并符合有关政策法规，对形成的国家助学贷款呆坏账，不应再追究经办机构和经办人员的责任。

经国务院批准，免征国家助学贷款利息收入营业税。为了具体落实该项政策，各经办银行要及时统计汇总国家助学贷款的有关信息，对国家助学贷款业务单立台账，单设科目，单独统计，单独核算和考核。

四、各级财政部门要足额安排国家助学贷款贴息资金

各级财政部门要按规定及时、足额安排国家助学贷款贴息资金，按时办理拨付手续，绝不能因贴息资金不到位而影响国家助学贷款的发放。同时，要抓紧制定有关国家助学贷款贴息资金使用的管理办法，明确审批程序，加强贴息资金的使用监督，提高资金使用效益。

五、各地教育行政部门和高校要积极认真配合银行开展国家助学贷款工作

取消“一校一行”的规定，允许一校多行开办国家助学贷款业务。一所高等学校可根据国有独资商业银行的服务质量自主选择一家或多家（也可更换）国有独资商业银行承办国家助学贷款业务。各高校要建立校领导责任制，如发现哪所高校的此项工作不落实，要追究有关领导责任。各高校要在《招生简章》和录取通知中，加入有关国家助学贷款政策的内容。

各级教育行政部门要加强对高校国家助学贷款工作的检查、督促，定期向银行、财政通报情况。同时，利用当地的各种新闻媒体广泛宣传国家助学贷款政策，负责把教育部和财政部印发的《高等学校学生资助政策问答》及时、免费发到各级教育行政部门、高等院校和普通高中毕业班。

人民银行各分支机构，各级财政厅、教育厅，国家税务局、地方税务局，各商业银行要及时向辖区内转发本通知，要求各基层机构认真贯彻落实。对出现的新问题和新情况，要及时研究上报。

中国人民银行　财政部　教育部　国家税务总局

二〇〇一年七月二十七日

教育部办公厅关于高等学校切实配合经办银行做好国家助学贷款工作的通知

（教财厅〔2002〕2号）

各省、自治区、直辖市教育厅（教委），各计划单列市教育局、新疆生产建设兵团教委，有关部门（单位）教育司（局），部属各高等学校：

全国国家助学贷款工作电视电话会议后，各地教育行政部门和各高等学校都积极采取措施，认真落实李岚清副总理2002年2月6日关于国家助学贷款工作的重要批示和《中国人民银行教育部财政部关于切实推进国家助学贷款工作有关问题的通知》（银发〔2002〕38号）精神。从各地和各高等学校4月报送的执行情况看，国家助学贷款工作总体有了较大的进展，“四定”、“三考核”工作得到了初步落实。但是各地进展不平衡，总体状况离预期的目标及国务院领导同志和广大困难学生的要求还有较大的差距。为保证国家助学贷款工作广泛、健康、持续地开展，现就高等学校切实配合经办银行做好国家助学贷款工作的问题重申如下：

一、要从落实“三个代表”重要思想的高度，充分认识开展国家助学贷款工作的重要性和紧迫性

开展国家助学贷款，是实施科教兴国战略，确保我国高等教育持续、健康发展的一项重大措施，是我国社会主义制度优越性的具体体现，是社会主义市场经济体制下助学方式的一种新探索，符合广大人民群众的根本利益。各高等学校领导要认真学习和领会李岚清副总理重要批示，学习国务院办公厅、有关部门关于国家助学贷款工作的文件，从教育事业改革、发展、稳定的大局出发，从实施科教兴国战略的高度着眼，充分认识国家助学贷款工作的重要意义，切实增强做好这项工作的责任感和紧迫感。

二、积极主动，扎实工作，促进国家助学贷款制度的落实

1. 加强与经办银行协作，主动配合经办银行开展工作。

当前，各高等学校要特别注意落实好国家助学贷款的“四定”、“三考核”工作，确保这些工作全面到位。各高等学校要认真指导并协助学生办理贷款的有关手续，建立经济困难学生档案和申请国家助学贷款的学生档案，主动向经办银行介绍经济困难学生情况，配合银行开展相关工作。

各高等学校还要协助经办银行加强对国家助学贷款管理，主动协助经办银行建立贷款学生的毕业去向和其他有关信息系统，将学生的贷款情况纳入其个人档案。

2. 加强领导，层层把关，确保国家助学贷款真正用于经济困难学生。

全面落实国家助学贷款制度，是今年教育战线的一项重要工作，是加强和改进高等学校工作作风建设的一项重要内容。各高等学校须有主要领导负责国家助学贷款工作，并要注意挑选有责任心、热心为学生服务、有爱心的同志具体负责实施做好本校的国家助学贷款的有关工作。指定或抽调专人，设立相应机构，负责本校学生申请助学贷款的有关工作。特别是要做好申请贷款学生的审核把关工作，做到既要保证所有符合条件的申请人能及时得到贷款，又不能使不符合条件的人拿到贷款，确保国家助学贷款真正用于经济困难学生。

3．利用高等教育学历证书查询系统，建立高等学校学生信用征询系统。

国家助学贷款学生个人信息查询系统开发工作已经启动，将于2002年9月在高等教育学历证书查询系统中开通学生个人贷款、还款信息网络查询。各高等学校要落实专人，待收到“国家助学贷款学生个人信息数据库”软件后，完成相关工作。我部将在公安部门为高等学校学生更换第二代居民身份证时，对个人信息查询系统进行扩充和功能升级。各高等学校要在经办银行的配合下，及时补充还贷信息，并定期更新。

4．落实定期统计报告制度，建立责任检查制度。

各高等学校要进一步统一思想，明确责任，积极主动，扎扎实实地工作，坚决把国家助学贷款这一利国利民的好事办好，实事办实。要建立定期统计报告制度，及时向主管部门和省级教育行政部门报告国家助学贷款的发放情况；建立对国家助学贷款工作的责任检查制度，定期检查工作落实情况，及时发现和解决问题，使国家助学贷款工作规范化、制度化。

5．加强舆论宣传工作，注意政策导向。

各高等学校要充分利用校内和社会传媒，广泛深入地宣传国家助学贷款制度，介绍推广好的典型和经验，批评纠正错误的观念和行为。各高等学校在印发《招生简章》时，必须刊登国家助学贷款的有关内容。要通过各种形式的宣传，使每一个家庭经济困难学生都明了国家助学贷款工作的重要意义、政策措施、办理程序，为国家助学贷款制度的顺利实施营造良好的氛围，引导经济困难学生转变观念，申请国家助学贷款。

各省级教育行政部门和有关部门（单位）教育司（局）接到本通知后，要及时向所属高等学校传达落实。对因工作不到位而影响国家助学贷款工作的落实的，将追究有关领导的责任。

教育部办公厅
二〇〇二年五月三十一日

国务院办公厅转发教育部、财政部、人民银行、银监会《关于进一步完善国家助学贷款工作若干意见的通知》
（国办发〔2004〕51号）

各省、自治区、直辖市人民政府，国务院各部委、各直属机构：

教育部、财政部、人民银行、银监会《关于进一步完善国家助学贷款工作的若干意见》已经国务院同意，现转发给你们，请认真贯彻执行。

国务院办公厅
2004年6月12日

关于进一步完善国家助学贷款工作的若干意见

国家助学贷款是党中央、国务院在社会主义市场经济条件下，利用金融手段完善我国普通高校资助政策体系，加大对普通高校经济困难学生资助力度所采取的一项重大措施。这项工作取得了明显成效，受到广大经济困难学生和社会有关方面的普遍欢迎。但由于多种原因，国家助学贷款工作还没有达到预定目标，存在一些突出问题，需要切实加以改进和完善。

推进并加强国家助学贷款工作，应坚持“方便贷款、防范风险”的原则，进一步理顺国家、高校、学生、银行之间的经济关系，健全国家助学贷款管理体制，改革贷款审批和发放办法，强化普通高校和银行的管理职责，完善还贷约束机制和风险防范机制，确保国家助学贷款工作持续、健康发展，基本满足普通高校经济困难学生的需要，最大限度地降低国家助学贷款风险。现就进一步完善国家助学贷款工作提出如下意见：

一、进一步完善国家助学贷款政策

（一）改革财政贴息方式。改变目前在整个贷款合同期间内，对学生贷款利息给予50％财政补贴的做法，实行借款学生在校期间的贷款利息全部由财政补贴，毕业后全部自付的办法，借款学生毕业后开始计付利息。

（二）延长还贷年限。改变目前自学生毕业之日起即开始偿还贷款本金、4年内还清的做法，实行借款学生毕业后视就业情况，在1至2年后开始还贷、6年内还清的做法。借款学生办理毕业或终止学业手续时，应当与经办银行确认还款计划，还款期限由借贷双方协商确定。若借款学生继续攻读学位，借款学生要及时向经办银行提供连续攻读学位的书面证明，财政部门继续按在校学生实施贴息。借款学生毕业或终止学业后1年内，可以向银行提出一次调整还款计划的申请，经办银行应予受理并根据实际情况和有关规定进行合理调整。贷款还本付息可以采取多种方式，可以一次或分次提前还贷。提前还贷的，经办银行要按贷款实际期限计算利息，不得加收除应付利息之外的其他任何费用。

（三）对毕业后自愿到国家需要的艰苦地区、艰苦行业工作，服务期达到一定年限的借款学生，经批准可以奖学金方式代偿其贷款本息。具体办法将结合学生就业政策另行制定。

二、进一步改革国家助学贷款实施机制

（一）改革经办银行确定办法。改变目前由国家指定商业银行办理国家助学贷款业务的做法，实行由政府按隶属关系委托全国和省级国家助学贷款管理中心通过招投标方式确定国家助学贷款经办银行。参与竞标的银行必须是经银监会批准、有条件经办国家助学贷款业务的银行。经办银行一经确定，由国家助学贷款管理中心与银行签订具有法律效力的贷款合作协议。中标银行要按照协议约定提供贷款服务并及时足额地发放国家助学贷款；要简化贷款程序，制定统一的贷款合同文本，规范办理贷款的周期；及时向普通高校提供学生还款情况。国家助学贷款管理中心要按协议约定及时足额支付贴息和风险补偿资金，配合银行做好催收还款工作，努力降低金融风险。

（二）对普通高校实行借款总额包干办法。普通高校每年的借款总额原则上按全日制普通本专科学生(含高职学生)、研究生以及第二学士学位在校生总数20%的比例、每人每年6000元的标准计算确定。每所普通高校的具体借款额度按隶属关系,由全国和省级国家助学贷款管理中心根据各校的贫困生实际情况和借款学生还款违约等情况分别确定下达。

(三)明确普通高校、银行和学生在国家助学贷款实施工作中的责任。

普通高校在国家助学贷款管理中心下达的借款额度内,负责组织本校经济困难学生的贷款申请,并向经办银行提出本校借款学生名单和学生申请贷款的有关材料,对申请借款学生的资格及申请材料的完整性、真实性进行审查,监督学生按贷款合同规定的用途使用贷款。

经办银行在审批贷款时,要按照中标协议的约定满足普通高校借款人数和额度需求,并在中标协议规定的工作日内,批准贷款并与学生签订贷款合同,向学生发放贷款。

借款学生要如实填写公民身份号码,保证申请材料的真实和完整;严格按规定用途使用贷款资金;认真履行与银行签订的还款协议,直接向银行还款,承担偿还贷款的全部责任。

三、建立和完善贷款偿还的风险防范与补偿机制

(一)建立学生还款约束机制。国家金融管理等有关部门、经办银行、国家助学贷款管理中心及各高等学校,要各负其责,共同建立还款约束机制。

国家金融管理部门要加快全国个人资信征询系统建设,健全银行风险防范机制。

经办银行要建立有效的还贷监测系统,并做好相关工作。要对借款学生积极开展还贷宣传工作,讲解还贷的程序和方式;要及时为贷款学生办理还贷确认手续;加强日常还贷催收工作并做好催收记录;对没有按照协议约定的期限、数额归还国家助学贷款的学生,经办银行应对违约贷款金额计收罚息,并将其违约行为载入金融机构征信系统,金融机构不再为其办理新的贷款和其他授信业务;按期将连续拖欠贷款超过一年且不与经办银行主动联系的借款学生姓名及公民身份号码、毕业学校、违约行为等按隶属关系报送国家助学贷款管理中心。

国家助学贷款管理中心要以已建立的国家助学贷款学生个人信息查

询系统为依托，进一步完善对借款学生的信息管理，对借款学生的基本信息、贷款和还款情况等及时进行记录，加强对借款学生的贷后跟踪管理，接受经办银行对借款学生有关信息的查询；并将经办银行提供的违约借款学生名单在新闻媒体及全国高等学校毕业生学历查询系统网站公布。

各普通高校都要建立本校借款学生的信息查询管理系统，强化对学生的贷后管理，按隶属关系及时向国家助学贷款管理中心和经办银行提供借款学生信息。

公安部门要积极做好为普通高校学生换发第二代居民身份证的工作，配合银行做好对违约学生的身份核查工作。

（二）建立国家助学贷款风险补偿机制。考虑到国家助学贷款特点和我国的具体国情，为鼓励银行积极开展国家助学贷款业务，按照“风险分担”原则，建立国家助学贷款风险补偿机制。按隶属关系，由财政和普通高校按贷款当年发生额的一定比例建立国家助学贷款风险补偿专项资金，给予经办银行适当补偿，具体比例在招投标时确定。国家助学贷款风险补偿专项资金由财政和普通高校各承担50%；每所普通高校承担的部分与该校毕业学生的还款情况挂钩。风险补偿专项资金由各级国家助学贷款管理中心负责管理。财政部门每年将应承担的资金及时足额安排预算；各普通高校承担的资金，按照普通高校隶属关系和财政部门有关规定，在每年向普通高校返还按“收支两条线”管理的学费收入时，由财政部门直接拨给教育主管部门。各级国家助学贷款管理中心在确认经办银行年度贷款实际发放额后，将风险补偿资金统一支付给经办银行。

具体实施办法，由财政部、教育部、人民银行、银监会另行制订。

四、切实加强对国家助学贷款工作的领导、管理与监督

（一）加强统筹和协调。成立由教育部、财政部、公安部、人民银行、银监会等部门参加的部际协调小组，及时研究解决国家助学贷款实施过程中出现的问题。各省、自治区、直辖市也应成立相应的协调机构，加强对本地区的国家助学贷款工作的统筹与协调。各级教育、财政、金融等部门要进一步统一思想，提高认识，严格执行有关政策，认真履行职责，积极主动地开展工作。

（二）严肃国家助学贷款政策。今后，凡超出本《意见》所确定的原则调整国家助学贷款政策，均由教育部、财政部、人民银行、银监会等有关部门研究提出意见，报经国务院批准后下发执行。其他任何部门均不得擅自出台或修改相关政策。

（三）健全国家助学贷款管理机构，进一步强化并改进管理。教育部要进一步加强全国国家助学贷款管理中心的建设，配备足够的工作人员，检查、督促其充分履行职能。全国国家助学贷款管理中心要监督指导各省级国家助学贷款管理中心的工作，具体组织部署中央部门所属普通高校国家助学贷款的实施工作；负责通过招标方式确定中央部门所属普通高校国家助学贷款经办银行，与经办银行签订贷款合作协议，严格按协议约定做好各项管理工作；统一管理中央财政安排的国家助学贷款贴息资金和按本意见建立的中央部门所属普通高校的国家助学贷款风险补偿专项资金；建立完善国家助学贷款信息管理系统和统计监测体系；定期在新闻媒体上对银行提供的违约借款者进行公布。

各省、自治区、直辖市人民政府要切实负起推进所属普通高校国家助学贷款工作的责任，要加强省级国家助学贷款管理中心的建设，调剂配备相应工作人员，保证必需的工作经费。省级国家助学贷款管理中心负责本地区国家助学贷款工作的具体组织、实施与日常管理工作。具体职能由各地参照全国国家助学贷款管理中心职能确定。

各普通高校要加强对国家助学贷款的管理工作。必须设立专门的工作机构，由学校的一位校级领导直接负责，原则上按全日制普通本专科学生、研究生在校生规模 1∶2500 的比例，在现有编制内调剂配备专职工作人员。各普通高校要制定国家助学贷款管理职责细则，按隶属关系报送国家助学贷款管理中心备案。要培养学生诚信意识，建立学生信用档案，制订切实可行的措施，督促借款学生及时归还借款本息，努力降低国家助学贷款风险。借款学生毕业时，学校有关部门应在组织学生与经办银行办理还款确认手续后，方可为借款学生办理毕业手续，并将其贷款情况载入学生个人档案；积极主动地配合经办银行催收贷款，负责在 1 年内向经办银行提供借款学生第一次就业的有效联系地址；学生没有就业的，提供其家庭的有效联系地址。

五、其他有关规定

（一）各省、自治区、直辖市人民政府在认真做好所属普通高校国家助学贷款工作的同时，积极推进生源地助学贷款业务。具体办法由各地自行研究制定。

（二）本意见所指的借款学生是指全日制普通高等学校中经济困难的本专科学生（含高职学生）、研究生、第二学士学位学生。

（三）本意见于2004年秋季开学后在全国普通高等学校全面实施。各省、自治区、直辖市人民政府可结合本地实际情况，制定具体实施细则。

（四）此前已签订贷款合同学生的贷款发放、贴息、还款等办法继续按原规定执行。

（五）此前下发的国家助学贷款的有关政策和规定继续执行。凡与本意见不一致的，以本意见为准。

教育部、财政部、人民银行、银监会关于印发《国家助学贷款风险补偿专项资金管理办法》等有关文件的通知

（教财〔2004〕15号）

各省、自治区、直辖市教育厅（教委）、财政厅（局）、银监局；各计划单列市教育局、财政局、银监局；中国人民银行各分行、营业管理部，各省会（首府）城市中心支行；有关部门（单位）教育司（局）、财务司（局）；教育部各直属高等学校；各国有商业银行、股份制商业银行：

根据《国务院办公厅转发教育部财政部人民银行银监会关于进一步完善国家助学贷款工作若干意见的通知》（国办发〔2004〕51号）精神，教育部、财政部、人民银行、银监会共同研究制定了《国家助学贷款风险补偿专项资金管理办法》、《国家助学贷款财政贴息管理办法》、《国家助学贷款招投标办法》及《中央部门所属高校国家助学贷款业务招标文本》。现予印发，请认真贯彻执行。

附件：

1. 国家助学贷款风险补偿专项资金管理办法

2. 国家助学贷款财政贴息管理办法

3. 国家助学贷款招投标办法(略)

4. 中央部门所属高校国家助学贷款业务招标文本(略)

教育部　财政部　中国人民银行　中国银监会

2004 年 6 月 28 日

附件 1　国家助学贷款风险补偿专项资金管理办法

第一条　根据《国务院办公厅转发教育部财政部人民银行银监会关于进一步完善国家助学贷款工作若干意见的通知》(国办发〔2004〕51 号)规定,为加强国家助学贷款风险补偿专项资金的管理,制订本办法。

第二条　国家助学贷款风险补偿专项资金是根据"风险分担"的原则,按当年实际发放的国家助学贷款金额的一定比例对经办银行给予补偿。具体比例按照国家助学贷款管理中心与经办银行签订的贷款合作协议执行。

本办法所称经办银行是指与国家助学贷款管理中心签订合作协议的中标银行。

第三条　风险补偿专项资金按照行政隶属关系,由财政和高校各承担 50%,由国家助学贷款管理中心负责管理,专款专用。中央部委所属院校风险补偿专项资金由全国国家助学贷款管理中心管理,地方院校风险补偿专项资金由所在省、自治区、直辖市、计划单列市的国家助学贷款管理中心管理。

第四条　财政部门应承担的风险补偿专项资金,由国家助学贷款管理中心根据贷款发生额及风险补偿比例提出经费需求预算,经教育主管部门审核,编入年度部门预算,报同级财政部门审批。

第五条　各普通高校应承担的风险补偿专项资金,由财政部门在每年向普通高校返还按"收支两条线"管理的学费收入时,直接拨给同级教育主管部门。

第六条　当年尚未有毕业学生进入还款期的高校所承担的风险补偿专项资金,按以下公式计算:

所承担的风险补偿专项资金＝当年实际贷款额×风险补偿比例×50％。

第七条　已有毕业学生进入还款期的高校，其所承担的风险补偿专项资金与上一学年度本校学生的金额违约率挂钩，由国家助学贷款管理中心负责考核确定。

第八条　金额违约率是指连续超过90天未履行合同的贷款本息金额占进入还款期的贷款本息金额的比率。

第九条　经办银行于每年9月底前，将上一学年度（上年9月1日—当年8月31日）实际发放的国家助学贷款金额和违约率按高校进行统计汇总，经高校确认后，提供给国家助学贷款管理中心。

第十条　国家助学贷款管理中心根据银行提供的贷款实际发放额和违约率，采用加权平均方式，计算确定各高校本年度的风险补偿专项资金。

第十一条　国家助学贷款管理中心应于10月底前将高校所应承担的风险补偿专项资金数额报送同级财政部门，作为财政部门扣拨经费的依据。

第十二条　国家助学贷款管理中心应将各校所应承担的风险补偿专项资金的具体数额书面通知高校，高校据此在有关会计科目中列支。

第十三条　国家助学贷款管理中心根据银行实际发放贷款额，按照协议比例，确定实际应支付给银行的风险补偿专项资金，并按协议规定，在每年12月底前将补偿资金及时、足额拨付给经办银行。

第十四条　国家助学贷款管理中心每年应将风险补偿专项资金的管理、使用情况编制决算报告，经教育主管部门审核、财政部门审批后，抄报人民银行（分行或中心支行）、银监会（局），并向高校通报。

第十五条　国家助学贷款管理中心对风险补偿专项资金的管理与使用，要接受教育主管部门、财政部门的监督，并接受同级审计部门的审计。

第十六条　本办法由教育部、财政部、人民银行、银监会四部门以联合发文形式负责解释。

附件2　国家助学贷款财政贴息管理办法

第一条　根据《国务院办公厅转发教育部财政部人民银行银监会关于

进一步完善国家助学贷款工作若干意见的通知》(国办发〔2004〕51号)规定，为做好财政贴息管理工作，制定本办法。

第二条　国家助学贷款实行借款学生在校期间100%由财政补贴，借款学生毕业后自付利息的办法。

借款学生毕业后自付利息的开始时间为其取得毕业证书之日的下月1日(含1日)；当借款学生按照学校学籍管理规定结业、肄业、休学、退学、被取消学籍时，自办理有关手续之日的下月1日起自付利息。

第三条　国家助学贷款所需贴息经费，由国家助学贷款管理中心根据需贴息的贷款规模提出经费需求预算，经教育主管部门审核，编入年度部门预算，报同级财政部门审批。

第四条　贴息的具体做法是：经办银行于每个季度结束后的20个工作日内，将本行对在校学生实际发放的国家助学贷款学生名单、贷款额、利率、利息等情况按高校进行统计汇总，经高校确认后，按高校行政隶属关系，提供给国家助学贷款管理中心。

国家助学贷款管理中心应在收到经办银行提供的贴息申请材料后的10个工作日内，及时向经办银行支付贴息经费。第五条　借款学生毕业后的利息支付方式，由学生与银行办理还款确认手续时协商确定。

第六条　本办法自2004年9月1日开始执行。此前签订合同的国家助学贷款财政贴息，继续按原办法执行。

第七条　各省级地方人民政府有关部门可根据本通知精神，研究制定所属高校国家助学贷款财政贴息的具体实施办法。

第八条　本办法由教育部、财政部、人民银行、银监会四部门以联合发文形式负责解释。

财政部、教育部、银监会《关于大力开展生源地信用助学贷款的通知》

(财教〔2008〕196号)

各省、自治区、直辖市、计划单列市财政厅(局)、教育厅(教委)、银监局、有关金融机构：

2007年，财政部、教育部、国家开发银行在江苏、湖北、重庆、陕西、甘肃5省市开展了生源地信用助学贷款试点。经过各方共同努力，生源地信用助学贷款试点工作进展顺利，取得了良好的效果，受到了试点省份学生、家长及社会有关方面的普遍欢迎。为贯彻落实《国务院关于建立健全普通本科高校、高等职业学校和中等职业学校家庭经济困难学生资助政策体系的意见》(国发〔2007〕13号)和刘延东国务委员近期关于“生源地助学贷款工作是一项惠民工程，对于推进教育公平具有重要意义。请在总结经验的基础上继续推进、全面落实”的重要批示精神，帮助高校家庭经济困难学生顺利完成学业，财政部、教育部、银监会决定，从2008年起进一步扩大生源地信用助学贷款覆盖范围，大力推进生源地信用助学贷款工作。现就有关事项通知如下：

一、开展省份

江苏、湖北、重庆、甘肃、陕西5省市进一步总结经验，完善机制，巩固成果，继续开展生源地信用助学贷款工作。其他各省(区、市)按照自愿原则，综合考虑当地高校家庭经济困难学生贷款需求和高校国家助学贷款工作开展情况，经报财政部、教育部备案，可开展生源地信用助学贷款。

二、承办银行

从2008年起，生源地信用助学贷款工作继续以国家开发银行为主承办，同时，鼓励其他银行类金融机构开展此项业务。具体承办银行请各地财政、教育、银监部门与拟开办生源地信用助学贷款业务的金融机构协商确定，并报全国学生资助管理中心备案。

三、贷款性质与条件

(一) 生源地信用助学贷款是指国家开发银行等金融机构向符合条件的家庭经济困难的普通高校新生和在校生(以下简称学生)发放的、在学生入学前户籍所在县(市、区)办理的助学贷款。生源地贷款为信用贷款，学生和家长(或其他法定监护人)为共同借款人，共同承担还款责任。

(二) 申请生源地信用助学贷款的学生必须同时符合以下条件：

1. 具有中华人民共和国国籍；

2. 诚实守信，遵纪守法；

3. 已被根据国家有关规定批准设立、实施高等学历教育的全日制普通本科高校、高等职业学校和高等专科学校(含民办高校和独立学院,学校名单以教育部公布的为准)正式录取,取得真实、合法、有效的录取通知书的新生或高校在读的本专科学生、研究生和第二学士学生;

4. 学生本人入学前户籍、其父母(或其他法定监护人)户籍均在本县(市、区);

5. 家庭经济困难,所能获得的收入不足以支付在校期间完成学业所需的基本费用。

四、贷款政策

(一)生源地信用助学贷款按年度申请、审批和发放。每个借款人每年申请的贷款原则上最高不超过6000元,主要用于解决学生在校期间的学费和住宿费问题。高校在读学生当年在高校获得了国家助学贷款的,不得同时申请生源地信用助学贷款。

(二)生源地信用助学贷款期限原则上按全日制本专科学制加10年确定,最长不超过14年,其中,在校生按剩余学习年限加10年确定。学制超过4年或继续攻读研究生学位、第二学士学位的,相应缩短学生毕业后的还贷期限。

(三)生源地信用助学贷款利率执行中国人民银行同期公布的同档次基准利率,不上浮。

(四)生源地信用助学贷款利息按年计收。学生在校期间的利息由财政全额贴息,毕业后的利息由学生和家长(或其他法定监护人)共同负担。学生在校及毕业后两年期间为宽限期,宽限期后由学生和家长(或其他法定监护人)按借款合同约定,按年度分期偿还贷款本息。

五、贷款贴息与风险补偿

(一)贴息。贷款学生在校期间利息全部由财政补贴,其中,考入中央高校的学生,其贷款贴息由中央财政承担。考入地方高校的学生,跨省就读的,其贷款贴息由中央财政承担;在本省就读的,其贷款贴息由地方财政负担。贷款学生毕业后利息全部由学生及家长(或其他法定监护人)负担。

(二)风险补偿金。建立生源地信用助学贷款风险补偿专项资金,风险补偿金比例按当年贷款发生额的15%确定。

考入中央高校的学生，风险补偿金由中央财政承担。考入地方高校的学生，跨省就读的，风险补偿金由中央财政承担；在本省就读的，风险补偿金由中央和地方分担，其中：中西部省份中央与地方各负担50%，东部省份按国家奖助学金资金分担政策逐省确定分担比例。同时根据各省财力状况、高校在校生数等因素设定调整系数。地方应承担的风险补偿金分担办法由各地自行确定。

（三）贴息和风险补偿金管理。中央和地方负担的贴息及风险补偿金分别由全国学生资助管理中心和各省级学生资助管理中心负责归集，每年12月20日前，向开展生源地信用助学贷款的经办银行及时足额划拨。经办银行收到风险补偿金，应确认为递延收益，待确认生源地助学贷款损失时，计入当期损益。已确认的生源地助学贷款损失，以后又收回的，相应回拨递延收益。风险补偿金若超出生源地信用助学贷款损失，超出部分由经办银行奖励给县级学生资助管理中心；若低于生源地信用助学贷款损失，不足部分由经办银行和县级财政部门各分担50%。生源地信用助学贷款风险补偿金的具体管理办法由财政部会同教育部、开办生源地信用助学贷款业务的银行业金融机构另行研究确定。

六、组织实施

各级财政、教育、银监部门和生源地信用助学贷款承办银行总行及分支机构要分工负责，密切配合，逐步探索建立良性的生源地信用助学贷款运行机制。

国家开发银行等开办生源地信用助学贷款业务的金融机构要按照国家信贷政策，科学合理设计贷款方式和期限结构，制订生源地信用助学贷款的操作规程，负责审核、发放和管理贷款，确保贷款渠道畅通，使符合条件且有贷款需求的家庭经济困难学生都能申请获得生源地信用助学贷款。要会同财政、教育部门根据生源地信用助学贷款承贷周期不同阶段的特点，建立以学生为中心的家庭、高校和就业单位三地的贷款产品、信息和信用联结，形成贷款学生借款期间全过程的信用管理。国家开发银行各分行及有关金融机构的分支机构要按照本通知精神和国家助学贷款管理的有关规定，制定具体实施办法。如有需要，可通过委托代理方式由其它金融机构辅助结算管理。

县级教育行政部门要按照国发〔2007〕13号文件的要求，在整合现有资源的基础上，成立学生资助管理中心，负责收集、整理、汇总学生的家庭经济状况、生源地信用助学贷款需求等信息；对贷款学生的家庭经济困难情况进行调查、认定；建立学生信用和贷款资格评议小组，确定符合贷款条件的学生名单，测算贷款需求，编制贷款预案；办理生源地信用助学贷款的申请、初审等管理工作；接受高等学校、生源地信用助学贷款和国家助学贷款经办银行的委托，建立与贷款学生家庭的联系制度，跟踪了解贷款学生的家庭经济状况变化情况；受经办银行委托催还贷款；负责向省级学生资助管理中心、高等学校和经办银行定期报送贷款学生的有关信息等，加强与高校沟通，避免重复贷款。没有成立学生资助管理中心的，应暂由各县级教育行政部门尽快协调专人负责上述工作。有关普通高中要配合县级学生资助管理中心及经办银行，提供当年高考招生录取情况及生源地信用助学贷款需求情况，协助做好贷款申请、审批和发放等工作。有关高等学校要加强对学生的诚信教育，培养学生的诚信意识，教育学生毕业后按照合同约定履行还款义务；根据有关县级学生资助管理中心需要，协助提供生源地信用助学贷款学生的相关信息和高校收费账户信息等资料。

财政部门要在年度财政收支预算中足额安排并及时拨付贴息资金和风险补偿金，加强贴息资金和风险补偿金的管理、使用和监督，提高资金使用效益。县级财政部门要积极参与生源地信用助学贷款管理，参与协调有关事项，足额安排县级学生资助管理中心的业务经费，会同同级教育行政部门领导和监督县级学生资助管理中心开展生源地信用助学贷款工作。

银监部门会同财政、教育部门对银行业金融机构开办生源地信用助学贷款业务进行指导，定期进行检查和评价，督促经办银行完善金融服务、提高工作效率。银监会将建立助学贷款违约通报制度，并定期在银行业金融机构范围内共享信息。

各省市在确保生源地信用助学贷款工作顺利推进的前提下，也可以根据实际情况具体组织生源地信用助学贷款相关管理工作，并报财政部、教育部备案。

七、有关要求

（一）高度重视。生源地信用助学贷款是国家助学贷款的重要组成部分，是利用财政、金融手段，创新金融服务体系，解决家庭经济困难学生就学问题的重要途径，对进一步完善我国家庭经济困难学生资助政策体系、充分发挥政策整体效应、确保实现国家资助政策既定目标等具有十分重要的意义。各地财政、教育、银监部门和经办银行要从落实科学发展观，构建社会主义和谐社会的高度，充分认识做好生源地信用助学贷款工作的重要性，进一步统一思想，提高认识，把扎实做好生源地信用助学贷款作为执政为民、服务发展、关注民生、推进教育公平的重大措施，推进好、落实好。

（二）精心组织。2008 年秋季开学前，在省级人民政府的统一领导下，由各地省级教育行政部门牵头，会同同级财政、银监部门和经办银行共同组成联合工作组，分工负责，密切配合，协调一致；要按照“应贷尽贷、简化程序、方便群众、防范风险”的原则，研究制定本省生源地信用助学贷款工作方案，统一部署、周密安排、精心组织；要建立健全还贷约束机制和风险防范机制，确保生源地信用助学贷款工作持续、健康发展，扎扎实实地把这件惠及广大人民群众的大事抓好。

（三）确保可持续发展。国家开发银行总分行及其他经办银行要尽快建立生源地信用助学贷款专职管理机构，配备足够的人员，切实防范贷款风险，保持生源地信用助学贷款的可持续发展。

（四）继续做好高校国家助学贷款工作。各地在推进和落实生源地信用助学贷款的同时，应继续做好所属各高校的国家助学贷款工作，确保原有国家助学贷款机制和协议继续有效实施。

八、其他事项

（一）生源地信用助学贷款呆坏账由经办银行按国家有关政策自主核销。

（二）本通知由财政部、教育部、银监会负责解释，自印发之日起执行。

财政部　教育部　银监会

2008 年 9 月 9 日

财政部 教育部关于印发《生源地信用助学贷款风险补偿金管理办法》的通知

（财教〔2014〕16 号）

各省、自治区、直辖市、计划单列市财政厅（局）、教育厅（局、教委），有关金融机构：

为进一步落实生源地信用助学贷款风险补偿机制，充分发挥风险补偿金的风险防控和奖励引导作用，促进生源地信用助学贷款工作健康持续发展，财政部、教育部制定了《生源地信用助学贷款风险补偿金管理办法》。现印发给你们，请遵照执行。

附件：生源地信用助学贷款风险补偿金管理办法

生源地信用助学贷款风险补偿金管理办法

第一条　为进一步落实生源地信用助学贷款风险补偿机制，充分发挥风险补偿金的风险防控和奖励引导作用，促进生源地信用助学贷款工作健康持续开展，制定本办法。

第二条　国家开发银行办理生源地信用助学贷款的风险补偿金管理适用本办法。

第三条　生源地信用助学贷款风险补偿金实行结余奖励和亏空分担。风险补偿金若超出生源地信用助学贷款损失，超出部分由国家开发银行奖励给县级学生资助管理中心；若低于生源地信用助学贷款损失，不足部分由国家开发银行和县级财政部门各分担 50%。

第四条　国家开发银行收到风险补偿金，应确认为递延收益，待确认生源地信用助学贷款损失时，计入当期损益。已确认的生源地信用助学贷款损失，以后又收回的，相应回拨递延收益。

第五条　生源地信用助学贷款风险补偿金结余奖励和亏空分担工作每年开展一次，以省（自治区、直辖市、计划单列市）为单位进行计算。

第六条　可用于结余奖励的风险补偿金包括：

（一）已结清的生源地信用助学贷款合同对应的风险补偿金。为防范生源地信用助学贷款整体风险，这部分资金应分年提取。

（二）按一定比例预先动用未结清的生源地信用助学贷款合同对应的风险补偿金。这部分资金应在最终清算结余奖励和亏空分担金额时予以扣减。

第七条　已结清的生源地信用助学贷款合同对应的风险补偿金分年提取办法，以及未结清的生源地信用助学贷款合同对应的风险补偿金预先动用比例，由国家开发银行总行商全国学生资助管理中心确定。

第八条　生源地信用助学贷款风险补偿金结余奖励资金（以下简称结余奖励资金）年度总额和分配方案，由国家开发银行省级分行商省级学生资助管理中心审核制定，并报省级财政部门、教育部门备案。

第九条　结余奖励资金年度总额和分配方案的研究制定，应综合考虑已结清的生源地信用助学贷款合同金额、逾期本息、未结清的生源地信用助学贷款预期风险、县级学生资助管理中心贷款管理情况等因素。

第十条　结余奖励资金由国家开发银行省级分行根据备案后的分配方案，支付县级教育行政部门。地方应承担的风险补偿金亏空分担资金，由省级学生资助管理中心负责归集，及时足额划拨国家开发银行。

第十一条　结余奖励资金用于县级学生资助管理中心生源地信用助学贷款管理工作，专账核算、专款专用，用途包括：

（一）与生源地信用助学贷款管理工作相关的直接支出，包括宣传教育、业务培训、交通通讯、办公设备购置等日常业务支出；

（二）弥补学生因死亡、失踪和丧失劳动能力确实无力归还生源地信用助学贷款所形成的风险。

第十二条　结余奖励资金用于弥补学生因死亡、失踪和丧失劳动能力确实无力归还生源地信用助学贷款所形成风险的，应由共同借款人（学生家长或其他法定监护人）或学生本人提出申请，经县级学生资助管理中心审核后，报省级学生资助管理中心核准。

第十三条　结余奖励资金不得用于工资、奖金、津补贴和福利支出，以及其他与国家助学贷款管理工作无直接关系的支出。

第十四条　国家开发银行和相关县级学生资助管理中心要严格按照国

家相关法规和本办法规定使用和管理生源地信用助学贷款风险补偿金，并自觉接受财政、审计、纪检监察等部门的监督和检查。

第十五条　年度终了，国家开发银行总行应会同全国学生资助管理中心汇总分析风险补偿金使用管理情况，包括结余奖励和亏空分担情况、风险补偿金预拨情况、县级学生资助管理中心结余奖励资金使用管理情况等，形成报告报送财政部、教育部。财政部、教育部将适时对风险补偿金使用管理情况开展专项检查或抽查。

第十六条　本办法未规定事项，按照《财政部、教育部、银监会关于大力开展生源地信用助学贷款的通知》（财教〔2008〕196 号）相关规定执行。

第十七条　国家开发银行总行应依据本办法，制定本行办理的生源地信用助学贷款业务的风险补偿金具体使用管理办法，包括已结清贷款合同对应的风险补偿金分年提取办法、未结清贷款合同对应的风险补偿金预先动用比例、结余奖励具体实施办法等，并报财政部、教育部备案。

第十八条　国家开发银行以外的其他金融机构办理的生源地信用助学贷款，实行风险补偿金结余奖励和亏空分担的，风险补偿金管理参照本办法执行。

第十九条　本办法由财政部、教育部负责解释。

第二十条　本办法自 2014 年 6 月 1 日起施行。

关于调整完善国家助学贷款相关政策措施的通知

（财教〔2014〕180 号）

党中央有关部门，国务院有关部委、有关直属机构，各省、自治区、直辖市、计划单列市财政厅（局）、教育厅（局、教委）、银监局，新疆生产建设兵团财务局、教育局，中国人民银行各分行、营业管理部、省会（首府）城市中心支行，中央部门所属各高等学校，各银行业金融机构：

为进一步健全普通高等学校家庭经济困难学生资助政策体系，更好地满足学生国家助学贷款需求，根据《国家中长期教育改革和发展规划纲要（2010—2020 年）》、《国务院关于建立健全普通本科高校 高等职业学校和中等职业学校家庭经济困难学生资助政策体系的意见》(国发〔2007〕13号)和《财政部 国家发展改革委 教育部关于完善研究生教育投入机制的意见》(财教〔2013〕19号)等有关文件,经研究并商民政部、总参谋部、总政治部,决定调整国家助学贷款(含校园地国家助学贷款和生源地信用助学贷款,下同)资助标准和资助比例。现将有关事项通知如下:

一、国家助学贷款资助标准

全日制普通本专科学生(含第二学士学位、高职学生,下同)每人每年申请贷款额度不超过8000元;年度学费和住宿费标准总和低于8000元的,贷款额度可按照学费和住宿费标准总和确定。全日制研究生每人每年申请贷款额度不超过12000元;年度学费和住宿费标准总和低于12000元的,贷款额度可按照学费和住宿费标准总和确定。

二、国家助学贷款资助比例

全日制普通本专科学生国家助学贷款全国平均资助比例应与当年国家助学金资助比例相当,各地区、各高校资助比例应与本地区、本高校当年国家助学金资助比例相当。全日制研究生国家助学贷款资助比例根据国家奖学金、学业奖学金等奖助政策覆盖范围和家庭经济困难学生情况确定。

全日制普通本专科学生在同一学年内不得重复申请获得校园地国家助学贷款和生源地信用助学贷款,只能选择申请办理其中一种贷款。全日制研究生原则上申请办理校园地国家助学贷款。

三、工作要求

各地区要继续大力推动国家助学贷款工作,满足本专科学生和研究生的贷款需求。财政部门要足额安排并及时拨付国家助学贷款贴息和风险补偿金资金。经办银行要根据贷款需求,足额安排并及时下达国家助学贷款信贷资金。高校要按照《国务院办公厅关于转发教育部 财政部 人民银行 银监会关于进一步完善国家助学贷款工作若干意见的通知》(国办发〔2004〕51号)规定,承担校园地国家助学贷款风险补偿金的50%,并配合经办银行核准申请贷款学生的学费和住宿费标准。

国家助学贷款资助标准调整后,《财政部 教育部 总参谋部关于印发〈高等学校学生应征入伍服义务兵役国家资助办法〉的通知》(财教〔2013〕236号)、《财政部 教育部 民政部 总参谋部 总政治部关于实施退役士兵教育资助政策的意见》(财教〔2011〕538 号)和《财政部 教育部关于印发〈高等学校毕业生学费和国家助学贷款代偿暂行办法〉的通知》(财教〔2009〕15 号)中有关学费补偿、国家助学贷款代偿和学费资助的标准,相应调整为本专科学生每人每年最高不超过 8000 元、研究生每人每年最高不超过 12000 元。学费补偿、国家助学贷款代偿和学费资助的其他事项,仍按原规定执行。

本通知自 2014 年 7 月 1 日起执行。此前已签订的贷款合同仍然有效且继续执行。

财政部　教育部　中国人民银行　银监会

2014 年 7 月 18 日

教育部 财政部 中国人民银行 银监会
关于完善国家助学贷款政策的若干意见
(教财〔2015〕7 号)

各省、自治区、直辖市教育厅(教委)、财政厅(局),计划单列市教育局、财政局,新疆生产建设兵团教育局、财务局,中国人民银行上海总部,各分行、营业管理部,各省会(首府)城市中心支行,各副省级城市中心支行,银监局,有关部门(单位)教育司(局),中央部门所属各高等学校,各银行业金融机构:

目前,我国普通高等学校家庭经济困难学生资助政策体系已基本建立。作为高校学生资助体系的重要组成部分,国家助学贷款经过多年探索和完善,逐步形成了符合中国国情和高校特点的发展模式,取得了显著成效,对确保高校家庭经济困难学生顺利完成学业发挥了重要作用。为进一步提升国家助学贷款政策实施效果,经国务院同意,现就完善国家助学贷款政策提出如下意见:

一、完善贷款政策,切实减轻借款学生经济负担

(一)学生在读期间利息全部由财政补贴。国家助学贷款利率执行中国人民银行同期公布的同档次基准利率,不上浮。借款学生在读期间的贷款利息由财政全额补贴。借款学生毕业后，在还款期内继续攻读学位的，可申请继续贴息，应及时向经办机构（组织办理校园地国家助学贷款的高校或组织办理生源地信用助学贷款的县级教育部门，以下简称经办机构）提供书面证明，经办机构审核后，报经办银行确认，继续攻读学位期间发生的贷款利息，由原贴息财政部门继续全额贴息。借款学生在校期间因患病等原因休学的，应向经办机构提供书面证明，由经办机构向经办银行提出申请，休学期间的贷款利息由财政全额贴息。

（二）贷款最长期限从 14 年延长至 20 年。原校园地国家助学贷款期限为学制加 6 年、最长不超过 10 年，生源地信用助学贷款期限为学制加 10 年、最长不超过 14 年，现统一调整为学制加 13 年、最长不超过 20 年。借款学生毕业或终止学业时，应与经办银行和经办机构确认还款计划，还款期限按双方签署的合同执行。

（三）还本宽限期从 2 年延长至 3 年整。借款学生毕业当年不再继续攻读学位的，与经办机构和经办银行确认还款计划时，可选择使用还本宽限期。还本宽限期内借款学生只需偿还利息，无需偿还贷款本金。还本宽限期由原来的 2 年延长至 3 年整。还本宽限期从还款计划确认开始，计算至借款学生毕业后第 36 个月底。在还款期内继续攻读学位的借款学生再读学位毕业后，仍可享受 36 个月的还本宽限期。

（四）建立国家助学贷款还款救助机制。各省级学生资助管理部门、各高校要合理利用国家助学贷款风险补偿金结余奖励资金、社会捐资助学资金或学生奖助基金，建立国家助学贷款还款救助机制，用于救助特别困难的毕业借款学生。对于因病丧失劳动能力、家庭遭遇重大自然灾害、家庭成员患有重大疾病以及经济收入特别低的毕业借款学生，如确实无法按期偿还贷款，可向经办机构提出救助申请并提供相关书面证明，经办机构核实后，可启动救助机制为其代偿应还本息。

（五）简化学生贷款手续。各经办机构和经办银行要简化贷款手续，不得要求学生提供与贷款申请无关的材料。学生开具家庭经济困难学生认定证明时，严禁收取任何费用。各经办机构和经办银行应改进服务，简化流程，借款学生继续攻读学位的，只需完成申请继续贴息的相关手续，可不再签署贷款展期协议。借款学生根据贷款合同提前还款的，经办银行按贷款实际期限计算利息，不得加收任何费用。

二、健全运行机制，促进国家助学贷款持续健康发展

（一）及时足额安排贴息及风险补偿金。各级财政部门和高校要在年度预算中足额安排应承担的国家助学贷款贴息和风险补偿金。省级财政部门负责统筹归集全省各级财政和地方高校应承担的贴息和风险补偿金，确保资金按时足额到位。

（二）完善国家助学贷款考核制度。各级金融监管部门对国家助学贷款业务监管时，综合考虑风险补偿金的缓释作用，对符合相关政策要求的风险补偿金覆盖部分适用零风险权重，未覆盖部分采用75%的风险权重。各金融机构在对国家助学贷款业务进行内部监管时，应在满足监管要求的同时，充分考虑国家助学贷款业务和风险特征，准确计量资本和拨备要求。各经办银行对国家助学贷款业务要单立台账、单设科目、单独统计和考核。

（三）积极开展诚信教育活动和征信宣传。各高校应加强学生信用意识和诚信观念教育。各级教育行政部门应加强学校诚信教育工作的定期考核和业务指导。各经办银行应按照《征信业管理条例》，严格履行信息采集和上报责任。经办银行经借款学生书面授权使用借款学生的个人征信信息，无需再次告知借款学生；对没有按合同约定归还贷款的学生，经办银行应依法向个人征信系统报送借款学生的不良信息。

三、加强组织领导，不断提升国家助学贷款管理水平

（一）进一步落实学费和贷款代偿政策。根据《财政部 教育部关于印发〈高等学校毕业生学费和国家助学贷款代偿暂行办法〉的通知》（财教〔2009〕15号）规定，尚未出台政策的省份应尽快出台学费和助学贷款代偿办法，鼓励地方高校毕业生到本行政区域艰苦边远地区基层单位就业。地方高校毕业生代偿资金原则上由省级财政承担，中央财政根据西部各省份财力状况、学费和国家助学贷款代偿规模以及高校家庭经济困难学生资助政策落实情况等因素，对西部省份予以奖补。

（二）加强经办机构和人员队伍建设。各县级政府要尽快成立专门的县级学生资助管理中心并确保正常运转，加强人员队伍建设并保障工资福利、职称评聘等方面待遇。地方各级教育行政部门要推动经办机构之间的联动机制，建立资助中心、高校和金融机构之间的合作平台，实现信息共享，促进协同配合，切实加强贷款管理工作。

（三）加大国家资助政策宣传力度。地方各级教育行政部门应在《普通高等学校招生专业目录》中全面、完整介绍高校学生资助政策，方便学生知晓国家资助政策，合理选择学校和专业。普通高中要大力开展高校资助政策宣传工作，介绍国家助学贷款、奖助学金等资助政策，免除家庭经济困难学生的后顾之忧。在发挥传统媒体作用的同时，充分运用网络时代新媒体传播渠道，创新宣传方式，增强宣传效果。对于艰苦边远山区和农村家庭经济困难学生集中的区域，有关地区教育行政部门应组织专门人员，深入基层和农村经济困难家庭宣讲资助政策。

四、其他事项

（一）本意见自发布之日起实施。各省、自治区、直辖市人民政府可结合本地实际情况，制订具体实施细则。

（二）本意见所指的借款学生是指全日制普通高等学校中家庭经济困难且已获得国家助学贷款资助的本专科学生（含高职学生）、研究生、第二学士学位学生。

（三）此前下发的国家助学贷款的有关政策和规定继续执行。凡与本意见不一致的，以本意见为准。

教育部 财政部 中国人民银行 银监会

2015 年 7 月 13 日

教育部 财政部 中国人民银行 银保监会关于调整完善国家助学贷款有关政策的通知

（教财〔2020〕4 号）

各省、自治区、直辖市教育厅（教委）、财政厅（局）、银保监局，各计划单列市教育局、财政局、银保监局，新疆生产建设兵团教育局、财政局，中国人民银行各分行、营业管理部、省会（首府）城市中心支行，中央部门所属各高等学校，各银行业金融机构：

为加大对家庭经济困难学生的支持力度，进一步减轻贷款学生经济负担，经国务院同意，决定调整完善助学贷款有关政策。现将有关事项通知如下：

一、助学贷款还本宽限期。助学贷款还本宽限期从3年延长至5年。

二、助学贷款期限。助学贷款期限从学制加13年、最长不超过20年调整为学制加15年、最长不超过22年。

三、助学贷款利率。2020年1月1日起，新签订合同的助学贷款利率按照同期同档次贷款市场报价利率（LPR）减30个基点执行。

教育部　财政部　中国人民银行　银保监会

2020年7月3日

财政部 教育部 人民银行 银保监会关于进一步完善国家助学贷款政策的通知

（财教〔2021〕164号）

各省、自治区、直辖市、计划单列市财政厅（局）、教育厅（教委），新疆生产建设兵团财政局、教育局，中国人民银行上海总部、各分行、营业管理部、各省会（首府）城市中心支行，各银保监局，中央部门所属各高等学校，各银行业金融机构：

近年来，国家助学贷款工作取得了显著成效，对资助高校家庭经济困难学生顺利完成学业发挥了重要作用。为进一步提升国家助学贷款政策实施效果，经国务院同意，现就完善国家助学贷款政策有关事项通知如下：

一、国家助学贷款额度和使用范围

学生应根据实际情况申请国家助学贷款额度，全日制普通本专科学生（含第二学士学位、高职学生、预科生，下同）每人每年申请贷款额度由不超过8000元提高至不超过12000元；全日制研究生每人每年申请贷款额度由不超过12000元提高至不超过16000元。学生申请的国家助学贷款应优先用于支付在校期间学费和住宿费，超出部分可用于弥补日常生活费。国家助学贷款承办银行要加强贷款及其使用范围审查，合理确定学生助学贷款金额。各高校要引导学生勤俭节约，努力向学、学以致用，增强就业和报效国家、服务社会能力。

二、生源地信用助学贷款风险补偿金

生源地信用助学贷款工作继续以国家开发银行为主承办，鼓励其他银行业金融机构开展生源地信用助学贷款业务。

（一）风险补偿金比例

风险补偿金比例按当年贷款发生额的5%确定。风险补偿金比例根据经济社会发展状况适时进行调整。风险补偿金由中央和地方分担，具体分担比例按照教育领域中央与地方财政事权和支出责任划分改革方案执行。

（二）风险补偿金管理

国家开发银行收到风险补偿金，应确认为递延收益，待核销生源地信用助学贷款损失时，计入当期损益；已核销的生源地信用助学贷款损失，以后又收回的，相应回拨递延收益。风险补偿金若低于生源地信用助学贷款损失，不足部分由国家开发银行承担；若超出生源地信用助学贷款损失，超出部分由国家开发银行按规定进行结余奖励返还。有关会计处理按照国家统一的会计制度执行。

国家开发银行应根据国家有关规定制定核销贷款损失的办法，报财政部、教育部、人民银行、银保监会备案。

风险补偿金管理办法由财政部、教育部根据此通知进行修订。

（三）风险补偿金存量资金

风险补偿金存量资金按照分省（自治区、直辖市、计划单列市，下同）核算的原则，统筹用于支付以后年度中央财政和地方财政应承担的生源地信用助学贷款贴息，直至风险补偿金存量资金规模降至当年贷款余额的5%。

省级财政、教育部门每年1月31日前，将上一年度风险补偿金存量资金使用情况和本年度风险补偿金存量资金用于贴息的预算安排情况，报财政部、教育部备案，并抄送全国学生资助管理中心。

国家开发银行以外的其他银行业金融机构办理的生源地信用助学贷款实行递延收益方式管理且有风险补偿金存量资金的，参照上述办法管理和使用风险补偿金存量资金。

（四）其他事项

其他银行业金融机构开展生源地信用助学贷款业务的，风险补偿金管理由各省财政、教育、人民银行、银保监部门与该金融机构根据实际情况确定，生源地信用助学贷款损失超出风险补偿金部分由该金融机构承担。各省生源地信用助学贷款风险补偿金，中央财政按照不高于当年贷款发生额的5％和规定的分担比例承担，超过5％的部分全部由地方财政自行承担。已经与其他银行业金融机构开展生源地信用助学贷款业务的省份，应加强与相关金融机构沟通协商，确保生源地信用助学贷款工作平稳有序开展。

此前规定与本通知不一致的，以本通知为准。本通知未规定事项，按照原政策执行。

本通知自2021年秋季学期起施行。

财政部　教育部　人民银行　银保监会

2021年9月3日

附录 2 大学生助学贷款需求与贷款行为的调查问卷

调查问卷(1)

亲爱的受访者：

您好！

首先非常感谢您抽空填写这份问卷。这是一份以学术研究为目的的调查问卷，主要是探讨贫困大学生的助学贷款需求与贷款行为特征。本问卷的所有资料仅供研究所用，希望您能表达真实的想法与意见。在此由衷感谢您的协助，谢谢！

在填写问卷中，请您在相应的序号上面打√或者在横线上填写相应的数字。

江苏省普通高校研究生科研创新计划资助课题项目组

2014 年 12 月 13 日

一、基本特征

1. 您的年龄：

A. 18 岁及以上　　　　B. 18 岁以下

2. 您的性别：

A. 男　　　　B. 女

3. 您来自＿＿＿＿＿＿省（自治区）＿＿＿＿＿＿县(县级市)。

4. 您的家乡是否为贫困县：

A. 是　　　　B. 否

5. 您的年级是：

A. 一年级　　　　B. 二年级

C. 三年级　　D. 四年级

6. 您的学费是多少(元)：______________。

7. 您的住宿费是多少(元)：______________。

8. 您的月平均生活费大约是多少(元)：______________。

二、家庭情况

9. 您家庭的人口数是多少(人)：______________。

10. 您家庭的劳动力数量是多少(人)：______________。

11. 您家庭有患重大疾病人数是多少(人)：

A. 0　　B. 1

C. 2　　D. 3

12. 您家庭的子女数量是多少(人)______________。

13. 您家庭中接受非义务教育的子女(不含本人)：

A. 哥哥或姐姐 1 人　　B. 哥哥或姐姐 2 人以上

C. 弟弟或妹妹 1 人　　D. 弟弟或妹妹 2 人以上

E. 无

14. 您家庭现有耕地面积是多少(亩)：______________。

15. 您家庭从事何种农业生产：

A. 种植业　　B. 养殖业

C. 种养业兼有　　D. 其他

16. 您父母的文化水平：

A. 小学及以下　　B. 初中

C. 高中　　D. 大学

17. 您家庭人均年收入水平：

A. 2 300 元以下　　B. 2 300～4 200 元

C. 4 200～7 200 元　　D. 7 200～10 000 元

18. 您家庭的非农业收入占家庭总收入的比例为：

A. 10%以下　　B. 10%～30%

C. 30%～50%　　D. 50%～70%

E. 70%以上

19. 您家庭现有固定资产价值(不含房产)：

A. 1 万元以下　　B. 1 万～3 万元

C. 3 万～5 万元　　D. 5 万元以上

20. 您家庭的生活消费支出占总支出的比重为(%)：________。

21. 您家庭的农业生产支出占总支出的比重为(%)：________。

22. 您家庭的非义务教育支出占总支出的比重为(%)：________。

23. 您家庭的医疗支出占总支出的比重为(%)：________。

三、贷款行为

24. 您借贷的主要用途是用来支付：

A. 住宿费　　B. 交学费

C. 生活费　　D. 学费+住宿费

E. 住宿费+生活费　　F. 学费+生活费

G. 学费+生活费+住宿　　H. 改善生活

I. 接受其他教育或培训　　J. 其他________

25. 您想要借贷的额度为(元/年)：

A. 3 000 元以下　　B. 3 000～4000 元

C. 4 000～6 000 元　　D. 6 000～8 000 元

E. 8 000～10 000 元　　F. 10 000～12 000 元

26. 您希望的借贷期限为：(从大学期间第一次借贷开始计算)

A. 4 年以下　　B. 5～6 年

C. 7～8 年　　D. 9～10 年

E. 11～12 年　　F. 13～14 年

G. 15 年以上

27. 您家庭因非义务教育而产生借贷的渠道为：

A. 无借贷需求　　B. 有借贷需求但未实施

C. 民间借贷(无利息)　　D. 民间借贷(正常利率)

E. 民间借贷(高利率)　　F. 向正规金融机构借款

28. (第 27 题选择 D 的必作答，其他无须作答)您(家庭)选择民间借贷(正常利率)的原因为：

因为民间借贷：

A. 对您家庭更了解　　B. 方便

C. 容易　　D. 不用抵押

E. 其他____________

因为正规金融机构：

A. 利息太高　　B. 无人担保或抵押

C. 手续太麻烦　　D. 银行无熟人

E. 资金额度需求太小　　F. 银行服务太差

G. 其他____________

29.（第 27 题选择 E 的必作答，其他无须作答）您（家庭）选择民间借贷（高利率）的原因：

因为民间借贷：

A. 对您家庭更了解　　B. 方便

C. 容易　　D. 不用抵押

E. 其他____________

因为正规金融机构：

A. 未向正规渠道借过　　B. 正规渠道借不到

C. 利息太高　　D. 没有人担保或抵押

E. 手续太麻烦　　F. 银行没有熟人

G. 资金额度需求太小　　H. 银行服务太差

I. 其他____________

30.（第 27 题选择 B 的必作答，其他无须作答）您有借贷需求但未实施的原因是：

自己（家庭）的原因：________________________________。

民间借贷的原因：________________________________。

正规金融机构的原因：________________________________。

其他：________________________________。

31. 您家庭做出借贷规模决定是谁：

A. 父母　　B. 哥哥或姐姐

C. 亲友　　D. 自己

E. 他人__________

32. 如果不是您自己做的决定，决定时有没有参考你的意见：

A. 有　　　　　　　　　　　　B. 没有

33.（第 32 题选择 B 的必作答，其他无须作答）

如果没有采纳您的意见，您认为应该贷多少（元）__________，从哪个渠道借贷：______________________________。

原因是：______________________________。

34. 您家庭所在位置距最近的金融机构的距离大约为多少（公里）：______________________________

35. 我申请贷款时考虑了我毕业短期内（1～5 年）会从事的职业：

A. 是　　　　　　　　　　　　B. 否

四、贷款决策（以下题项，请已经贷款的同学作答，没有贷款的同学可以不作答。）

1. 您贷款的额度为：

A. 每年额度一样，为：________元。

B. 每年不一样，分别为：______________________________。

2. 您获得的助学金（含企业和政府）约为（元/年）：______________。

3. 您获得的奖学金约为（元/年）：______________________。

4. 您勤工助学的收入约为（元/年）：____________________。

5. 您的月平均生活费约为（元）：______________________。

请您根据自己的情况，在下面的表格中对题的表述进行评价，在相应的选项表格中划“√”。

测量项	测量尺度						
	1=非常不同意	2=不同意	3=有点不同意	4=普通	5=有点同意	6=同意	7=非常同意
第一部分 收入(IN)							
1. 当获得较高的奖学金，我会降低下一次贷款申请额度							
2. 当获得较高的助学金，我会降低下一次贷款申请额度							
3. 当获得较高的兼职收入，我会降低下一次贷款申请额度							
4. 当获得较高勤工助学收入，我会降低下一次贷款申请额度							
第二部分 替代品(相关贷款)(SU)							
5. 贫困证明容易获得，便于我申请助学贷款							
6. 银行对国家助学贷款的审核很松，便于我每年满额贷款							
7. 助学贷款利率低，相比其他贷款我更愿意申请							
8. 助学贷款不需要托关系，相比其他贷款我更愿意申请							
第三部分 贷款偏好(PR)							
9. 父母文化程度较高，理解和支持助学贷款，愿意让我申请							
10. 如果家里不困难，我也愿意申请助学贷款							
11. 我愿意独立偿还助学贷款							
12. 我是家里第一个大学生，申请贷款留下家里的钱给弟、妹							
第四部分 预期(EX)							
13. 申请贷款时我考虑了毕业5年左右的就业行业和岗位							
14. 申请贷款时我考虑了本专业毕业生近3年的就业率							
15. 申请贷款时我了解本专业毕业生近3年的收入水平							

续表

测量项	测量尺度						
	1=非常不同意	2=不同意	3=有点不同意	4=普通	5=有点同意	6=同意	7=非常同意
第四部分 收入(IN)							
16. 申请贷款时我考虑(预估)了毕业5年左右的支出情况							
第五部分 需求者数量(QD)							
17. 听说亲戚的孩子申请了助学贷款,所以我也选择贷款							
18. 老师介绍可以申请助学贷款,所以我也选择贷款							
19. 受班里其他同学申请助学贷款的影响,我也选择贷款							
第六部分　调节变量 助学贷款政策(PP)							
20. 不清楚助学贷款的约束性政策,我每年都满额申请贷款							
21. 只要有乡镇及以上的贫困证明,贫困生申请贷款容易获批							
22. 不太清楚违约的后果,我申请贷款时未考虑该因素							
23. 在校期间利息由政府贴息,我选择每年都满额申请贷款							
第七部分　因变量 过度需求(ED)							
24. 我认为国家助学贷款申请中存在着过度需求							

调查问卷(2)(还款政策改变后)

亲爱的受访者：

您好！

首先非常感谢您抽空填写这份问卷。这是一份以学术研究为目的的调查问卷，主要是探讨贫困大学生的助学贷款需求与贷款行为特征。本问卷的所有资料仅供研究所用，希望您能表达真实的想法与意见。在此由衷感谢您的协助，谢谢！

江苏省普通高校研究生科研创新计划资助项目课题组

江苏省高校哲学社会科学基金项目课题组

2016 年 11 月 19 日

1. 您申请获批的国家助学贷款额度为：____________(元/年)。

A. 未申请　　B. 申请未被批准

2. 您父母的文化水平：

A. 小学及以下　　B. 初中

C. 高中　　D. 大学

3. 您家庭人均年收入水平：

A. 2 300 元以下　　B. 2 300～4 200 元

C. 4 200～7 200 元　　D. 7 200～10 000 元

4. 您家庭现有固定资产价值(不含房产)：

A. 1 万元以下　　B. 1 万～3 万元

C. 3 万～5 万元　　D. 5 万元以上

5. 您家庭的非农业收入占家庭总收入的比例为：

A. 10%以下　　B. 10%～30%

C. 30%～50%　　D. 50%～70%

E. 70%以上

6. 您家庭中接受非义务教育的子女数(含本人):

A. 1人　　B. 2人

C. 3人　　D. 4人

E. 5人以上

7. 您家庭的人口数是多少(人):________________。

8. 您家庭的劳动力数量是多少(人):________________。

9. 您家庭的医疗支出占总支出的比重为(%):________________。

10. 如果不考虑现行政策规定,您期望申请获批的助学贷款额度为多少? ____________(元/年)。

请您根据自己的情况,在下面的表格中对题的表述进行评价,在相应的选项表格中划"√"。

测量项	测量尺度						
	1=非常不同意	2=不同意	3=有点不同意	4=普通	5=有点同意	6=同意	7=非常同意
第一部分 收入(IN)							
1. 当获得较高的奖学金,我会降低下一次贷款申请额度							
2. 当获得较高的助学金,我会降低下一次贷款申请额度							
3. 当获得较高的兼职收入,我会降低下一次贷款申请额度							
第二部分 替代品(相关贷款)(SU)							
4. 贫困证明容易获得,便于我申请助学贷款							
5. 银行对国家助学贷款的审核很松,便于我每年满额贷款							
6. 助学贷款利率低,相比其他贷款我更愿意申请							

续表

测量项	测量尺度						
	1=非常不同意	2=不同意	3=有点不同意	4=普通	5=有点同意	6=同意	7=非常同意
第三部分　贷款偏好(PR)							
7. 父母文化程度较高，理解和支持助学贷款，愿意让我申请							
8. 如果家里不困难，我也愿意申请助学贷款							
9. 我是家里第一个大学生，申请贷款留下家里的钱给弟、妹							
第四部分　预期(EX)							
10. 申请贷款时我考虑了毕业5年左右的就业行业和岗位							
11. 申请贷款时我了解本专业毕业生近3年的收入水平							
12. 申请贷款时我考虑(预估)了毕业5年左右的支出情况							
第五部分　需求者数量(QD)							
13. 听说亲戚的孩子申请了助学贷款，所以我也选择贷款							
14. 老师介绍可以申请助学贷款，所以我也选择贷款							
15. 受班里其他同学申请助学贷款的影响，我也选择贷款							
第六部分　调节变量 助学贷款政策(PP)							
16. 不清楚助学贷款的约束性政策，我每年都满额申请贷款							
17. 只要有乡镇及以上的贫困证明，贫困生申请贷款容易获批							
18. 不太清楚违约的后果，我申请贷款时未考虑该因素							
第七部分　因变量 过度需求(ED)							
19. 我认为国家助学贷款申请中存在着过度需求							

附录3　本研究相关成果

一、文章

1. 于基伯.国家助学贷款中的制度缺陷:高校是否承担了过多的风险?[J].高等教育研究,2013,(1):1-4.

2. 于基伯,朱学义.国家助学贷款高违约率下高校的风险管理策略:基于江苏省11所高校的调查分析[J].会计之友,2014,(36):102-106.(核心期刊)

3. 于基伯,刘传哲.基于演化博弈的助学贷款违约风险管理策略:高校与银行的行为视角[J].东北大学学报(社会科学版),2015,(6):595-599.(CSSCI源刊,已检索)

4. 于基伯,赵超.大学生助学贷款诚信教育的内容体系与方式创新[J].黑龙江教育(高教研究与评估),2016,(4):54-55.

5. 于基伯,戎辉,刘传哲.微博教育接受意愿研究:理论模型与实证检验[J].内蒙古师范大学学报(教育科学版),2016,(7):5-8.

6. 于基伯,钱雄,刘传哲.农村贫困大学生助学贷款需求与贷款行为实证研究:基于江苏省8所高校的调查[J].农村经济,2017,(10):98-103.(CSSCI源刊,已检索)

7. 于基伯,何凌云,刘传哲.国家助学贷款中的过度需求及其影响因素研究:基于江苏省8所高校的调查[J].河北经贸大学学报,2018,(1):50-60.(CSSCI源刊,已检索)

8. 于基伯,朱学义,顾冬玲.国家助学贷款过度需求违约风险分析与管理——基于江苏省8所高校的调查[J].会计之友,2020,(01):125-128.(核心期刊)

二、获奖情况

1. 2020年3月,于基伯、章毛平所著的《国家助学贷款诚信教育与经济理性教育的共生性探讨》，获中国高等教育学会辅导员工作研究分会组织评选的“2019 年度全国高校思想政治工作优秀论文一等奖”。

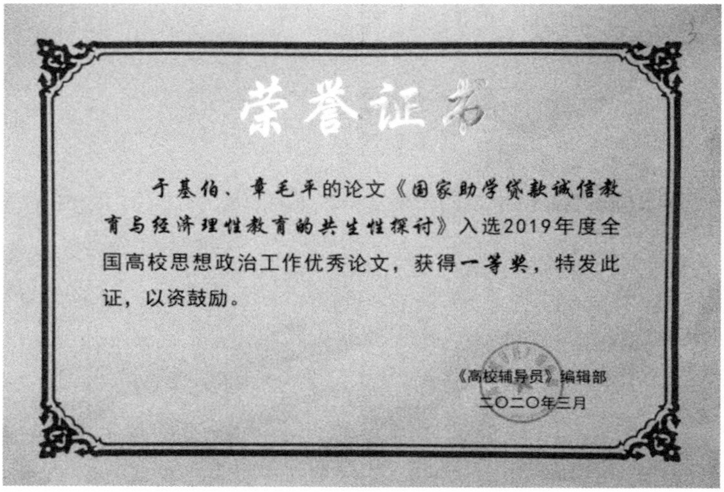

荣誉证书

于基伯、章毛平的论文《国家助学贷款诚信教育与经济理性教育的共生性探讨》入选2019年度全国高校思想政治工作优秀论文，获得一等奖，特发此证，以资鼓励。

《高校辅导员》编辑部

二〇二〇年三月

2. 2018 年 1 月，于基伯，钱雄所著的《国家助学贷款中的过度需求及精准防控研究——基于江苏省 8 所高校的调查》，获中国高等教育学会辅导员工作研究分会组织评选的“2017 年全国高校辅导员工作优秀论文一等奖”。

获奖证书

于基伯、钱雄同志：

您的论文《国家助学贷款中的过度需求及其精准防控研究——基于江苏省 8 所高校的调查》获得 2017 年度全国高校辅导员工作优秀论文评选一等奖。

特发此证，以资鼓励。

中国高等教育学会辅导员工作研究分会

二〇一八年一月

3. 2016 年 12 月，于基伯、赵超所著的《贫困大学生国家助学贷款需求与贷款行为实证研究》，获中国高等教育学会辅导员工作研究分会组织评选的“2016 年度全国高校辅导员工作优秀论文二等奖”。

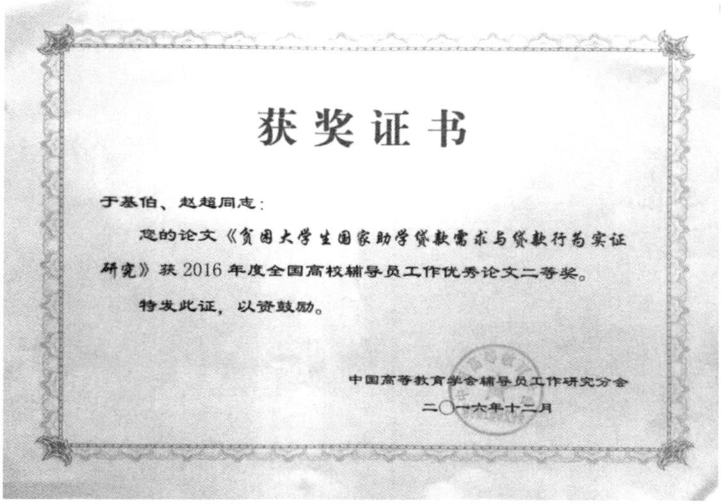

获奖证书

于基伯、赵超同志：

您的论文《贫困大学生国家助学贷款需求与贷款行为实证研究》获 2016 年度全国高校辅导员工作优秀论文二等奖。

特发此证，以资鼓励。

中国高等教育学会辅导员工作研究分会

二〇一六年十二月

4. 2015 年 4 月，于基伯、朱学义所著的《国家助学贷款高违约率下高校的风险管理策略》，获中国高等教育学会学生工作研究分会组织评选的“2014 年度全国高校学生工作优秀学术成果二等奖”。

荣誉证书

于基伯、朱学义同志：

经专家评审，您的论文《国家助学贷款高违约率下高校的风险管理策略》获 2014 年度全国高校学生工作优秀学术成果二等奖。

特发此证，以资鼓励。

中国高等教育学会学生工作研究分会

2015 年 4 月 7 日

参考文献

蔡江海，2005. 国家助学贷款信用分险分析及管理研究[D]. 北京：首都经济贸易大学：68-69.

蔡颖，2017. 高校贫困生与非贫困生起薪差异的实证研究[J]. 高教探索（4）：113-119.

曹夕多，2006. 国家助学贷款市场与信息不对称[J]. 北京师范大学学报（社会科学版）（1）：33-40.

陈和潮，2002. 国家助学贷款与诚信浅析[J]. 金融与经济（11）：59-60.

褚保堂，1998. 学生贷款中的“逆向选择”与制度创新[J]. 教育与经济（1）：48-51.

崔来廷，2012. 高等教育成本分担语境下国家助学贷款探究[J]. 学术交流（1）：180-183.

窦欢，张会丽，陆正飞，2014. 企业集团、大股东监督与过度投资[J]. 管理世界（7）：134-143.

冯涛，2018. 按收入比例还款型助学贷款的国际比较及中国的未来选择方案[J]. 中国高教研究（3）：74-79.

冯涛，2018. 大学生资助政策的历史回顾与制度设计[J]. 中国高等教育（12）：40-42.

冯涛，程宝燕，2017. 美国助学贷款的困境、对策与趋势[J]. 外国教育研究，44（4）：18-29.

甘宇,2014.错位与链接:高校贫困生资助资源的配置及其减贫效果:基于C市33所高校调查的分析[J].教育与经济(5):54-60.

管七海,郭建伟,冯宗宪,2002.建立国家助学贷款大学生个人信用征询与评价体系的实施方案[J].金融研究(4):92-103.

胡滨,郑联盛,2014."贷款+保险":国家助学贷款市场化机制研究[J].保险研究(8):54-63.

黄波粼,2013.社会保障基金参与国家助学贷款的可行性分析及基本模型建构:基于全国19所高校的相关调研[J].教育发展研究,33(9):8-13.

黄敬宝,2007.国家助学贷款的供求缺口分析[J].中国国情国力(7):46-48.

黄维,徐微,张茂然,2018.大学新生对助学贷款的申请意向研究[J].教育与经济(5):82-89.

黄绪江,王文岫,2002.窗口指导与产品创新:助学贷款的两个视角[J].金融研究(11):125-130.

季俊杰,2012.中国学生贷款补贴体系的演变与发展趋势[J].云南师范大学学报(哲学社会科学版),44(1):105-110.

季俊杰,沈红,2012.基于就业率的学生资助自适应供给系统的构建[J].教育与经济(1):44-47.

姜明辉,谢行恒,王树林,等,2007.个人信用评估的Logistic-RBF组合模型[J].哈尔滨工业大学学报,39(7):1128-1130.

焦旭,孙宇,2015.促进教育公平 提高国家助学贷款落实效率[J].中国高等教育(10):38-40.

李庆豪,2006.生源地助学贷款的生成与发展[D].武汉:华中科技大学:35-39.

刘昌平,花亚州,2017.高等教育助学贷款:养老保险基金投资的新思路[J].江西财经大学学报(5):58-67.

刘筠,2010.国家助学贷款"河南模式"的发展现状、存在问题与对策分析[J].财政研究(3):39-40.

刘望,曹思敏,2013.国家助学贷款学生申请意愿的影响因素实证研究:基于湘潭市三所高校的调查[J].湘潭大学学报(哲学社会科学版),37(4):68-71.

刘信洪,2016.大学生对国家资助政策态度的调查分析[J].高教探索(12):106-110.

刘英,林叶青,林立洪,2013.我国国家助学贷款违约风险的探析[J].金融教育研究,26(3):33-38.

吕士伟,2004.供给约束与制度重构:国家助学贷款案例分析[J].金融研究(3):136-142.

任辉,2007.Markov链在预测助学贷款违约率中的作用[J].统计与决策(16):123-125.

沈红,2004.国家助学贷款:政策与实践中的既成矛盾[J].北京大学教育评论,2(1):7-9.

沈红,季俊杰,2009.新经济形势下学生贷款供求矛盾解决方略[J].高等教育研究,30(2):36-41.

沈红,季俊杰,2013.我国助学贷款信用保险制度的问题及其完善[J].教育与经济(2):3-8.

沈华,2016.中国生源地助学贷款申请成本影响因素分析[J].湖北大学学报(哲学社会科学版),43(5):141-146.

生厚良,王友健,董敬茹,2016.助学贷款体系待完善[J].中国金融(12):101.

石庆焱,2005.一个基于神经网络:Logistic回归的混合两阶段个人信用评分模型研究[J].统计研究,22(5):45-49.

宋飞琼,2008.国家助学贷款担保机制研究[D].武汉:华中科技大学:62-66.

宋飞琼,2011."关注:被关注"密度:助学贷款风险管理的关键环节[J].江苏社会科学(S1):138-141.

苏隆中,赵峰,2015.高校学生助学贷款定价问题探析[J].求索(2):188-191.

孙涛,2015.学生贷款运行中的政府职能界定[J].高教探索(3):31-34.

谭民俊,王雄,岳意定,2007.FPR-UTAHP评价方法在农户小额信贷信用评级中的应用[J].系统工程,25(5):55-59.

王定祥,田庆刚,李伶俐,等,2011.贫困型农户信贷需求与信贷行为实证研究[J].金融研究(5):124-138.

王飞,韩贵秋,2000.国家助学贷款,经济困难大学生的曙光:大连市6所高校贷学金情况的调查分析[J].教育与经济(3):34-37.

王高玲,臧梦云,2014.国家助学贷款还款意愿影响因素的实证研究[J].黑龙江高教研究,32(9):89-92.

王世忠,2012.民族地区生源地助学贷款政策执行中的问题与对策:以湖北恩施土家族苗族自治州宣恩县为例[J].民族教育研究,23(2):9-12.

王小兵,2011.教育发展中融资创新研究[D].长沙:中南大学.

魏岚,2013.农户小额信贷风险评价体系研究[J].财经问题研究(8):125-128.

吴大平,2014.广西生源地信用助学贷款贷后管理机制研究[J].广西社会科学(4):23-27.

吴开俊,陈宇红,2010.普通高校国家助学贷款违约风险成因与控制探讨:基于广东省4所高校的实证调查[J].教育与经济(1):34-40.

向晖,杨胜刚,2011.基于聚类的bagging集成消费者信用评估模型[J].消费经济,27(1):50-52.

肖巧玲,2015.福建生源地助学贷款学生违约风险控制研究:基于计划行为理论的视角[J].福建论坛(人文社会科学版)(7):167-171.

肖文兵,费奇,2006.基于支持向量机的个人信用评估模型及最优参数选择研究[J].系统工程理论与实践,26(10):73-79.

徐国兴,刘牧,2016.国家助学贷款按收入比例还款:日本的特点及启示[J].高教探索(10):76-80.

许长青,2014.国家助学贷款金融生态体系创新研究[J].江苏高教(6):65-69.

杨爱民,2002.建立大学生信用档案 推进国家助学贷款[J].中国高等教育(18):29-30.

杨益民,2018.担当社会责任 扎实推进助学金融服务[J].中国高等教育(5):21-23.

叶书宏,赵燕燕,2014."泡"在咖啡里的布宜诺斯艾利斯[J].公关世界(10):32-33.

于基伯,何凌云,刘传哲,2018.国家助学贷款中的过度需求及其影响因素研究:基于江苏省 8 所高校的实证分析[J]. 河北经贸大学学报,39(1):50-60.

于基伯,刘传哲,2015. 基于演化博弈的助学贷款违约风险管理策略:高校与银行的行为视角[J]. 东北大学学报(社会科学版),17(6):595-599.

于基伯,钱雄,刘传哲,2017. 农村贫困大学生助学贷款需求与贷款行为实证研究:基于江苏省 8 所高校的调查[J]. 农村经济(10):98-103.

于基伯,朱学义,2014. 国家助学贷款高违约率下高校的风险管理策略:基于江苏省 11 所高校的调查分析[J]. 会计之友(36):102-106.

余鸣娇,谌青,2015. 90 后大学生对国家助学贷款政策认知与行为的研究[J]. 高教探索 (7):39-41.

余鸣娇,谌青,何立,2018. 发展型社会政策视角下我国高校学生资助的经验及演进[J]. 高教探索 (2):31-34.

臧兴兵,沈红,2011. 供求视角下的生源地助学贷款[J]. 教育发展研究,31(9):35-39.

张民选,1997. 理想与决策:大学生资助政策的国际比较[M]. 北京:人民教育出版社.

张莹,2014. 高校学生资助工作的现状与展望:以上海高校为例[J]. 思想理论教育 (2):108-111.

赵振宇,刘秉印,2014. 高校助学贷款运行模式比较分析及违约风险防范的顶层设计[J]. 上海金融(12):110-112.

赵振宇,张伟,陈红霞,2011. 基于模糊德尔菲法的国家助学贷款信用风险评估研究[J]. 黑龙江高教研究,29(1):57-59.

赵中建,1996. 高等学校的学生贷款:国际比较研究[M]. 成都:四川教育出版社:45-52.

郑萍,2009. 贫困生资助体系视角下的大学生欠费问题研究:基于广东某学院的个案研究[J]. 教育与经济 (4):28-32.

周丽萍,2017. 谁在获得更多的高校大学生资助?:基于 2014 年高等教育改革学生调查数据 HLM 模型的实证分析[J]. 教育学术月刊(2):76-83.

ATUAHENE F,2008. The challenge of financing higher education and the role of student loans scheme: an analysis of the student loan trust fund

(SLTF) in Ghana[J]. Higher education,56(4):407-421.

BARR N,CRAWFORD I,1998. Funding higher education in an age of expansion[J]. Education economics,6(1):45-70.

BAUM S, O'MALLEY M, 2003b. College on credit: How borrowers perceive their education debt:results of the 2002 national loan survey[M]. Braintree,MA:NellieMae Corporation:34-37.

BAUM S, O'MALLEY M, 2003a. College on credit: How borrowers perceive their education debt[J]. Journal of student financial aid,(3):7-19.

BAUM S, SAUNDERS D,1997. Life after debt: results of the national student loan survey (final report) [R]. Nellie Mac,Fabruary.

BELFIELD C R,2013. Student loans and repayment rates:the role of for-profit colleges[J]. Research in higher education,54(1):1-29.

BERLINGER E,2009. An efficient student loan system:case study of Hungary[J]. Higher education in Europe,34(2):257-267.

BOATMAN A, EVANS AN B, SOLIZ A, 2014. Applying the lessons of behavioral economics to improve the federal student loan programs: six policy recommendations[R]. Lumina foundation of America:2.

BOYD L A,1997. Discrimination in mortgage lending:The impact on minority defaults in the Stafford Loan program[J]. The quarterly review of economics and finance,37(1):23-37.

CADENA B C,KEYS B J,2013. Can self-control explain avoiding free money? evidence from interest-free student loans[J]. The review of economics and statistics,95(4):1117-1129.

CALIFORNIA POSTSECONDARY EDUCATION COMMISSION,2006. Developing a statewide higher education affordability policy[C]. Sacramento, CA:Author:6-10.

CHAPMAN B,GREENAWAY D,29. Learning to live with loans? international policy transfer and the funding of higher education[J]. World economy,2006 (8):1057-1075.

CHAPMAN B,LIU A Y C. Repayment burdens of student loans for Vietnamese higher ,2013 education[J]. Economics of education review,37:298-308.

CHO S H,MOUNTAIN T P,PORTO N,et al. ,2016. Experimental design to understand the student loan decision:a methodological note[J]. Family and consumer sciences research journal,45(1):65-76.

CHO S H,MOUNTAIN T P,PORTO N,et al. ,2016. Experimental design to understand the student loan decision:a methodological note[J]. Family and consumer sciences research journal,45(1):65-76.

CHOY S P, LI X,2006. Dealing with debt:1992-93 bachelor's degree recipients 10 years later (NCES 2006-156) [M]. Washington, DC: US Department of Education,National Center for Education Statistics:98-105.

CHRISTMAN D E,2000. Multiple realities:characteristics of loan defaulters at a two-year public institution[J]. Community college review,27(4):16-32.

DESPARD M R,PERANTIE D,TAYLOR S,et al. ,2016 student debt and hardship: evidence from a large sample of low- and moderate-income households[J]. Children and youth services review,70:8-18.

DUGUAY,DARA. Spend student loans only on college expenses [EB/OL]. (2004-01-21) [2017-12-27] http://finance. Young money. com/creditdebt/moneymanagement/spending /021107.

DYNARSKI M, 1994. Who defaults on student loans? Findings from the national postsecondary student aid study[J]. Economics of education review,13(1):55-68.

ERDOGDU F,ERDOGDU E,2015. The impact of access to ICT,student background and school/home environment on academic success of students in Turkey:an international comparative analysis[J]. Computers & education,82:26-49.

FINDEISEN S,SACHS D,2016. Education and optimal dynamic taxation: the role of income-contingent student loans[J]. Journal of public economics,138:1-21.

FINNIE R, SCHWARTZ S,1996. Student loans in Canada: past, present, and future[M]. Toronto:C D Howe Inst.

FLINT T A,1997. Predicting student loan defaults[J]. The journal of higher education,68(3):322.

GICHEVA D,2016. Student loans or marriage? A look at the highly educated[J]. Economics of education review,53:207-216.

GLADIEUX L E, PERNA L W,2005. Borrowers who drop out: a neglected aspect of the college student loan trend. San Jose[M]. CA: National Center for Public Policy and Higher Education:70-77.

GOODELL J W,2016. Do for-profit universities induce bad student loans? [J]. The quarterly review of economics and finance,61:173-184.

HAN B S,KANG H G,JUN S G,2015. Student loan and credit risk in Korea[J]. Economics letters,135:121-125.

HARRAST S A, 2004. Undergraduate borrowing: a study of debtor students and their ability to retire undergraduate loans[J]. Journal of student financial aid (1):21-37.

HERR E, BURT L, 2005. Predicting student loan default for the University of Texas at Austin[J]. Journal of student financial aid(2):27-49.

HERT E, BURT L,2004. Predicting student loan default for the University of Texas at Austin [J]. NASFAA journal of student financial aid(2): 27-49.

HIGGINS T,SINNING M,2013. Modeling income dynamics for public policy design:an application to income contingent student loans[J]. Economics of education review,37:273-285.

IONESCU F,SIMPSON N,2016. Default risk and private student loans:implications for higher education policies[J]. Journal of economic dynamics and control,64:119-147.

KESTERMAN F, 2005. Student loan borrowing in America: metrics,demographics, and loan default aversion strategies[J]. Journal of student financial aid(1):34-52.

LARRAÍN C, ZURITA S, 2008. The new student loan system in Chile's higher education[J]. Higher Education, 55(6): 683-702.

LEDERMAN D. Default rates projected to soar inside higher education[EB/OL]. (2008-01-21) [2017-12-27]http://insidehighered. com/news/2008/01/21/defaults.

LOCHNER L, MONGE-NARANJO A, 2004. Education and default incentives with government student loan programs[M]. Cambridge, MA: National Bureau of Economic Research: 78-84.

LUCAS S R, 2001. Effectively maintained inequality: education transitions, track mobility, and social background effects[J]. American journal of sociology, 106(6): 1642-1690.

MCCOWAN T, 2007. Expansion without equity: an analysis of current policy on access to higher education in Brazil[J]. Higher education, 53(5): 579-598.

PINTO M B, MANSFIELD P M, 2006. Financially at-risk college students: an exploratory investigation of student loan debt and prioritization of debt repayment[J]. Journal of student financial aid (2): 22-32.

PISANI J. Bosses see benefits in helping repay student loans[EB/OL]. (2016-01-17)[2017-12-25]. http://www. detroitnews. com/ story/ business/ personal-finance /2016/01/17/ bosses -see-ben-efits-helping-repay-student-loans/78941984/.

PODGURSKY M, EHLERT M, MONROE R, et al. , 2002. Student loan defaults and enrollment persistence[J]. Journal of student financial aid (3): 27-42.

RICHARDSON S, 2006. Over-investment of free cash flow[J]. Review of accounting studies, 11(2/3): 159-189.

SEIFERT C F, WORDEN L, 2004. Two studies assessing the effectiveness of early intervention on the default behavior of student loan borrowers [J]. Journal of student financial aid(3): 41-52.

STEINER M, TESZLER N, 2005. Multivariate analysis of student loan defaulters at Texas A&M University[M]. Austin, TX: Texas Guaranteed Student Loan Corporation:65-69.

STOCKHAM D H, HESSELDENZ J S , 1979. Predicting national direct student loan defaults: the role of personality data [J]. Research in higher edueation(3):195-205.

Student finance. [EB/OL]. (2016-7-30)[2017-12-25]. http://www. gov. uk/student-finance.

VOLKWEIN J F, CABRERA A F,1998c. Who defaults on student loans? The effects of race, class, and gender on borrower behavior[M]//Fossey R,Bateman M, Condemning students to debt: College loans and public policy. New York: Teachers College Press:105-126.

VOLKWEIN J F,SZELEST B P,1995. Individual and campus characteristics associated with student loan default[J]. Research in higher education, 36(1):41-72.

VOLKWEIN J F,SZELEST B P,CABRERA A F,et al. ,1998. Factors associated with student loan default among different racial and ethnic groups [J]. The journal of higher education,69(2):206-237.

VOLKWEIN J F,SZELEST B P,CABRERA A F,et al. ,1998b. Factors associated with student loan default among different racial and ethnic groups[J]. The journal of higher education,69(2):206-237.

WALSEMANN K M, GEE G C, GENTILE D, 2015. Sick of our loans: Student borrowing and the mental health of young adults in the United States[J]. Social science & medicine,124:85-93.

WILMS W W,MOORE R W,BOLUS R E,1987. Whose fault is default? A study of the impact of student characteristics and institutional practices on guaranteed student loan default rates in California[J]. Educational evaluation and policy analysis,9(1):41-54.

WOO J H, 2002a. Factors affecting the probability of default: student loans in California[J]. Journal of student financial aid,(2):5-23.

WOO J H,2002b. Clearing accounts: the causes of student loan default

[M]. Rancho Cordova, CA: EdFund:45-49.

WOODHALL M,1983. Student loans as a means of financing higher education: lessons from international experience[R]. World Bank,Number599:3.

WOODHALL M, 1987. Lending for learning: designing a student loan programme for developing countries[M]. London: Commonwealth Secretariat.

后　记

本书是在我博士论文的基础上修改而成的。

2005年7月本科毕业时，我留校担任辅导员并被保送攻读硕士研究生进行师资培养，准备将来转到系里做专业教师。没想到，我在辅导员的岗位上一做就是16年。不同的是岗位，相同的是追求。

刚参加工作时，每个季度都会收到学校资助管理中心发来的国家助学贷款违约毕业生名单，我需要联系毕业生进行提醒和催还。硕士学位课程“金融工程与风险管理前沿”推动了我对国家助学贷款违约学生的情况进行分析。于是，按照金融工程的思路，发现问题，解决问题，我便选择从学生行为的视角研究国家助学贷款的违约风险管理问题。一路走来，得到很多老师、同学和学生的帮助。

首先感谢我的导师刘传哲教授。刘老师知识渊博，治学严谨，作为我硕士研究生及博士研究生阶段的导师，在我从事学术研究的道路上指引方向、指点迷津。在本研究选题、写作过程中，刘老师不断鼓励我，给了我完成研究的坚定信心。刘老师以其开阔的视野，鼓励我拓展思路，同时指导我成功申报了江苏省研究生创新训练计划资助项目和江苏高校哲学社会科学基金指导项目，助力我学术研究的起步。

衷心感谢中国矿业大学魏晓平教授、王新宇教授、李新春教授、曹庆仁教授，在我研究选题过程中给予的中肯建议。感谢朱学义教授、孙自愿教授、许士春教授、王德青副教授、王殿文副教授在写作过程和讨论中给予的帮助。感谢中国矿业大学党委宣传部部长、学生资助管理中心原主任黄军利副研究员，党委学生工作部部长、学生资助管理中心主任冯震老师，党委学生工作部副部长、学生资助管理中心原副主任李德福副研究员及学生资助管理中心的其他老师在政策解读等方面给予我的帮助。感谢帮助我收集数据的辅导员同事们。感谢相吉利、申寒冰、冯波、于晓明、陶冰冰、黄宏、芦金文、吕鑫等硕士研究生在研究过程中的帮助，特别是冯波同学，在两年多的时间里持续与我探讨，帮助我整理研究数据。

特别感谢师姐何凌云教授、同门周莹莹副教授。思维活跃、追求卓越的何教授，以其风趣的语言，给予我研究思路讨论、撰写方法指导等方面的支持。认真细致、温文尔雅的周同学，即使远在英国访学，依然在线解答我的问题。感谢中国矿业大学国有资产与合同管理处处长、经济管理学院原党委书记董靖副教授，经济管理学院党委副书记赵超副教授，中国矿业大学工会主席、安全工程学院原党委书记章毛平研究员，安全工程学院原党委副书记钱雄副教授，他们对我工作的指导、对我攻读博士学位的鼓励，使我能够在繁重复杂的学生工作中理清思路，保持专业学术研究的动力。感谢经济管理学院和安全工程学院学工团队的辅导员们，他们的支持与配合，提高了我工作的效率与效果。正是领导和同事们的帮助，使我能够在攻读博士学位的同时，获得全国高校辅导员年度人物提名奖，获评江苏高校辅导员年度人物。

感谢江苏省教育科学“十三五”规划学生资助专项重点资助项目（X－a/2020/01）、江苏高校哲学社会科学基金思政重大项目（2021SJZDA071）及中央高校基本科研业务费资助的中国矿业大学社科基金A类项目(2018WA01)、中国矿业大学辅导员工作室建设项目对本书写作的支持。

最后,感谢我的家人。我的母亲,病弱瘦小的身躯,却给予我坚强的毅力和积极向上的态度;哥哥,给予我拼搏的示范和鼓励;岳父母、姑姑、姑父,给予我们小家庭无私的帮助。感谢我的爱人陈坦副教授,在做好教学科研的同时,养育我那帅气又淘气的儿子,操持家务,包容支持我在追求学术与工作奋斗中的付出。我爱你们!这个奋斗的时代,给了我们奋斗的机会、氛围和动力。路漫漫其修远兮,吾将上下而求索。

于基伯

2021年11月